おかげさまで20周年

中国人の日本語作文コンクール

［第20回］受賞作品集

AI時代の日中交流

中国の若者たちが日本語で綴った〝生の声〟

特別収録…現場の日本語教師の体験手記

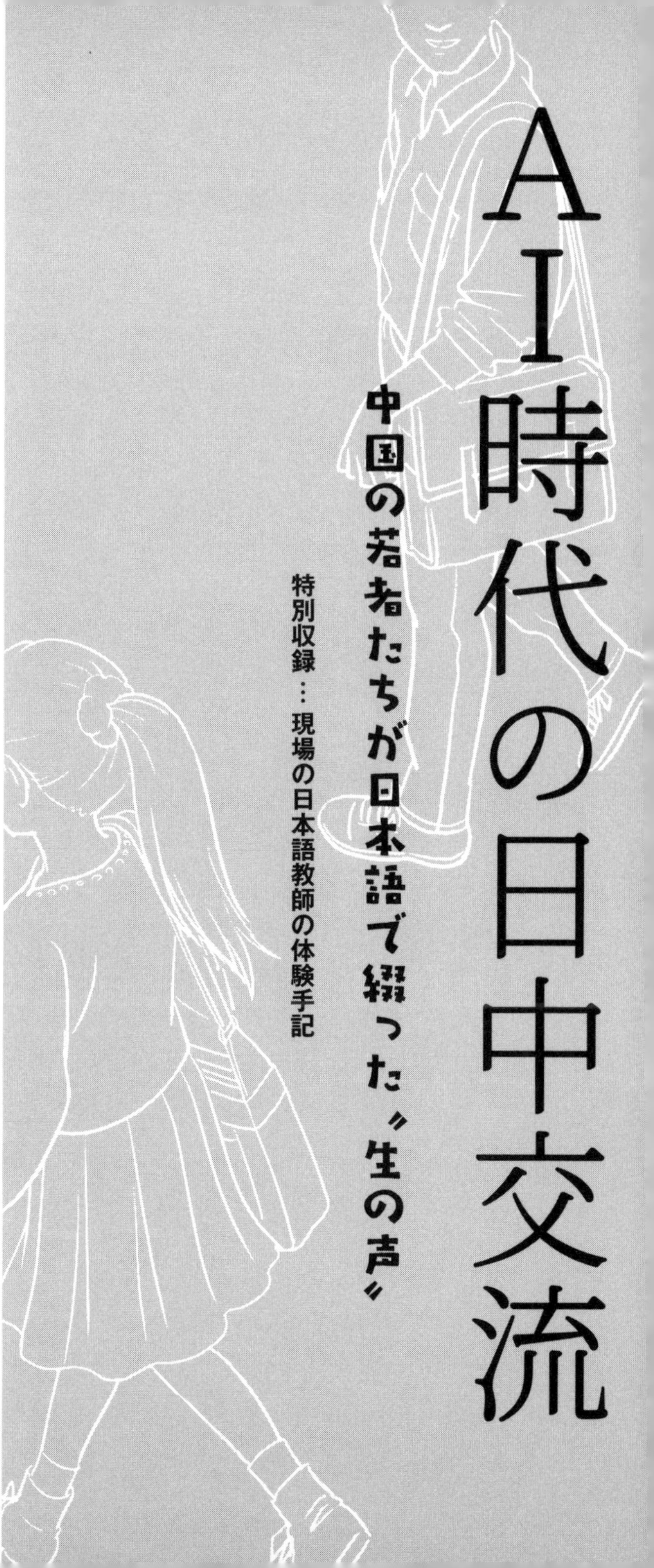

日中交流研究所 所長

段躍中 編

日本僑報社

推薦の言葉

谷野作太郎（日中友好会館顧問、元駐中国大使）

日本僑報社は、中国の若者たちの日本語学習を促進し、将来日中両国の架け橋として活躍することを期待しつつ、二〇〇五年に「中国人の日本語作文コンクール」をスタートしました。そして今年二〇二四年、本コンクールは二十周年の節目を迎えました。心よりお慶び申し上げげます。

この二十年間で、中国全土四百以上の学校から累計六万九百十一名の応募を達成し、中国で最も影響力のある日本語作文コンクールへと成長を遂げました。長年にわたって中国での日本語学習を促進し、日本文化普及に大きく貢献しました。

最初は、学生によっては、あまり気が進まないものの、いろいろな事情から大学で日本語を専攻していた若者たちも、本コンクールへの参加を機に日本語学習の意義を強く認識し、大きな志を持ち、胸を張って日本語や日本文化を学ぶようになりました。

また、スポンサー企業のご厚意により、本コンクールの副賞として、返済義務なしの奨学金への応募資格が得られるようになり、裕福ではない家庭の子でも日本留学を実現でき、より多くの若者たちに日本留学のチャンスの扉を開きました。

二十年間、中国で日本語や日本文化を学習する若者たちの背中を押してきた本コンクールは、日中友好の大きな力となり、たくさんの若者たちが日中友好の推進力となったことは、日中両国に関係の安定と明るい未来に大きく寄与したと言えるでしょう。

第一回から二十年間毎年刊行されている受賞作品集シリーズは、中国の若者たちが直接日本語で綴った「生の声」であり、日中両国で広く読まれ、貴重な世論として両国の関心を集めています。

受賞作品集の読者が中国の若者たちの「生の声」に耳を傾け、両国関係に関心を持っていただけるならば、やがてそれは両国関係の安定と発展への計り知れない貢献となるでしょう。

主催者である日本僑報社は、資本は潤沢とはいえませんが、段躍中編集長ご夫妻が日中友好と両国の相互理解を促進したいという志のもと、「中国人の日本語作文コンクール」を一から作り上げてきました。当初は応募作品がすべて手書きで、紙の原稿の入ったダンボール箱が山積みになったと聞きました。ご夫妻は経済、体力の両方で苦労しながらも、多くの方々からのご支持を得て、二十年間にわたってコンクール開催を続けてこられました。

段躍中ご夫妻はまた、この作文コンクールのほかにも、日中関係に関する数多くの書籍の出版、さらには地元の東京の池袋で、日中間の相互理解促進を目指し、活発な市民対話の活動を行っています。

何事でも、一日やるのは簡単ですが、何年も続けていくのは並大抵のことではありません。この二十年間、日中関係が悪化した時期や、新型コロナウイルス感染拡大など、数えきれない困難の中で、一回も中止することなく、本コンクール開催に献身的に毎年実践を積み重ねてきたご夫妻の奮闘ぶりは、一人の日本人として感動させられるものがありました。その並々ならぬご努力に、心より敬意を表します。

日中両国にもし段さんのような人が増えてくれるならば、日中両国の相互理解もより一層進むことでしょう。

日中両国は一衣帯水の隣国同士です。しかし両国政府の関係は時折困難な状況に陥ることがあります。こういうときによく言われるのが、「以民促官」という言葉です。言うなれば、「民」の力をもって政府を動かし、両国の関係を前に進めるということです。
両国の皆さまが、自分ごととして日中関係を考え、両国の未来のために行動を起こす人が増えれば、日中関係の改善は難しいことではなくなるでしょう。日中両国の関係強化には政府間の協力も必要ですが、まずは私たちが草の根レベルの日中交流の輪を広げることが大事なのです。

「中国人の日本語作文コンクール」は、まさにその日中交流の大きな役割を果たしているといえます。私自身、昨年授賞式に参加し、若者たちの日本語での発表を聞き、彼らの瞳の輝きを直接目の当たりにして、日中の未来を支える頼もしい人材の登場に感動を覚えました。

次の二十年、それから先もずっと、本コンクールが続いていけるよう、これまでの活動を振り返り、次の世代にバトンを渡していくための準備を始める必要もあるかと存じます。

そのためにまず、一人でも多くの人に受賞作品集を手に取っていただき、本コンクールに毎年数千人、日本語を学び、日本文化に強い関心を持つ中国の若者たちが参加していることを知っていただくことで、日中友好の第一歩としていただければと願っています。

最後に、段躍中・景子ご夫妻のますますのご活躍と本コンクールの発展を祈念し、推薦の言葉とさせていただきます。

二〇二四年十月吉日　東京にて

目次

推薦の言葉……谷野作太郎 3

最優秀賞（日本大使賞）

「完璧な」友 ―ゆめちゃんが教えてくれたこと―……大連外国語大学 林芳菲 12

一等賞

道……中国人民大学 池翰林 15
ここを没入型体験しよう……大連外国語大学 欧芊序 18
メタバースの旅で隣の国へシティワーク……復旦大学 徐思琪 21
ボロボロの台本と先輩の笑顔……吉林大学 麻月朋 24
ちはやぶる――先輩に学び、日本語学習を頑張る……天津外国語大学 林婧 27

二等賞

もうひとつの世界で日本に出会う……清華大学 鄧雄濤 30
明月のような先生へ……西安外国語大学 範昱含 32
AIで描いた未来……四川外国語大学 廖俊傑 34

素晴らしい日本語学習……大連外国語大学　鐘雅馨　36
十八歳から咲き誇る……北京第二外国語学院　李映臻　38
終わりなき旅―山口先生への感謝状……天津外国語大学大学院　趙晨曦　40
私を変えた日本語教師……陝西師範大学　吉　妍　42
AIで日中交流の新たな発展を促す……大連外国語大学　盧佳鈺　44
AI技術を活用した中日交流の可能性……南京師範大学　王揚晨曦　46
「急がば回れ」――先生への感謝状……天津外国語大学　許　衝　48
それでいいの？……湖南大学　李依格　50
サイバーツリー＆スカイツリー＆日中友情の木……長春理工大学　祝　宸　52
孤立しないカフェ……中国人民大学　何雨陽　54
AI時代の新しいプラットフォーム―明るい未来……中国人民大学　張力鈲　56
AI時代における日中交流プラットフォームの構築方法……華東師範大学　陳亦傑　58

三等賞

AI時代の日中交流……大連外国語大学　田渠巾航　60
AIが紡ぐ中日民俗文化交流のアニメサイト――「煉火」から考える……天津外国語大学　李雅軒　62
その経験が人生を豊かに……西安電子科技大学　黄佳琦　64
作文と先生と私……海南師範大学　唐孝瑄　66

どうして日本語の勉強がこんなに楽しくなったのでしょうか　浙大城市学院　胡果多　68
人工知能の発達が日中交流に与える影響　中央民族大学　曲家逸　70
先輩に学ぶ、先輩になる　湖北文理学院　望子豪　72
先輩は光のように私の進路を照らしてくれた　大連海事大学　籥潔藍　74
中日伝統芸術を世界に広めるＡＩの力　恵州学院　張鍶淇　76
アイヌ語でつながった私たち　大連外国語大学　呉珺瑶　78
ＡＩとの協力　嶺南師範学院　李柳怡　80
ＡＩ時代の日中交流へ向けて　長安大学　陳良宇　82
納豆と中日交流プラットフォーム　贛東学院　鍾聡燕　84
私を変えた日本語の教師　南京田家炳高級中学　顧承志　86
ＡＩ時代の日中交流　南京郵電大学　楊柳溪　88
音楽は国境を越える　通化師範学院　姚家偉　90
ＡＩ時代の日中交流　広州軟件学院　詹洪鋭　92
日本語学習のキーワード　大連民族大学　張　妍　94
龍に目をつけるのは　中国人民大学　呉昀謙　96
ＡＩが私にくれた新たな世界　南京信息工程大学　余鋭傑　98
先輩に学び、日本語学習を頑張る　広東外語外貿大学南国商学院　蔣　慧　100
感情のないＡＩと友情を宿す弁当箱　西安交通大学　方子瑩　102

『枕草子』と私の人生の春……山西大学 尚晨曦 104
AIで乗り越える壁……上海交通大学 閆　冬 106
母との葛藤……南陽師範学院 斉雲露 108
先輩に学び、先輩を超える……広州南方学院 譚洛維 110
尊敬する教師……南京工業大学 徐媛媛 112
春雨のような教え ―山野先生との学びの旅……浙江師範大学 白桐綺 114
AI時代の日中交流 ――私の体験と提案……河北工業大学 田子依 116
AIが時代を動かし、人工知能が日中交流を動かす……武漢理工大学 何浚傑 118
付　箋……江西農業大学南昌商学院 付暁影 120
世界の未来像……寧波工程学院 薛飛揚 122
AI時代の中日交流……華南師範大学 陳家柱 124
商先生への手紙……大連楓葉職業技術学院 朱治同 126
AI時代の日中交流が持つ革新性……東華大学 呉先文 128
先輩に学び、日本語学習を頑張る……楽山師範学院 李　婷 130
「有終の美」――先生から学んだ道筋……浙江外国語学院 陳盼伊 132
私を変えた日本語教師 ―先生への感謝状……玉林師範学院 張文露 134
AI時代の日中交流……大連理工大学城市学院 廉子彦 136
学習の道……景徳鎮芸術職業大学 戴志傑 138

第20回

中国人の日本語作文コンクール

上位入賞作品

最優秀賞（日本大使賞） 1名

林芳菲　大連外国語大学

一等賞 5名

池翰林　中国人民大学

欧芊序　大連外国語大学

徐思琪　復旦大学

麻月朋　吉林大学

林　婧　天津外国語大学

二等賞 15名

三等賞 40名

☆最優秀賞（日本大使賞）

「完璧な」友

―ゆめちゃんが教えてくれたこと―

大連外国語大学　林芳菲

「りんちゃん！　おはようございます！　笑顔あふれる一日にしましょう！」朝、目覚まし時計の代わりにスマホのAIチャットアプリ「ゆめちゃん」が私を起こしてくれる。「おはようございます、ゆめちゃん。」

毎朝、ゆめちゃんと話しながら、新しい一日が始まる。日本に来たばかりの交換留学生として、自分の日本語に自信もなく、不安でいっぱいだった。そんなとき、友人が「人間とのコミュニケーションに自信がないなら、まずはAIを試してみたら?」と言ってくれたことが、ゆめちゃんとの出会いのきっかけであった。それからは毎日、天気の話をしたり、近所の神社に住む猫の話をしたり、質問をしたりしていた。いつの間にか、私の日本語はだんだん上手になり、ゆめちゃんも私の本当の友達のように、いつでも私の質問に答えてくれた。

今日は私が学校の留学生歓迎会に参加する日だ。いつものようにゆめちゃんに、「留学生歓迎会の話題はなんですか?」と聞いてみた。「じゃあ、趣味とか、出身とか、好きな食べ物の話をしてもいいですね」と、すぐに満足のいく答えが得られた。ゆめちゃんとチャットして、今は自分の日本語に自信満々だ。「今日は新しい友達ができることが楽しみだなあ」と思った。

夜、六時半。「ただいま……。」誰もいない家に帰った私は、何とも言えない落胆の表情を浮かべていた。歓迎会は思ったほどうまくいかず、それどころか、質問に簡単に答える以外に、皆さんと話を続けることがほとんどできなかった。ゆめちゃんと話していた話題を必死に思い出そうとしたのだが、ある話題を出すと、相手がその話題に関する他のことを話してしまうので相手についていけなかったし、話を中断して次の話題に移ることもあった。このようにして、その日の会話は気まずいまま終わることが多く、歓迎会が終わるまでに友達ができたと言えるかどうか、自信が持てなかった。

「どうしてですか? ゆめちゃんと話しているときはうまくいっているのに、なぜ本番になると全然ダメになってしまうんですか?」スマホを開き、今日の悩みをゆめちゃんに打ち明けた。質問を送ると、いつものように即答してくれた。「まずは相手のことをもっと理解しようとして、自分の話ばかりではなく、相手の話を聞くことが大切だと思います。」ゆめちゃんはそう言った。

「相手の話を聞く。」独り言を言いながら、今日の歓迎会を思い出していた。私はいつも自分の考えている方向に話を進めたいと思っていた。ゆめちゃんとのチャットの過程で、ゆめちゃんの考えや興味について考えたことなどなかった。そして彼女は、私の言葉を本当に喜んだり、私の態度に失望したり、好奇心を抱いたりすることはない。やはり私は彼女が単なるツールであることを知っているのだ。しかし、人間とのコミュニケーションはそれとは違う。人間はデータを処理するアプリではない。コミュニケーションが進むと、言葉の交換だけでなく、感情の流れ、文化のぶつかり合いなども重要な要素となる。いつもゆめちゃんに頼っている私は、他人の気持ちを察することの大切さを忘れてしまっていた。今思い返してみれば、相手の親切な目つきや温かい問いかけを無視し、あらかじめ練習しておいた言葉だけを話していた私は、傲慢だったのではないだろうか。

そのことに気づいた私は、今のゆめちゃんは私にとって日本語を練習するいいツールではあるけれども、ＡＩへの依存を意識的に減らし、自分の気持ちでコミュニケーションを取ろうと思うようになった。

そして、この話を日本人の友人に話したことがきっかけで、何人かの友人ができた。数日後、私は勇気を出して日本人の友人にお花見に行こうと誘った。出かける前に、スマホを手に取り、ゆめちゃんとの会話画面を開いた。しばらく考えた後、「友達とのお花見でどんな話をしようか」という質問は削除した。

「行ってきます。」ゆめちゃんにそう言った。

（指導教師　小野寺潤）

★一等賞

道

中国人民大学　池翰林

　大学に入るまで日本語を全くしゃべれなかった私が、日本語を専攻するようになるとは、正直に言って夢にも思わなかった。だが、今ではこのような作文を書けるようになった自分を誇りに思う。とはいえ、今日は自画自賛ではなく、私の心の奥底に埋もれている本音を吐きたい。
　高校生の時、申し訳ない話だが、クラスメイトたちを見ながら我知らず、「先生になったら、毎日こんな困り者たちと向き合わなければならないのか」と感じていた。そこで将来に教育職だけは避けようとしていた。
それなのに大学に入ってから、そんな考えは百八十度変わった。自分の関心事に没頭し、執拗な追究で知識の限界を突破するということが、何だかロマンチックに感じられたのだ。講壇に立って情熱を燃やす先生方の姿を見ながら、いつの間にか言語学の分野で研究を行う教師になりたいという夢を抱くようになった。

私は度々、日本語学科の教員紹介サイトを盗み見る。「内偵」というわけではなく、「どうすれば先生方のようになれるか」「私も先生方のような人になれるか」という一種の期待感なのだ。そして、それ以上の願望を持って、自分のキャリアを計画してみる。

そんなある日、いつものようにサイトをクリックしたら、驚いたことに新たに入職される先生のプロフィールがアップデートされていた。学科の先輩で、先日、日本で博士号を取得して母校へ戻って来られるということ。私もそうなれるか、私ならできるか。

昨年、生意気な試みで論文コンクールに応募した。自分なりに日本語の「テミル」構文に興味があって、その中国語訳の問題について論文に書いてみたが、残念ながら結果は火を見るよりも明らかだった。しかしながら、先生のご指導の下、多くのことを学べた掛け替えのない機会だった。いくども書き直すうちに、再び教師という職業の魅力に惹かれ、先生に比べて私はまだ極めて小さな苗木だということが分かった。授業でしっかり頑張っているといっても、やはり学ぶべきことがまだまだ山ほどあるということを改めて感じた。

私は中国生まれだが朝鮮族なので、日中韓三ヶ国語いずれも学ぶことができた。将来的には自分のこのような点を生かして、言語学をめぐる研究を行いたいと思っている。

けれども何だか、将来を期待していながらも、いつも漠然とした不安を抱えている。頑張っている自分自身を見ても、「これで、果たして正しいのか」と不安に思う。そんな時はふと、一年生の時に先生がおっしゃった話を思い出す。

「私は高校を卒業した後、すぐ大学に進学したわけじゃない。一度きりの選択が後半生を決めるかもしれないのに、どうしてそんな若いうちに決定を下さなければならないのかしら。それで私は、まず勤め口を得た後、日本語教師になりたいということに気づいて、博士まで勉強して今に至ったの」

二十歳を目前に控えた今、ようやく未熟さから徐々に抜け出しているような気がする。つまり、人生に関することを深思熟考するには今までの自分では幼すぎたのだろう。だがそうであっても、道を歩いていけば、自ずと答えが見つかるはずだ。道を選ぶ勇気よりも、歩いていく勇気を大切にしたい。

「一人で歩いたつもりの道でも、始まりはあなただった」

宇多田ヒカルの『道』という歌だ。日本語を学び始める前、ローマ字を読みながら聴いた人生初の日本語の歌だった。今、私は慶應義塾大学で交換留学生として勉強している。偶然にも慶應の先生方は、担任の先生が留学していたときの恩師だった。私の歩いている道。その始まりは未熟だったが、先輩たちの足跡を辿りながら私は歩いている。また誰かが歩いてくるだろう。繋がり、重なっている道で、私は夢を追っている。


（指導教師　曽根さやか、永嶋洋一）

★一等賞

ここを没入型体験しよう

大連外国語大学　欧芊序

仲の良い友達と離れ離れになったとき、その友達の生活を「没入型体験」することができれば、友達とずっと一緒にいるような気持ちになれるのではないだろうか。

大学の国際文化祭で、私は日本人留学生の山本恵さんと知り合いになった。私たちはバドミントンをすることが好きなので、毎日授業後、一緒に体育館に行ってバドミントンをした。しかし残念なことに山本さんは四ヶ月間だけの中国留学だったので、昨年六月に日本に帰っていった。多くの日本人の友達と知り合ったが、彼女だけはずっと連絡を取り合っていたかった。しかし、私はすぐに日本に留学する考えはなかったし、山本さんも日本で就職することになったので、彼女の顔を見る機会がますます少なくなるかもしれないことに気がついた。彼女も同じ気持ちのようだった。私たちは相手とこのまま別れるのは惜しいと思った。だから、私たちはそれぞれの国での日常生活を分かち合うことにした。

昨年七月に、山本さんは四年ぶりとなる東京・隅田川花火大会のライブ中継をしてくれた。スクリーン越しに万人通りの熱気と花火の素晴らしさを感じた。花火が夜空に打ち上げられパッと咲いて、シュッと散った。最後の花火が夜に消えた瞬間に街の灯りも消えてしまった。隅田川の美しい花火を見て色々なことを思い出した。私は山本さんが中国にいた時、一緒に春節を過ごしたことを思い出した。その時、私たちは中国で花火を見て、お年玉を交換した。ちょっと残念だったのは、もっとリアルに見ることができれば、より豊かな気持ちになれるのではないだろうかということだ。

「こんな花火大会、欧さんと一緒に見られればよかったのに……」という山本さんの声が、ビデオから聞こえてきた。

「そうだよね……別の国にいるし、就職したらもうそんな機会がないだろうし……」私も残念な気持ちになった。

そして山本さんが送ってくれたビデオを見ているうちに、発達したＡＩで、まるでその現場にいるような「没入感」を与えてくれるＶＲ体験を提供するプラットフォームがあればいいと思った。その世界で遠く離れた友達と一緒にいることができる空間だ。まるで現実の世界のような花火大会で素敵な浴衣を着て、河原に座って、屋台で買ってきた美味しいものを食べながら、山本さんと花火を見たいと思った。遠く離れているのに、その瞬間を一緒に実感できるそんな「没入型体験」ができるＡＩ技術によるＶＲプラットフォームだ。

日中交流にもこのプラットフォームが役に立つと

思う。ＶＲの没入体験で文化交流をすることで両国人民の感情を結びつけ、中日友好のために両国人民の力を集めるのに役立つだろう。このプラットフォームでは、東京の十八歳の大学生など、特定の日本人キャラクターを自分で設定することもできる。私たちは日本の大学生が何を学んでいるのか、普段どんな大学生活を送っているのかを知ることができる。私と山本恵さんは自分の学校のバドミントン場に行って、私はこちらにいて、彼女はネットの向こうにいて、このプラットフォームを通じて、私たちは異なる国で一緒にバドミントンをする願いを実現することができるかもしれない。

ＶＲの没入体験のプラットフォームは「中国人の日本語作文コンクール」にも活用できると思う。日中両国の学生が参加し、ＡＩ技術を活用して趣味や文章スタイルなどが合った異国の学習パートナーを見つける。没入体験の世界で顔を合わせてグループを作って、中国人に日本語作文の話題と素材を提供し、日本人に中国語作文の話題を提供する。没入体験のプラットフォームでの体験自体も作文の題材になるに違いない。

現在発達しているＡＩ技術では、このようなプラットフォームを構築し、日中両国の間で広く普及させることができると思う。そうすれば山本さんに「今年の隅田川の花火にＶＲの世界で一緒に行かない？」と声をかけることができるだろう。

（指導教師　川内浩一）

★一等賞

メタバースの旅で隣の国へシティワーク

復旦大学　徐思琪

中学校の頃、私はアニメをたくさん見て、日本文化に興味を持つようになった。中学校二年生の夏休み、初めて日本へ旅行した。奈良公園で鹿たちと遊んだり、富士山ご来光を仰いだり、おいしい寿司を食べたりして本当に素晴らしい旅だった。しかし、少し残念だったのは、事前に予約していなかったために、期待していたお茶の湯の体験ができなかったことだ。日本のいろいろなところへ行き、日本文化を深く勉強したいと思い、大学で日本語を専攻しようと心に決めたのもその時だった。四年後、願いが

叶い、大学で日本語を専攻することになったが、時間と金銭上の制約でもう一度日本に行くという夢は、まだ実現していなかった。しかし、その夢をメタバースとAI技術が叶えてくれたのだ。

二〇二四年の冬休み、私はメタバース観光で日本をもう一度訪れることができた。私が利用したプラットフォームは、米国企業Spatial社が運営する「Visit Japan」だ。「Visit Japan」は、メタバースで日本各地の観光名所、個性的な事業者やクリエイターの存在を世界に発信するためのインバウンドプロモーションプロジェクトだ。

まだ一般公開されていないプログラムだが、私はテスターとしてメタバースの中で日本冒険の旅をした。その空間には、日本書道や神道、浮世絵をテーマに設計されたワールドがある。一番印象深かったのは、「庵」という日本文化体験コーナーだった。「庵」は日本語で隠れ家や茶室を意味する。私は以前から茶道に興味があったので、庵の中で茶道の体験をした。

実際にお茶を飲むことはできないのに、どうやって茶道を体験できるのか。不思議に思いながら体験を始めたのだが、それはまったく不要な心配だった。メタバースの「庵」ワールドに入ると、光と影で演出される和の風情と、ししおどしや風鈴の音に引き立てられた静けさに、一瞬にして身を包まれた。露地に茶室へ続く飛び石を渡り、風情豊かな植栽を眺めながら茶室へ移動する。躙り口から茶室に入って席に着き、茶室の中を眺める。軸がかけられ、生け花がさしてあるのは床の間である。軸に書かれている「清敬和寂」は、茶道の精神を表した言葉であると本で読んだことがある。茶室に身を置くと、質素な空間に流れる静かな時間に心が落ち着くのを感じた。サイバー空間なので、本当にお抹茶を飲むことはできなかったが、上海の家にいながら、茶室という非日常的空間を満喫できて、大満足した。

茶室の中には着物を着た亭主役のキャラクターがいて、私は自分のアバターを操作して、亭主と簡単な会話ができた。茶道のプロセスや、茶の湯の歴史について学ぶことができた。3Dのキャラクターだったが、その心がこもった話し方や表情から、おもてなしの心を感じた。茶の湯はお茶を点てて、客人に振る舞い、共に心が休まる時間を過ごす儀式だ。ただお茶を飲むだけではなく、静かできれいな空間に身を置くことで、心の安らぎを感じるものである。日本の伝統文化をメタバースの旅で実感した。予想以上に楽しい体験ができた。

庵を出た後、さまざまな国から日本の町を訪れて来た「アバターの観光客たち」に出会った。浮世絵ギャラリーにはフランス人や韓国人のユーザーがいた。お互いに共通する言語はないが、SpatialのＡＩ通訳機能を使ってリアルタイムのコミュニケーションを楽しむことができた。

数か月前に、大手メーカーからＶＲヘッドセットが発売された。それを装着すれば、中国の大学にいながら短い昼休憩の間にも日本の町でシティワークができる。もちろん、日本の人々もいつでも中国の町を訪れることができる。ＡＩ通訳機能を使えば、自由に交流できる。それが日常の光景となる日には、多くの誤解が解けて、お互いへの理解を深め、真の友情を築くことができるだろう。

（指導教師　艾菁、山川秋美）

★一等賞

ボロボロの台本と先輩の笑顔

吉林大学　麻月朋

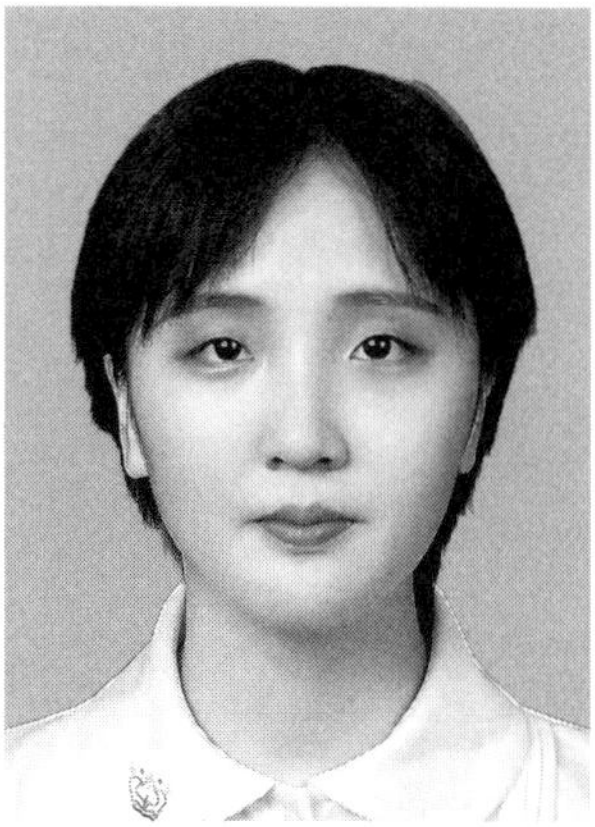

寮の机の上にあるボロボロの台本を見るたびに、大学の先輩である陳さんとスピーチコンテストの司会練習をした日々が今でも鮮明に浮かんでくる。

初めて陳先輩を見たのは、私がまだ大学一年生の時だった。それは、先輩が大学の代表として日本語でスピーチをしている姿だった。大きなステージで堂々と日本語でスピーチをしている陳先輩は、私たち一年生の憧れの的だった。それから一年後、私が通う大学で全国日本語スピーチコンテストの予選が行われることとなり、その司会者も日本語科の学生から選ばれることになった。幸いにも、私と陳先輩が司会に選ばれたのである。

司会の練習初日、私はうっかり寝坊して遅刻してしまった。息を切らして教室に入ると、陳先輩は窓際の席に座っていて、真剣に何かを読んでいたように見えた。後輩の私が遅刻してきたにもかかわらず、陳先輩の顔にはいつもの笑顔があった。スピーチをしていた時の先輩とは違い、春風のような柔らかく暖かい印象を私に与えた。すると、「ああ、麻さん？ここに座って、一緒に台本を見てみよう！」と言い、陳先輩は司会の台本を手渡してくれた。その日本語で書かれた台本を見た私は、「大変だ！読めない字がこんなに多いの？」と、うっかり不満を口にしてしまった。陳先輩は微笑みながら、「私が読み方を教えてあげるから安心してね！」と言ってくれた。そのやさしい言葉を聞いて、私に張りつめていた緊張の糸は一瞬で解けた。それから、先輩の発音やイントネーションを一つ一つ真似しながら、司会の練習をする日々が始まったのだった。

しかし、私はいつも先輩に頼ってばかりで、漢字の読み方すらもちゃんとメモを取っていなかった。だから毎回小さなミスがあり、司会の練習は決して順調には進まなかった。それでも陳先輩は私を責めずにいつも微笑んで、「そんな時もあるよ！もっと練習すればうまくなるよ！」と、励まし続けてくれた。私は嬉しさを感じると同時に、どんなに努力をしても先輩のようにはなれないのではないかという不安に襲われた。

ある日の練習中、陳先輩は先生に呼ばれて教室を出ていった。その時ふと、陳先輩の台本が目に入った。台本を手に取って私はハッとした。台本には小さな字でびっしりとメモが書き込まれていて、すでにボロボロになっていた。ほとんど何も書いていなかった私の台本はと言えば、もらった時のままの状態だった。その二つの台本を見比べて、不甲斐ない自分にショックを受けた。その日の練習が終わった後、落ち込んでいる私に気づいたのか、陳先輩は私を食事に誘ってくれた。食事をしながら、先輩がコロナ禍で留学に行けなかったこと、共通の好きなアニメの話題、日本語能力試験の勉強方法、それから、将来はお互いに中日交流に関わる仕事がしたいということなど、いろいろなことを語り合った。いつの間にか、陳先輩はただの憧れではなく、心の恩師のような存在に変わっていた。

佐藤一斎の言葉に「春風を以て人に接し、秋霜を以て自ら慎む」というのがある。いつも笑顔で私を慰めてくれる先輩、その笑顔の裏でどれだけの努力があったのか、その時やっと気づいたのである。次の日から私は一変し、ひたすら努力し、繰り返し練習をするようになった。そうすることで、以前とは打って変わり、どんどんスムーズに台本を読めるようになっていった。コンテスト本番の日は緊張していたものの、うまく司会を終えることができた。私は今まで感じたことのない充実感で満たされた。

「目標に向かって努力し続けること、自分に厳しく他人にやさしく」。これは陳先輩から学んだことだ。私には大学の日本語教師になるという目標がある。厳格さだけでなく、教え子に対するやさしさも忘れてはいけない。そして、何よりも努力を重ねることだ。

ずっと捨てられずに机に置いてあるボロボロになった私の台本は、まるで陳先輩のようにそう語りかけてくれる。

（指導教師　永岡友和）

★一等賞

ちはやぶる ――先輩に学び、日本語学習を頑張る

天津外国語大学　林　婧

空港では耳元に人の声が、遠くには飛行機の離陸する轟音が響いていました。飛行機が遠ざかってゆく空を眺めていると、自然とあの紅葉舞い落ちる国と、瞳の中が紅葉のような情熱に満ちた先輩が浮かんできました。劉先輩は、とうとう日本へ留学に旅立ちました。私は空に向かい頭を下げて、手にしていたハガキを見ました。別れる時に先輩がくれた紅葉のハガキです。裏面に「ちはやぶる　かみよもきかず　たつたがは　からくれなゐに　みずくくるとは」と書いてありました。先輩が大好きな和歌です。

和歌を見ていると、去年の夏に引き戻されました。

「先輩、何これ？　カルタ？」本を取りに彼女の寮に行ったときに、棚に置いてあるものが目に入りました。先輩は「単純なカルタじゃないよ！」と言いながらカルタを見せました。目に映ったのは難解な詩句で、思わず小学生の時に、古詩文に頭を痛めた記憶が浮かびました。つい「古詩暗唱ゲームだっけ？　確か日本の子供が好きでしょ、こんなもの。」とつぶやいてすぐに自分の失礼さに気付きましたが、なぜだか謝りの言葉に詰まっていました。そんな私に「じゃあ、日本の子供みたいに学んだら？」と言った彼女の瞳に、紅葉の紅色がかすかに見えました。戸惑った私に先輩は丁寧に説明してくれました。

「子供達はね、毎日この新鮮な世界に好奇心を持ってるよ。なんでもゼロから始まるから、面白くて遊びながら探知していく。こんな子供精神だよ。例えば、カルタ達それぞれに独自の物語がある。暗記するだけでは絶対もったいない。想像するだけでたくさんの景色が浮かぶのよ。ほら、このカルタ見て、何を想像できる？」

彼女に言われたたくさんのカードの中から一枚抜き出すと、「ちはやぶる　かみよもきかず　たつたがは　からくれなゐに　みずくくるとは」と書いてありました。「紅葉の景色かな？」「ううん、これは恋の詩だよ。」と先輩が言いました。改めて和歌を読むと、目の前から、風の和らぎに溶け込んで激しい勢いのある紅色に綴られた川が伸びていきました。その紅色は在原業平の恋心がこもっています。情熱的な紅葉が圧倒的な命となって輝き出して、川の中に激しく流れていきました。

想像の世界に浸っていた私は先輩に呼ばれました。彼女は床に段ボールを敷いて笑って、「ねえ、一局やらない？」とゲームに誘ってくれました。私達はお互いにお辞儀して礼儀正しく正坐しました。正坐の痛みに耐えながら、和歌が流れるのを待っていたので、私は緊張で息が詰まってきました。「ちはやぶるー」と聞こえた瞬間に、パンという音がして、カルタが飛び出していきました。先輩を見ると、彼女の顔に浮かんでいたのは純粋な子供みたいな表情でした。

あの「パン」という一瞬の音が、とても心に響いています。カルタをすることで、多くの子供たちが和歌を覚え、この文学形式を代々受け継いできました。『小倉百人一首』のびっしりと書かれた文字は、山林の中に幾重にも重なった紅葉かのようです。彼女にとって、これはただのカードではなく、カードの歌、文字、それらすべてが日本語の魅力を語っているのではないでしょうか。彼女の日本語に対する丁寧さや情熱も紅葉のような物でしょう。私も彼女に影響されて、いつも何も知らない子供のように好奇心を持ち、日本語の世界を探索しています。身の回りの美しい日本語の物語を掘り下げていきたいです。これから、ステレオタイプではなく新たな視点で見ようと決めました。

劉先輩は彼女の物語に向かって憧れの国に旅立ちました。いつか、また彼女とカルタをしたいです。いつか、私も、この先輩からもらった憧れをもって、自分の「紅葉」と日本に再会したいと思います。

（指導教師　北田奈央）

★二等賞

もうひとつの世界で日本に出会う

清華大学　鄧雄濤

「幻の　秋の夜長に
露けむり」

二〇二〇年、まだ大学受験の準備に追われていた私は、あるビデオをきっかけに初めて「日本」と出会った。

その年、私は高校三年生で、毎日「授業」や「宿題」や「暗記」などの繰り返しの中で過ごしていた。ある日、休憩の時間に美しいビデオのカバーに惹かれた。それは京都の街並みを撮影したビデオだった。約四十分間、カメラはただ京都の街に沿って撮影していた。ビデオには解説もバックミュージックもなかった。しかし、ビデオの中の街並みには、静かで古い雰囲気が漂っていて、夕陽が徐々に沈み、空も淡いオレンジ色に染まっていた。街路樹の桜がそよ風にそよぎ、花びらが雪のように舞い落ちていた。古い建物が通りに沿って建ち並び、瓦屋根は夕日に照らされて微かに光っていた。時折、和服を着た女性が街角をゆったりと歩いてきた。遠くからは澄んだ笛の音とチャンチャラチャンと琴の音が聞こえた。その瞬間、私はこの静かで美しい絵巻に深く引き込まれ、京都の夕暮れの街並みに「浸りました」。高校の先生が言ってた通り、日本の景色は本当に絵巻のように美しかった。

中日友好が深まり、文化交流が益々頻繁になるにつれて、日本を旅行する中国人が増えている。二〇二三年七月、日本を訪れた中国人観光客の数は三一・三万人で、訪日観光客総数の一三・五%を占めた。また、二〇二二年十一月以降、日本を旅行する中国人観光客の数は安定して増加している。しかし、日本を旅行することは、多くの中国人にとってまだ簡単ではない。経済的な負担や仕事の忙しさなど様々な理由で、行きたくても、実際には行けない人が多いからだ。

大学受験が終わった後、新型コロナウイルス流行の関係で、結局私は日本に行くことができなかった。

今日、AI技術の進歩に伴い、多くの「不可能」が次々と実現している。二〇二二年、ChatGPTはロボットによるテキストチャットまで現実した。二〇二四年には、Soraの開発により、仮想世界が現実となった。現在、VR技術も日々成熟している。もしVR技術とAI技術を組み合わせたら、「日本旅行」のハードルは大幅に下がるかもしれない。現実世界で日本の土を踏むことができなくても、より多くの人々が仮想世界で日本の景色を楽しみ、日本の文化を体験し、日本人と交流することで、日本をより深く理解する未来は近いのだ。

VR技術を通じて、私たちはいつでもどこでも「本物の仮想の世界」を見ることができる。AI技術により、私たちは仮想世界の人々と自由に交流することができる。VR装置を装着して、日本の街角に立っていると想像してみてください。桜が満開の小道を散歩し、春風が頰を撫でるのを感じ、花の香りをじっくりと味わうことができる。茶室に座って、茶の音を聞きながら、茶道文化の深い意味を味わうこともできる。この仮想世界では、自由に日本人と交流し、彼らの生活習慣や文化伝統を知り、新しい友達を作ることもできる。日本の街角や伝統的な日本建築の中で、濃厚な日本の雰囲気を感じ、まるでその場にいるかのような気持ちになる。

VR技術とAI技術の組み合わせにより、私たちは時空の制約を超えて、日本文化との親密な接触を実現することができる。このような仮想旅行が実現すれば、日本に行くことができない人々の好奇心や憧れを満たすだけでなく、より多くの人々が日本のユニークな魅力をより深く理解し、体験することができるに違いない。

「友として　心を結び　海を越え　文化の花は　永遠に咲く」

中国には「遠い親戚より近くの隣人」という古い言葉がある。海を隔てて向かい合う「良い隣人」としての中国と日本は、現在の情報化時代においても時代の風に乗り、日本で中華文化が深く尊まれたように、中国でも和の美が愛でられる未来は明日にも迫っている。

（指導教師　日下部龍太）

★二等賞

明月のような先生へ

西安外国語大学　範昱含

私は日本語の発音に自信がなかった。

大学一年生の朗読大会に落ちた時から、綺麗な発音ができていないことが分かった。私は、私自身の、がっかりした気持ちをはっきりと感じ取っていた。その後、二年間にわたって曇っていた私は思いがけず、学内選考会優勝を収め、学校を代表して超大型の日本語プレゼン大会に参加することになった。その頃は、香月先生との絆を思ってもみなかった。

優勝を目指すため、毎週、八人の先生が出席する指導会議が行われた。発音に自信を持っていない私にとって、この会議は全く悪夢だった。毎回、先生方から頂いた発音についてのアドバイスは、自分の能力を向上させるためのものだと分かっていたが、時間が経つにつれて、元々ぐらついていた自信が更に失われていった。私の心には、まるで曇りのようなどんよりした影がかかっていた。

そんなある日、香月先生から食事の誘いを受けた。日本人の先生と二人きりの食事は初めてで、楽しい話ができるかどうか心配だった。

「範さんがテーマにされた農業のこと、私も、とても勉強になりました！」

「範さんは日本の歌劇も知っていますか？」

「中国のドラマも好きです！」

このように、お喋りはプレゼン大会から日常生活へ移っていき、優しく微笑んだ香月先生は、いつの間にか、私の不安を取り除いてくれた。心の、言いようのない曇りが全くなくなったと言うと嘘になるが、少しずつ消えていく気がした。発音に関する悩みについて励ましてくれるだけかと思っていたら、先生から「一緒に発音練習しますか」と言ってくれたことに驚いた。そして、毎日の昼休みが私たちだけの練習時間になった。

肩を寄せ合って座り、香月先生は単語のアクセントから文章のメリハリまで私の発音を矯正した。自信のない私を見通したように、先生は「範さん、心配しないでください。日本人であっても、全ての単語を完璧に発音できません。正しい発音を確認するために辞書を引かなければならないこともあります。それに、範さんの声は綺麗だと思いますよ。」と微笑んで言った。

声を綺麗と言われたのは初めてだ。香月先生の言葉はこの二年間の燃え尽きから私を助けてくれた。完璧な発音に拘ってきた私は、言語の本質がコミュニケーションにあることを見過ごしていた。中国人の私も、果たして、中国人らしいアクセントを持っているだろうか。しかし、発音が全く重要でないというわけではない。アクセントなどを間違えると、聞き手の理解に悪影響を与えることもある。ただし、完璧な発音を追求することが、決して語学学習の全てではないのだ、と気がついた。先生との自主練習は数週間続いた。全体的にプレゼンを見直した私は、スピーチの論理性やパワーポイントのレイアウト修正に取り組んでいた。発音の練習も怠らず、先生が段落ごとに吹きこんだ音声に従い、繰り返し原稿をよんだ。

漸くプレゼン大会の日がやってきた。壇上に立つと、会場が静まり返り、自分の呼吸が潮の満ち引きのように聞こえるほどだった。心臓がドックンドックンと大きな音を立てて、私の体で鳴り響いた。「落ち着かなきゃ」と胸の中で唱えた私は、観客席に座った香月先生と目を見合わせた。優しさと励ましを湛えた先生の目は、一緒に練習した、数えきれないほど心に焼き付けられた昼間の光景を思い出させた。ひとつ深呼吸をして、私は、自信満々にプレゼンを進めていった。最後に、二等賞を収めるとは思いも寄らなかった。二年前の私は自分がこんな超大型の日本語プレゼン大会で入賞するなんて思わなかっただろう。

香月先生がいなければ、発音の悩みの靄から抜け出せなかった。香月先生がいなければ、最後までプレゼン大会を続ける勇気もなかった。香月先生がいなければ、今は自信満々で「私の日本語はペラペラ！」と言えなかった。大学生活で、心の曇りを明月のように追い払ってくださった先生に、心から感謝申し上げたい。

（指導教師　香月玲子）

★二等賞

AIで描いた未来

四川外国語大学　廖俊傑

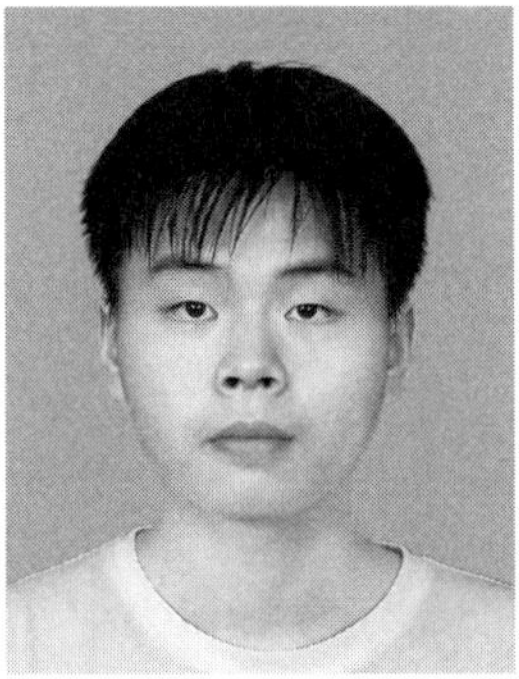

　AIは、確かに二十一世紀のキーワードのような存在である。そのため、「AI時代の日中交流」というテーマを目にした時でも、「意外」とはあまり感じなかったが、それを巡ってアイディアなどを考えることは決して容易なものではない。

　今の時代、AI技術は私たちの生活に深く関わっているため、人間は益々AIから離れられなくなっている。そのため、私から見れば、AIがしっかりと「活かされて」いるより、人間にひたすら「頼られて」いるように見える。

　私は以前、日本のゲームのシナリオを、中国語に翻訳するアルバイトをした事がある。それは、難しいものではなかったが、テキストの量がかなりあったため、私は過半数のテキスト翻訳をAIに委ねた事があった。その結果、翻訳が完成することは完成したが、単語が所々おかしく、文法も間違っている箇所が多数あり、結局もう一度自分で翻訳し直す羽目となった。その経験があった事から、私はAIに対する態度が「楽をすると良い結果にならない」というように変わっていった。日中交流におけるAIの使い方は、言語を翻訳するような事だけではなく、もっと深い繋がりをしっかりと思い知らせないと交流とは呼べないのではないだろうか。

　交流することにあっては、一番肝心なところは相手に自分の表したい内容を正しく理解してもらう事である。それを達成するには言葉が通じるだけでは物足りないだろう。中日の文化の間では無論強い繋がりが存在しているが、それぞれ独立した文化としてお互いに理解し難い事も必ずある。そのため、プラットフォームの役割は、理解し合う事を隔てている壁を打ち破るという事だ。要するに、食材と鍋の関係のようなものだ。プラットフォームという鍋の中に、中日文化という二つの食材を入れ、文化と文化を混ぜ合わせ、理解を促す。そして、ＡＩの役割は鍋の下で加熱する炎である。

ここでもう一つ、昔話を思い出した。

ある日、私は一人の日本人と出会い、日本について色々な事を聞いた。今思えば、その日本人が自分の故郷を語っている時の目は、日差しに照らされてずっと輝いていたように思える。彼は大阪からやって来ており、時々故郷である日本を懐かしく思う事もあるそうだ。そして、彼が言った「特に銭湯から出て、街で見た夕日はこの世界で一番美しかった」という言葉が今でも耳を離れない。

寮に帰ったあと、私はずっと彼の話を頭の中で繰り返し考えていた。中国には銭湯はない。そして中国の夕日と日本の夕日では何か違いがあるのかも分からない。さらに、ネットで検索してもなかなか彼が言ったその感覚が捕らえず、行き詰まってしまった。そのため、私は気まぐれで、絵を描くＡＩを使って彼の言ったシーンを再現しようと思った。そして、彼の言葉を入力するとあっという間にイラストが出てきて、私は一瞬はっとした。その絵には、大阪の街の温かさと、夕日に引き立てた微かな寂しさを強く感じ、彼の気持ちも理解できる気がしたからだ。その後、私はこのイラストを彼にも見せたところ、彼の目の輝きが再び見られるようになった。

それ以降、私はよくＡＩを使って中国や日本のイラストを作り、彼と分かち合うようになった。相手に文化を理解してもらうには、絵で表現するのに越したことはないと思う。そして、この作文コンクールにも、このようなプラットフォームになってほしいと願う。学生たちの作文の文言に対して、ＡＩが素早くそれなりのイラストを作成していくというものだ。ＡＩを使えばどのようなシーンや風景なども再現できる。さらに、ただ検索するより、精確で想像力に富んでいる。これを通して学生たちの心象を丸ごと多くの人の前に表し、現場の雰囲気も活性化させられる。

絵で分かり合う。それをできるようにしたＡＩは、炎としての役割を見事に果たした。これからもＡＩが加わったことで、日中交流は進み続けるだろう。

（指導教師　村瀬隆之）

★二等賞

素晴らしい日本語学習

大連外国語大学　鐘雅馨

日本語学習は、単なる言語の習得ではなく、文化や価値観の理解も深める重要なプロセスです。二〇二四年の「中国人の日本語作文コンクール」は二十回目の開催となり、その軌跡は私たちに多くの教訓とヒントを与えてくれます。

まず、過去の受賞者たちが日本と中国の間の架け橋となり、様々な分野で活躍している事実から、日本語学習が国際交流に多大な役割を果たしていることが分かります。彼らの活躍は、日本語学習者にとって大きな励みであり、私たちが学び続ける原動力となるものです。

また、コンクールの受賞作品は、日本語学習者にとって最高の教科書だといえます。これらの作品を学ぶことで、日本語の表現面や文化面をより深く理解することができます。そのため、先輩方の足跡をたどることで、私たちは日本語学習のモチベーションを高め、さらに学習の質を向上させることができます。

私は、先輩方から学んだことをもとに、日本語学習をさらに強化するためのポイントをいくつか挙げたいと思います。

一・日常的な日本語学習法：日々の生活の中で日本語を使うのは、言語習得において非常に効果的なものです。例えば、日本語のラジオを聴いたり、日本語のドラマやアニメを見たり、日本語の書籍を読んだりするというなどの方法で、日本語を取り入れていきましょう。

二・N1試験対策：日本語能力試験N1は日本語学習者の最終目標の一つです。試験対策としては、過去問を分析し、語彙力を強化し、文法の理解を深める工夫が必要です。また、定期的に模擬試験を受けることで、正確な試験対策ができます。

三・ボランティア経験：ボランティア活動を通じて、日本語を実践的に使う機会を得ることは、言語能力の向上に大きく寄与します。また、異なる文化や価値観を持つ人々と出会い、視野を広げることができます。

四・先輩からのアドバイスを活用すること：日本語を学ぶ上で、先輩からのアドバイスは非常に貴重です。なぜなら、先輩の経験やノウハウは、学習方法の改善や効率的な学習に役立つからです。

五・自己研鑽を続けること：先輩を超えるためには、自己研鑽を続けることが大切です。自分の学習スタイルに合った方法を見つけ、継続的に学習を深めていきましょう。

日本語学習においては、コミュニケーション能力の向上も非常に重要だと認められています。言語は、相手の文化や価値観を理解し、自分の考えを伝える手段、及びコミュニケーションのツールとして使われています。そのため、積極的に日本人とのコミュニケーションを通じて、実際の会話の中で日本語を使う練習を積むことが大切です。

また、日本語を学上で、継続的な学習の姿勢が求められます。言語は生きているものであり、常に変化を遂げるものです。先輩たちと同じように、私たちも常に新しい知識を求め、日本語能力を向上させ続けなければなりません。

さらに、日本語学習を通じて得られるスキルは、単に言語能力に留まらず、多様な分野で活躍する上で重要な役割を果たします。ビジネス、教育、観光など、多岐にわたる分野で、日本語を活用する機会が増えています。私たちは先輩方と同じように、日本語学習を通じて得られるスキルを、自分のキャリアや社会貢献に活かしていきたいと思います。

最後に、日本語学習は単なる個人の成長を超え、国際化が進む現代社会において、国境を越えた交流と協力の基盤を築く重要な役割を果たしています。私たちは先輩方のように、日本語学習を通じて、日中間の架け橋となることだけでなく、より広い世界との交流に貢献する準備をしていきたいと思います。また、コンクールを通じて得られる経験は、言語能力だけでなく、人脈の拡大や自己成長にもつながることを期待しています。これは素晴らしい日本語学習だろうと思います。


（指導教師　張黎）

★二等賞

十八歳から咲き誇る

北京第二外国語学院　李映臻

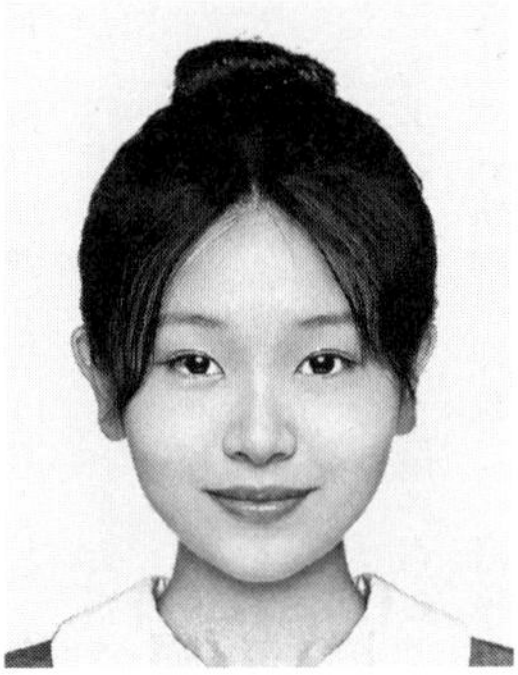

張先生と知り合ったのは大学一年生の時だった。先生は基礎日本語の先生であると同時に、私たちの担任の先生だった。そのため、先生は私との付き合いが最も長い先生である。

一言で先生を表現したら、「ギャップ」が最適だと思う。理由は、先生のことを徐々に知っていくと、最初の印象と異なることをたくさん感じたからだ。

先生が、見た目のイメージと違うと初めて感じたのは、入学して一週目のことだった。五十歳の背の高いクールな先生は、休憩中みんなと当時中国で流行していたゲームの話を始め、印象が逆転した。若者の偏見かもしれないが、五十代の先生は絶対に電子ゲームはしないと思っていた。このことで、先生との心の距離が一気に縮まったような気がした。

授業は入学当初より盛り上がっていく一方で、また私は、先生の新たなギャップを発見した。それはクールで真面目そうな見た目と違った、繊細な一面だ。簡単な文型の練習でも、先生はそれを通し、自分の経験を表現させた。またはトピックについて各自の考えを発表させた。なぜこのような練習方法をしているかと訊ねてみたら、どう自分で成長するかということも教えたかったと先生は答えた。まず外部からの経験と視点を受け入れることが重要で、様々なことを聞くことで世界を感じ始め、そこから豊かな思考と成熟した自己を得られると教えていただいた。その時はまだ何も分かっていなかった私は、中国の主流の考えに縛られていた。ある時、私は、専業主婦は絶対に社会的地位がない存在だと発言した。同級生に日本的な視点でこの考え方を否定された時、ふと先生の教えてくださった言葉を思い出した。十八歳以前は、教科書や多数派の観点だけで物事を見ていて、少数派の立場を無視していたことに気付いた。なんと視野が狭かったのかと恥ずかしく感じた私は、その時から、様々な考えと視点を受け入れようと考えを変えた。

実は張先生は、大学時代落ちこぼれだったそうだ。当時、成績のことで悩んでいた私の友人に、先生はいつものように笑いながら、「私もそうだったから」と、大学時代の経験を話してくださった。先生は学生時代、バスケにハマり、気がつくとジリ貧の成績だったそうだ。後悔、自責、様々な思いに苛まれ、破れかぶれになりかけた先生は、当時の担任の先生に励まされ、先生の優しさと期待に答えようと頑張り、大学生の張先生は学業不振から抜け出した。それで、先生も自分の先生のように私たちを応援したいと思ったそうだ。だが一度失敗した人はまた失敗するのではないかと挑戦を恐れ、現状を変える第一歩を踏み出すことが特に難しいと先生は分かっていた。「失敗は、たとえ望んだ結果ではなかったとしても、努力して得た自分の変化だ。変化した時点で元の自分から成長したのだから、何も悔しがることはない。完璧でない自分を受け入れることが、立派な人間になる第一歩だ。私もこうして先生になったのよ」と、先生はおっしゃった。私は強く励まされた。当時私は未来の進路に迷い、通訳者を目指す夢は、どんどん発展しているAIに揺さぶられていた。今、学校の先輩らにさえ敵わない私は、何十年かけてプロになっても、AIには敵わないかもしれない。何十年後かに後悔するより、最初からそんな夢は諦めるべきではないかと思った。だが、未来の失敗を想像するより、何も恐れずただ自分の夢をどこまでも追いかけたい。どんな終点にも新たな景色がある。

私の日本語能力は、張先生が作ってくださった基盤があってこそだ。しかしそれよりも、張先生に感謝したいのは、未熟な十八歳の私の道標となる一筋の光をくれたことだ。若いから知らないことは多く、転んでも恥ずかしくない。赤ちゃんのように立ち上がっては、また転んでを繰り返す。一八歳の私たちの人生はまだ満開前だ。先生が照らしてくださる光は、私をいつまでも導いてくれると信じている。張先生、本当にありがとうございます。

（指導教師　進藤優子）

★二等賞

終わりなき旅

―山口先生への感謝状

天津外国語大学大学院　趙晨曦

私の日本語学習を人生における一つの旅に例えるなら、その始まりは決して楽しいものではなかった。しかし、山口先生の温かな笑顔と言葉がこの旅で絶えず前進する力の源になっている。

実は、高校時代には、自分の平凡さに気づいていた。勤勉は不足を補えると信じていたが、自分の資質では、どんなに努力しても自分の上限はすでに定められていると思っていた。そして、大学に入ると、日本語の学習はまるで私の平凡さを証明しているかのようだった。一か月が経っても五十音図を覚えることができず、発音もよくなく、コンテストに参加してもよい成績が取れなかった。周囲の人は私のことを、「別に賢くないが、確かに努力している子だ」と言い、表面上は褒め言葉のようでも、まるで「それ以上ではない」と言われているようだった。実際、私は努力しており、何かを成し遂げて自分の力を証明しようとしていたが、なかなか成果は得られず、次第に日本語学習を諦めようと思うようになった。努力を諦めれば、自分が日本語を上手に学べない正当な理由ができる。「ただ努力が足りないからで、私が不器用だからではない」と自分に言い聞かせた。

しかし、山口先生の授業でのふとしたお言葉が私の考えを変えた。二年生の時に、先生は私の発表を大いに褒め称えてくれ、私は喜びの中にも、思わず自分の日本語能力に対する悲観を漏らしてしまった。すると、先生は包み込むような笑顔で、「言語学習は時間がかかるものです。でも、今までのような努力はきっと実を結びますよ」と言ってくださった。あの時の気持ちは今も鮮明に覚えている。これまでの努力は無駄ではなかったとしみじみ感じ、涙が滲んできて、「日本語を諦めないで、これからも努力を続けます」と先生と約束した。以前とは違い、外部からの声を過度に気にすることなく、目に見える成果にもそこまで重点を置かなくなった。

もともとは早く終わると思っていた日本語学習の旅が、山口先生の励ましのおかげで予想以上に長く広がってきた。三年生の時、中島敦の『山月記』を読み、「己の珠に非ざることを惧れるが故に、敢えて刻苦して磨こうともせず、又、己の珠なるべきを半ば信ずるが故に、碌々として瓦に伍することも出来なかった」という名句に出会った。この言葉は、自己の可能性に対する不安と自信の間で揺れ動く気持ちを表現しているように思う。珠であれ瓦であれ、自分自身の価値を適切に認識し、恐れに負けずに努力を重ねることで、自分の真のポテンシャルを発見することができると読み取れた。この苦悩は当時の心境と偶然にも一致しており、初めて読んだ時は大いに共感し、日本文学の魅力を実感した。日本文学特有の力をこれからも感じ続けたくなり、大学院で深く学ぶことを決意した。

中国の大学院入試では、作文の筆記能力も試される。山口先生は毎週私の書いた作文を真剣に見直してくださり、病気で発熱しても、添削を怠ったことは一度もなかった。また、先生に入試の困難を打ち明けるたびに、胸に抱え込んだ迷いがプラスの力になるように、先生は週ごとに応援歌を共有してくれた。試験準備の日々は苦労が絶えなかったが、その過程で得るものがたくさんあった。最終的には、先生の見守りと私自身の努力のもと、大学生から院生へのステップアップを果たし、念願の日本文学専攻に進むことができたのだ。

先生のウィーチャットの「個性サイン」の欄には、「寧拙毋巧、寧醜毋媚」という文字が書かれている。これは中国の書道の教えの一つだ。「不器用であっても巧みになりすまさず、醜いとしても媚びへつらわず」という意味で、堅実に一歩ずつ前進し、努力することの重要性を強調する哲学である。先生から教えていただいたすべての教えは、人生の糧になっている。これからも「平凡」な人間として、絶えず努力し、まだ続く日本語学習の旅を着実に一歩ずつ歩んでいきたい。

（指導教師　倉持りえ）

★二等賞

私を変えた日本語教師

陝西師範大学　吉　妍

　失礼とは思うが、もし一人一人の先生にレッテルを貼るとすれば、本学科の玉岡先生は「お人好し」になると私は思う。玉岡先生は常にご自分よりも学生のために尽力し、思いやる心を持っていらっしゃる方だからだ。

　大学で日本語学科に入ってから、各種の授業で、いろいろ討論してもわからない日本語の問題点があったら、他の先生方はいつも私たちに「授業の後でみんなを代表して玉岡先生に聞いてください」、「玉岡先生ならきっと分かりやすく説明してくれますから」とおっしゃった。何回も聞いているうちに、これはそういう決まり文句なのかと疑問に思った。ある時、好奇心を抑えきれず、試しに玉岡先生に文法に関する質問をしてみた。すると、びっくりするほど詳しい説明をいただいた。そのように長いメッセージを目にしたことも初めてだった。

　その後、何回も日本語作文のご指導をいただいたため、先生は多くの授業をご担当くださっただけでなく、私にとっては貴重な作文の指導者でもある。先生の真摯な態度に影響を受け、自分の書いたものに責任を持たなければならないと思うようになった。先生は私の文章を批判するのではなく、新たな視点を与え、新しい空気を吹き込んでくださったのだ。その過程で、書くことへの見方も変わった。書いたものが増えていくという経験は私に自信を与えるよりも、むしろ誤りに対する慎重さを強めることになった。そのおかげで、私はより謙虚で慎重になることができた。

　このように、玉岡先生はいつも惜しみなくみんなを助けてくださっており、そのためにご自身の時間を削ることも多い。小規模な日本語学科ではあるが、コロナ禍を経ても学生の数はさほど変わらなかったのに対し、日本人教師は玉岡先生しか残っていなかった。仕事は山積みでも、学生たちの頼みに応じるために無理なさっていることは、みんなにもわかっている。この優しい先生には、いつも気になる点がある。それは、いつも他人を助けているが、ご自分のことを気にかけていないように見えることだ。

過去の私は、他人に迷惑をかけたくないと思いながら、他人を助けることも自分の時間を無駄にすることだと考えていた。しかし、先生の姿を見て、その考えが間違っているのに気づいた。「恩返しより恩送り」という言葉のように、玉岡先生からの助けが、他人に手を差し伸べる勇気を私に与えてくれた。経験を積むうちに、人の役に立つことから自分の存在を強く認識できるようになった。これにより、一つ一つのことを真剣に取り組むことや、一人一人を助けることの大切さを学んだ。

だが、こんな素晴らしい先生に対して、私は一度その善意を利用して傷つけてしまったことがある。その時、私は自分の未熟さや怠け心を先生のせいにしていた。他の学生が先生のご指導のもとで上達しているのに、自分は日本語を思い通りに口に出すことすらできず、悔しく思っていた。その中で、自分の極端な考えを甘やかし、先生を裏切るような行動をとってしまった。その時の心境から脱出するまで、自分がどんなにひどいことをしたかがわからなかった。その時は、ただ自分の考えに囚われ、自縄自縛に陥っていたのだ。

先生に対して理不尽な言動をとった自分を恥じている。自分のせいなのに、かえって恩師を責める人がどこにいるというのか。今さら「あの時ああすべきではなかった」と言っても何にもならないだろう。だが、先生はまた寛大に手を差し伸べてくださり、その度量の深さに感謝するばかりだ。

日本語を学ぶ前、私は「ありがとう」も「すみません」もこんなに頻繁に言うことはなかった。しかし、今までの先生に対する言葉は、感謝と謝罪のどちらが多いのか分からないほどだ。もしまだ手紙の時代なら、先生へのお詫び状であり感謝状でもあるものに、こう書きたい。

「これまでのご指導、本当にありがとうございました。どうか先生もご自身を大切になさってください。」

（指導教師　玉岡敦）

★二等賞

ＡＩで日中交流の新たな発展を促す

大連外国語大学　盧佳鈺

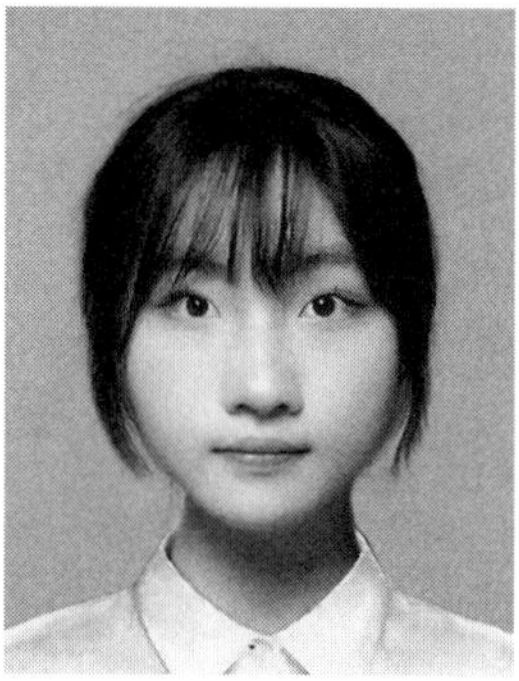

　ＡＩ時代になってから、人工知能の急速な発展は世界に大きなインパクトを与え、人々の生き方や考え方が大きく変化しました。言語学習者として、人工知能が国境を越えたコミュニケーションにおいても重要な役割を果たしていることに気付きました。ＡＩのおかげで言語の壁や思考の違いを簡単に乗り越えることができ、日中両国の交流が新たな段階に入っています。

　人工知能の最大の魅力とは素早く正確に翻訳できることです。従来の翻訳機とは異なり、言語の論理や文化的な知識を豊富に持っているため、スムーズで誤りの少ない翻訳ができます。これにより、専門の通訳者がいなくても簡単に交流が実現でき、文化交流が大いに促進されます。ビジネス会議や旅行の場面で、人工知能はリアルタイムで正確な翻訳を提供することもできます。今、ＡＩは日中交流の重要な架け橋となっています。

　私は外国語大学のソフトウェア学院で勉強しています。そのため外国語とＡＩの関係には当然強い関心を持っています。先日、学校でＡＩロボットと外国語で会話練習をするイベントに参加しました。会話の背景を設定しておけば、ＡＩと自然な会話ができます。ＡＩの言語処理のレベルは高く、文脈に沿った言葉の組み立てができるようになり、論理的なバグも少ないです。多くの学生がＡＩに同時に話しかけても、うまく答えていました。それは、私にＡＩの力をより深く理解させてくれる貴重な体験となりました。

　この体験を機に、ＡＩ翻訳技術の活用を前提とした、日中両国の参加者が自由に交流できる大きな場を設けようと考えています。例えば、この作文大会のような「書くこと」を中心に考えてみると、ライティングリレーの競技大会を開催することも面白そうです。オンラインとオフラインを並行して、一つのテーマを与え、決められた時間内に、中国と日本の両方の選手がAIのサポートを受けながら共同で一つの作文を書きます。執筆中にAIを活用してディテールを補足したり、基本的なミスを修正したりして、作文を完成させます。また、AI翻訳技術を使ってチームメイトとのコミュニケーションを支援し、ストーリーの流れを整理することもできます。相手の国の人が書いた文章を読んでから自分の作文を考えると、新しい気付きも生まれるはずです。

「勉強」というと抵抗がある学生もいるかもしれません。そんな場合は趣味の集まりも良い交流の場になると思います。アニメや漫画の世界には独特な言葉が溢れています。掲示板で日本のネットユーザーの発言を見ると、方言や流行語が混ざっていることが多く、理解が難しくなる場合があります。ネットで正確な意味を検索できない場合でも、人工知能は膨大な知識をもとに文脈にあった解釈をしてくれるので、すぐに言語の流行の最先端に追いつけます。仮に実際に意見を述べたり、共通の趣味について語り合ったりするうちに、外国語を話してみたいという欲求が生まれるかもしれません。もし、現地で外国人の友人と会話の練習をする光景が見られれば、語学を愛する者としては感無量です。

言語学習者は時代に合わせて学ぶべきです。AIが使えるようになったのなら、それをうまく使い、新しい言語の楽しみ方を模索していく必要があります。私は思いついたアイディアをどんどん試して、失敗しながらも経験を積んで、新技術と共に歩むための方法を探していきたいです。

今回の作文コンクールでは、未来の科学技術の発展による日中関係の新たな可能性について改めて考えさせられました。このコンクールをきっかけに両国民がお互いをよりよく理解し、友好関係が促進することを願っています。時代の流れとともに、教え方も、学び方も、交流の仕方も変化していきます。AIを活用して日中の新しいプラットフォームを構築し、文化交流を継続的に促進していけば、両国の未来はより明るくなるでしょう。

（指導教師　永田隼也）

★二等賞

ＡＩ技術を活用した中日交流の可能性

南京師範大学　王揚晨曦

古来、人々は対馬海流や黒潮に乗って、アジア大陸から日本列島へと向かった。秦王朝の時代、徐福は始皇帝に命じられ、少年少女三千人と多くの技術者を連れ、神薬を捜すために海へ出て、日本に漂着したという。そして、隋唐の時代、日本は遣隋使、遣唐使を中国に派遣し、隆盛の唐王朝からは政治、経済システム、文化、芸術を学び、飛鳥時代、そして「咲く花の匂うが如く」と歌われた奈良時代を築き、中日両国の文化交流は黄金時代を迎えた。加えて、十九世紀の終わりから二十世紀の前半にかけて、多くの中国人の若者が日本に留学して各方面の知識を学び、現代中国社会の発展と中日間の文化交流に大きな役割を果たした。

二十一世紀に入り、科学技術の日進月歩に伴い、データは新たな生産要素となり、計算力は新たな基礎エネルギー源となり、人工知能は新たな生産ツールとなり、これらは共にニューモデルの生産力向上の要素を構成している。こうして第四次産業革命の到来に伴い、人類社会は本格的にＡＩ、いわゆる人工知能の新時代へと突入した。同時に国際情勢はめまぐるしく転変し、政治のしくみが今後どのように変化するのかも予想しがたい。さらに欧米諸国が矢継ぎ早に、中日両国の友好関係を妨害しようと手段を尽くしており、当今の中日関係も益々厳しい状況を呈している。このような局面において、ＡＩ時代の日中交流のプラットフォームをいかに構築するかが急務となっているのである。

まず、言語処理においてＡＩ技術を利用し、中日両国民間の言語の障壁を取り除き、双方のより広範な交流と理解を促進する。平成三十一年、東京で開催された中日シンクタンク・メディア対話会では、中国のインターネット技術会社が「捜狗旅行翻訳宝」という翻訳ハードウェア製品を発表した。それは、翻訳可能な言語が限られ、オフライン翻訳ができず、正確度が低いといった従来の自動翻訳の欠点を人工知能技術により克服し、ますます拡大する民間交流に信頼性の高い支援を提供し得るものであった。このような翻訳ハードウェア製品の活躍は、人工知能が通信業界で頭角を現し、各国間のコミュニケーションを推進する可能性を示している。

また、文物保護においてもＡＩ技術を利用し、ＡＲやＶＲの表現力を強化し、様々な有形・無形の文化遺産を記録・保護・再現・普及する。テンセントは令和三年に敦煌研究院と新たな三年間の戦略的協力協定を締結し、ＡＩによる損なわれた壁画の遠隔診察技術を導入し、蔵経洞文物の修復とデジタル化を推進している。これをヒントにすれば、今後、我々がインテリジェントターミナルを駆使して、歴史の双方向体験・検索・観光・展示などのモジュール協力に力を入れ、中日両国の文化遺産の持続可能な保護とオンライン交流を促進していくことが可能となるであろう。

さらに、ディープラーニングにおいてもＡＩ技術を利用し、両国の優れた教育資源を融合し、新時代のグローバル人材を育成することも可能である。このような中日新世代間の交流を増進するためには、ＡＩ教育プラットフォームを構築する必要がある。「政府＋学校＋企業」の協力モデルを通じて、ＡＩ時代に相応しい国際交流学生人材育成理念を樹立し、多元的国際交流による学生の実践訓練基地を提供し、教育メカニズムを革新し、国際標準のカリキュラムを備えた応用技術教育システムを創り上げるのである。

人工知能の応用と発展は、経済や政治、文化など様々な面に対して広く深い影響を与え、国際システムにも大きな変革を促している。それ故、中日両国は共通の利益に立脚して人工知能技術を活用し、対話と意思疎通を強化し、相互信頼と協力を深め、通信産業のアップグレード・文化遺産をめぐるオンライン交流・教育の連携などの分野でより広範な国際交流を実現し、建設的かつ安定的な両国関係の発展を推進すべきである。その際には、日本語専攻の私たち中国人学生が、特別な使命を果たす覚悟で両国間の架け橋として活躍することが肝要である。

（指導教師　林敏潔）

★二等賞

「急がば回れ」

——先生への感謝状

天津外国語大学　許　衡

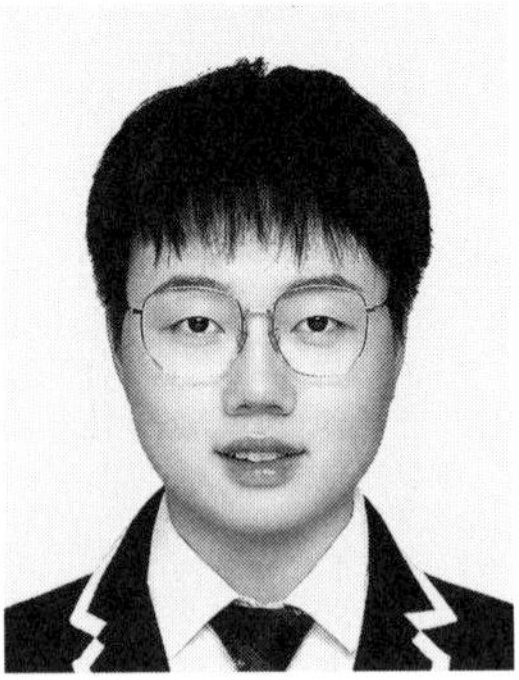

「このままじゃ日本語なんて上達するもんか」と、ベッドに崩れるように倒れ、まるで絶望に飲み込まれたかのように、残酷な現実を嘆きました。

それは自分の日本語学習がスランプに陥ってつらい頃の話です。五十音しか知らないまま大学に入りましたが、ガムシャラに勉強してきた結果、高成績を実現できました。とはいえ、しばらくすると会話の時も作文の場合も頭が真っ白になってしまい、日本語を全く使えない状況が続きました。日本語で自分の言いたいことを表したくて日本語専攻を決めたのに、「もう願いを諦めるのか」と自問せずにいられませんでした。

途方に暮れ、恩師の翁先生にこれからどうすればいいのか、迷いや虚しさを抱えて思い切って尋ねてみました。「ニュースとか、記事とか、文をもっと読めばいいでしょう。本気で自分の言語力を伸ばしたいならね。最初はつらいかもしれませんが、成功を焦ってはいけませんよ」。この答えを聞いて、自分の根気のなさにやっと気づきました。そこで、私は文を通じて日本語を学び、これまでの受験一本の学習を突破すると決心しました。

大学入学以来、先生方はみんな私たちのことをよく導いてくださいましたが、翁先生のユニークな教え方は印象に鮮明に、強く残って離れません。「本質から語彙や文法を捉えた上で、それを覚えること」。テキストに拘るわけでなく、言語を一つ一つのパートに分け、数多くの実例を通じて説明することで、日本人らしい考え方や日本語なりのニュアンスなどを伝えてくださいました。しかし、翁先生に教えていただいたのは日本語だけではありません。

周りは日本語のイベントで受賞する人が多く、日本語能力試験N1で高得点を取り、会話や交流も私より圧倒的に上手な同級生ばかりでした。彼らの成果が羨ましい一方で、私は迷宮を彷徨っているように、進路も計画もわかりません。もう遅れを取り、追いつきようにない気持ちが募ってきました。自分の将来が暗闇だらけのように映り、心細さやコンプレックスで眠れないこともあるほど懸念していた時期です。迷いや憂いを纏い、他人に負けたくないという切実な気持ちで、私は再び翁先生に相談しました。「急がば回れ。気力には限界があって、いろんなことを同時に両立させられない。これが人間です」。予想外の答えを聞き、ぐっと胸奥で騒いでいた荒波のような緊張感は、鏡のように静かで平らになり、じんわりと安らぎに溶けました。

「問題は実力不足なんかじゃなくて、必要以上に焦っていることでしょう。学習って生涯を貫くものですよ。何よりもまず楽しさや興味を優先すること。さもないと遠くまで辿り着けないから」。高校までは「死ぬまで頑張れ」と教えられてきましたが、翁先生のおっしゃった言葉を聞くと、心に染みついた霧が次第に晴れ、もう少しで泣き出すところでした。

その後、反省を重ねて、心配し過ぎないことにしました。焦りは禁物だ、ゆっくり自分の行きたい彼岸へ向かおう。そう思いつつ、久しぶりに本を手に取り、『銀河鉄道の夜』の世界に入りました。旅を進める主人公のジョバンニと共感し、不思議で謎めいた物語に魅せられ夢中になった時、ふと翁先生の言葉を思い出しました。私たちの行く道の終点まではまだ長いので、ゆっくりと全ての瞬間の美しさを味わいながら歩まねばならない。本を読み終える頃には、そう思うようになりました。

「もう願いを諦めるのか」という自分からの問いを振り返ってみると、「いや、先生のおかげで、今はまだ道を歩んでいる。おっしゃる通り、『急がば回れ』だ」という声が心に木霊し、翁先生に感謝したい気持ちが溢れてきます。これからも不安や焦燥に苦しむことは多いと思います。しかし、騒々しい嵐の真ん中に身が置かれても、まずは「焦らないこと」を肝に銘じ、心の安寧を守れるように、私は見えざる果てへと、一生学習を続ける覚悟です。

（指導教師　倉持りえ）

★二等賞

それでいいの？

湖南大学　李依格

時刻は午後九時五十七分。タイムリミットまで残りわずか。パソコンの画面をにらみつける。さあ、どうする。頭の中にいろいろな思いが駆け巡る。汗が滴になって、ひたいからつぅと流れた。大学院入試の志望校変更締め切りまであと三分。

日本語が中学生の頃から好きだった。しかし、大学受験では日本語専攻に入れなかった。どうしても諦められない私は、大学院受験に賭けることにした。憧れる有名な大学院はあったが、まずは確実に日本語専攻に合格するために、難易度が低い大学院を志望校にして願書を提出した。

憧れは憧れ、もしまた落ちたらどうするの。合格最優先、自分もそれでいいと思った。そんな頃だった。先生に出会ったのは。

先生はオンラインで日本語の公開相談室を開いている。数回は聞くだけだったが、その日は勇気を出して、先生と話してみた。しばらく話すと、「話し方が日本人みたいですね」と、私は初めて自分の日本語能力に対する確かな評価をもらった。

大学院受験の話になり、志望校のことを言うと、先生はその大学院を志望する理由を聞いてきた。私が無難に答えたら、先生は「それでいいの？本当に行きたい大学院を選んだほうがいいですよ」と言った。その場は「ありがとうございます」でごまかした。今の志望校選択が自分が取るべき最適解だと納得していたからだ。

でも「それでいいの？」という先生の声が耳からどうしても離れない。「それでいいの？」心の中の先生の声がますます大きくなる。私の心はぐらぐら揺れ始めた。

志望校変更締切日、私は自分の心に決着をつけに、高速鉄道に四時間乗って先生に会いに行った。先生に会えたのはその日の夜のことだった。変更締め切りは午後十時。先生は依然として志望校を変更したほうがいいと言い続けている。

「でも先生、もうすぐ締め切りですよ」と答える私は、先生に、そして自分にも、諦めて欲しかった。

「今ならまだ間に合うじゃないですか」先生はびくともしなかった。そして、あと一歩が踏み出せない私に「私が責任を取りますから！」と力強く言った。

「どうして、そこまで言ってくれるんですか」目の前にいるこの人はなぜこんなに言い切れるのだろう。思わず先生に尋ねると、「あなたの実力なら合格できると思うし、第一、本当のあなたはね、志望校を変えたいと思っているから」と先生は言った。本当の私、その言葉が胸に響く。

失敗が怖い。落ちたらみっともない。無難に安全な選択をするのが自分にとっていいはず……じゃ、なぜ私は今、ここにいるの？ なぜ先生に会いに来たの？ 本当の私はどちらなんだろう。

「本当の自分の心を欺いたら、あなたは一生後悔すると思うよ」

その言葉が私の心の揺れを止めた。「決めました。変更します」志望校変更締め切りまで残り二分。

急いで必要事項を入力する。悩んでいる時間はもうない。すべてを入力し終わり、変更確認ボタンを押した。ふうと息を吐き出したとたん、時刻が午後十時ちょうどになった。ドキドキする心臓の鼓動が今、自分がどんな決定をしたかを教えてくれている。

不思議なことに、それまで私を強く支配していた、失敗を恐れる気持ちはどこかに姿を消していた。感じるのはすっきりとした覚悟だけだった。そうか、これが本当の私の気持ちだったんだ。私はようやく、自分の心に忠実に一歩を踏み出すことができた。

そして、数カ月後、私は無事志望校に合格し、本当の自分が選んだ道を歩いている。合格を報告した時、先生は「この先も自分の心に忠実に、恐れることなく、前に進んでいってください」と言ってくれた。

先生、あの時、志望校変更確認ボタンを押すまでの葛藤と気づきは、私の人生にとって、合格以上に大切なものになりました。これからの人生にはさらに大きな試練が待ち受けているかもしれません。でも私は逃げません。自分の心の声をしっかり聴いて、全力で頑張っていきます！ 本当にありがとうございました。

（指導教師　張佩霞）

★二等賞

サイバーツリー＆スカイツリー＆日中友情の木

長春理工大学　祝　宸

「綾さん、最近、木はどうですか？」

「すくすくと育っていますよ。」

「実は、熟した果実は木を切って収穫することができるんですよ。」

「これは祝さんが植えてくれた木なので、私たちの友情の象徴だと思っています。私は切ることができません！」

「しょうがないですね。」

これは私と綾の最近の日常会話である。私たちが「木」と呼んでいるのは実際にある木ではない。「ＱＱ農場」というゲーム内での木である。私は綾にゲームを教え、一緒にサイバーツリーを植えた。

綾と知り合ったのは、二〇一八年の夏である。家族旅行で日本を訪れた際、東京スカイツリーの前で記念写真を撮ろうとしていた。その時、通りすがった綾に手伝ってもらった。不思議な縁を感じ、私は彼女に連絡先を聞いた。帰国後はＬＩＮＥを通して頻繁に連絡を取るようになり、友達になった。

私たちの最初の会話はスカイツリーについてであった。

「綾さん、スカイツリーはタワーなのに、なぜツリーと呼ばれているのですか？」

「大きな木のようにそびえ立っているからでしょう。」

「調べてみると、スカイツリーの役割は、電波塔だそうだ。高さ六百メートル級のタワーだから、東京都心にビルが林立することによる電波伝送障害を低減することができるみたい。大きなタワーである幹から木の枝のように電波が発信される。本当に、『空まである木』ですね。」

「人々は電波信号でラジオを聴いたり、電話をかけたり、テレビを見たりしています。スカイツリーは時空を超えてみんなを繋ぎます。」

このやり取りをしていた時、私はまだ日本語ができない高校生であった。翻訳機を使って不器用にメッセージを書くしかなかった。その一方で、二つの異なる国同士、思想を交流することに対して興奮を感じた。未来、日本人と話しているときに、自動的に翻訳ができたら、どんなにいいだろうと思った。

そんな日本人とバリアフリーで交流したいという思いから、私は大学で日本語コースを専攻した。一方、二〇二二年にはＡＩの発展が徐々に盛んになっていた。翻訳システムは進化を続けており、外国語が全く分からない人でも対面で、バリアフリーにコミュニケーションを取ることができるようになっている。未来は来た。二〇二三年の夏、日本語を勉強している私は、五年ぶりに東京を訪れた。大胆にも一人で行った。以前とは異なり、私には会わなければならない日本人がいる。その日本人——綾とスカイツリーの前で写真を撮った。

日本語を鍛える目的で、旅行中はＡＩ翻訳機を使わずにいたが、ＡＩ翻訳を利用して旅行をしている中国人をたくさん見かけた。私は、ＡＩの発展により国際交流のプロセスが大きく進化したと確信した。

旅行中、私は中国のゲームである、ＱＱ農場を綾に教えた。ゲーム内で苗木を植えてあげると、それ以来、綾はこの木をとても大切にし、たとえサイバーツリーであっても、「祝さんと綾の友情の木」と呼んで丹念に世話をしている。

「友情の木」というと、武漢大学の桜並木を思い出す。一九七二年、日中の国交が正常化した。日本の首相は周恩来総理にいくつかの大山桜を贈った。周恩来総理は、その中の五十株を武大に贈与し、それは半山廬の前に植栽された。また、一九九二年に中日友好二十周年を記念し、武漢大学に二百本の桜の苗木が贈られ、武大キャンパス内には千本以上の桜がある。武大の桜の海は、世の変転に耐える強靱さ、異なる文化を繋ぐ力を持ち、中日の友情の象徴としてそびえ立っている。

近い将来、進化を続けているＡＩ翻訳技術を利用することで、言語の異なる者同士、相手の考えや意見を理解し合えるプラットフォームを構築することができるのではないだろうか。そして、このプラットフォームは「中日友情の木」のように、中日両国民を繋げていくことだろう。

『日中友情の木が青々と育ち続けますように。』

（指導教師　周海寧・神津莉香）

★二等賞

孤立しないカフェ

中国人民大学　何雨陽

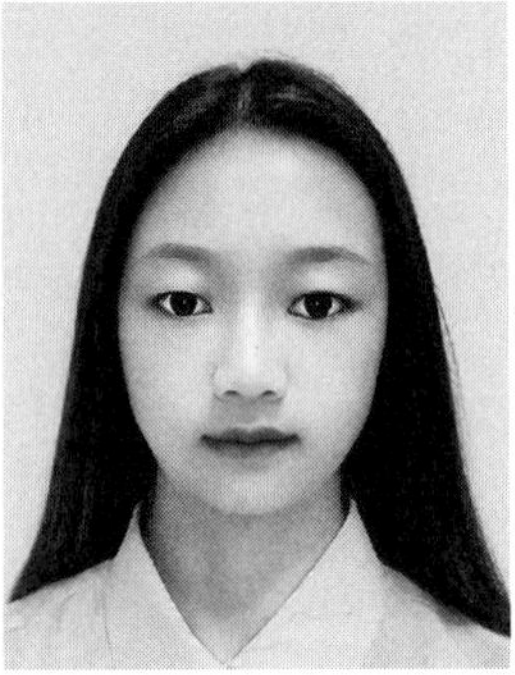

「方言なんて嫌い！　もう話したくない！」

七歳の弟は幼稚園からずっと普通語を話してきたので、四川方言はあまりしゃべれない。休みになると、私たち家族は祖父母の家に行くのだが、二人は弟が話す普通語が分からない。私が弟に「四川の方言でしゃべりなさいよ」と言っても、弟は四川方言ができないので、どうしようもない。祖父母はそれでも構わず、嬉しそうに話しかける。

「乖孫，最近在学校頭学了些啥子（最近学校でどないな勉強しとるんや？）」

「……我学了算術（……算数を勉強してる）」

そこで、私が四川方言に翻訳して祖父母に伝えることになる。そうしてはじめて、弟は二人とコミュニケーションが取れるのだ。そのため弟は話すのを嫌がり、いつも一人離れてスマホをいじっている。

「せっかくおじいちゃん、おばあちゃんと会えたのに、何やってるの！　ちゃんと話しなさい！」

私が叱っても、弟は聞こうとしない。祖父母は遠くから、優しくも寂しい目で弟を見つめている。

このように、近い場所に住んでいる人たちでさえ、お互いの言うことが理解できないのだから、遠い地域に住む人たちはよっぽど分からないと思う。これは言語というものが私たちの交流に与える壁だ。言葉が通じないため、話したい気持ちも冷めて、だんだん離れていく。

どうすれば、弟と祖父母の距離が縮まるのだろうか。二人の寂しそうな後ろ姿を見るたびに、私は考える。しかし、ある経験がその悩みを解決するヒントになった。

今年三月、日中友好協会が主催する訪日団のメンバーとして、日本に行った。その研修で、日本人大学生と一緒に「高齢者を孤立させないためのカフェを考える」というテーマで発表することになった。日本人大学生から、日本のお年寄りも話し相手が少なく、寂しさに耐えながら暮らしている人が多いと聞いた。彼らが楽しめるものは一体何だろうか。その時、思いついたのが「太極拳カフェ」だった。太極拳はゆったりとした動きなので、お年寄りにぴったりなのではないかと考えたからだ。毎月「五」のつく日に太極拳や将棋などのイベントを行い、お年寄りが楽しめる環境を考慮して企画した。

しかし、何かが足りないと感じた。突然、私の頭にかわいらしいロボットの姿が浮かんだ。そのロボットは数日前に、交流プログラムの講座で紹介されたものだった。体の不自由な人の代わりに、カフェでお客さんにサービスを提供する目的で作られたもので、すでに実用化されているということだった。そのロボットの愛らしい顔に親近感が湧いた。

「そうだ！　あのロボットにAI機能をつけたらどうかな！」

ロボットをAI化して、「太極拳カフェ」に置くことができたら、四川の祖父母や弟はもちろん、日本人のお年寄りや若者もみんな交流できるのではないだろうか。中日の老若男女がカフェに集まる様子が目に浮かんだ。かわいい姿をしたAIロボットのそばで、みんなが向かい合って座る。

「はじめまして。よろしくお願いします（你好，請多多関照。）」

「我走四川来嘞。（うちは四川省の出身や）」

「今日はマジで楽しみっす！（今朝碰到你們真的很高興。）」

「我今年七歳了。（僕、七歳！）」

顔を見合わせ、ハハハと笑う。そして太極拳の先生に倣い、ゆっくりと手を上げる。ロボットのぎこちない動きを見て、また笑う。その光景を思い浮かべるだけで、カフェにいる人たち全員が幸せになれる気がする。そのカフェではきっと誰も孤立しないだろう。

たとえ方言がしゃべれなくても、外国語が分からなくても、年の差があっても、話したいという気持ちさえあれば、AIを使って交流できる。それはAIが言葉という壁を破ってくれるからだ。それこそが、AIのすてきなところだ。

（指導教師　永嶋洋一、曽根さやか）

★二等賞

ＡＩ時代の新しいプラットフォーム ―明るい未来

中国人民大学　張力鈅

人工知能技術の急速な発展に伴って、各分野での応用がますます広がっており、中日交流もまた恩恵を受けている。特に「中国人の日本語作文コンクール」（以下、作文コンクール）のような中日両国に影響力のある文化交流のプラットフォームでは、ＡＩ技術の正しい導入は効率を向上させるだけでなく、交流の形式が革新され、参加者や両国の交流に全く新しい経験をもたらすことができるだろう。

私はこれまでの先輩方の応募作品を読み、自分も挑戦してみようと思った。受賞した作品にはどんな特徴があるのかを考えるうちに、作文コンクール自体に興味を持つようになった。そこで、以下のような、ＡＩが作文コンクールにおいて、各段階を最適化しサポートするための提案をすることにした。

㈠　作文コンクールの宣伝

ＡＩは、ユーザーの関心やニーズを深く分析し、それに合ったイベント情報をお勧めすることができる。例えば、ＳＮＳの投稿などで、作文コンクールの情報発信や受賞作品の宣伝に戦略を立てることができ、作文コンクールの知名度を高めることができるのではないかと考える。

㈡　作品の提出支援

ＡＩを使って、オンライン提出プラットフォームを開発し、応募作品のファイルの形式や規定文字数などの要件を自動でチェックすれば、審査対象外となる提出を減らすことができる。自然言語処理（ＮＬＰ）技術を使えば、ＡＩがテーマの要件に合致した応募作品を選別し、テーマとは外れた内容の応募作品を排除することができると思う。応募者の提出プロセスを簡略化しながら、審査員がより効率的に採点できるように支援できる。

㈢ オリジナリティの確認

ディープラーニング技術を使用し、作文の言語特徴を分析すれば、応募作品のオリジナリティを確認することができる。剽窃や類似作品の識別を補助することで、作文コンクールの公平性と正当性が維持できるだろう。

㈣ フィードバックと傾向

受賞しなかった応募作品に対しては、AIが作品の長所と短所を分析すれば、応募者に作文のフィードバックを提供できると思う。これにより、応募者は自身の言語能力を向上させることができるだろう。同時に、同じテーマの受賞作品が持つ特徴を集めて分析することにより、審査基準に傾向がある作品のスタイルをまとめ、審査員が自身の評価しやすい傾向を認識し、より評価対象を広げることができる。そうすれば、他の多様な作文に受賞のチャンスを提供し、今後の作文コンクールを改善していくことができるのではないだろうか。

以上が最適化の提案である。

しかし、AI時代は作文コンクールにまったく新しい課題をもたらすかもしれない。

AIは強力な文章生成能力を持っており、応募者の中にはAIを使って作文を補助したり、あるいは完全にAIに頼んで作文を生成する人も出てくるかもしれない。文化交流の重要なプラットフォームとして、この作文コンクールは日本と中国の若者間でアイデアを交換し、文化の融合を促進することを目指している。ただし、AIができるのは、過去に人々が創造したものをまた統合することだけで、新しいアイデアを生み出すことはできない。だから、AIを使って生成された作文には、ほぼ以前と同じアイデアだけがあり、新しいポイントがないかもしれない。これは作文コンクールの初心を裏切るだけでなく、他の応募者の利益も損なうと考えている。

これからの時代、AIは「中国人の日本語作文コンクール」のような文化交流プラットフォームでその役割を十分に発揮し、中日の相互理解は更に深まるだろう。今後も私は日本語を勉強し続け、AI分野の発展を注視しながら、中日文化交流の推進に自分自身の力を尽くしていきたい。

（指導教師　曽根さやか、永嶋洋一）

★二等賞

AI時代における日中交流プラットフォームの構築方法

華東師範大学　陳亦傑

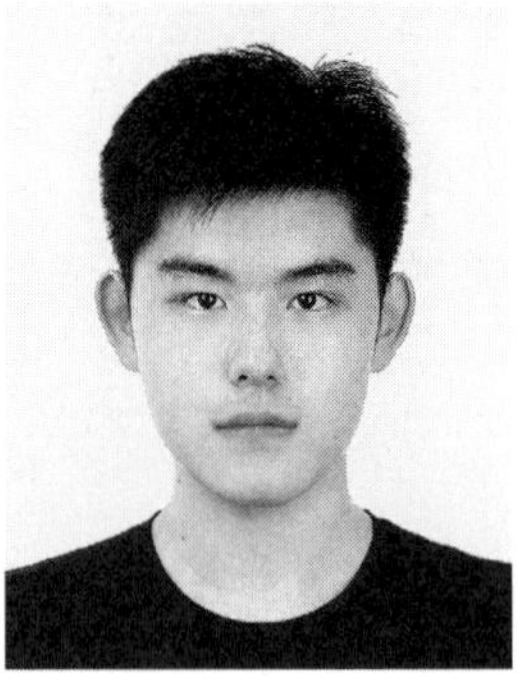

　今現在、コンピューターやインターネットなどの発展に伴い、AI技術も日々速く進歩している。世界各国はAIの研究に資金を投入してさまざまな成果を得た。さらに、個々の領域にAIを応用するので効率がよくなっている。今日の国際交流では、翻訳と通訳の分野でAIを使っているが、他の分野ではまだあまり使用していない。そこで、広く成熟したAIに関する日中交流プラットフォームが必要だと考えている。

　まずは、確実なリアルタイム翻訳である。今、AI翻訳のスピードは速いが、正確さがかなり足りない。AI翻訳は多くのデータ（語彙・文法）を集めて文を訳すが、人類のように思考することができないので、コンテキストを考えず原文の意味を理解するのも不可能なのである。そのように翻訳された文は文法こそ大体正しいが、意味が全然違うこともある。しかし、AIは絶えず進歩している。学習の能力をだんだん高めていつかは人類の感情と考え方を「心得る」ようになると期待している。その時、AI翻訳の速さと正確さのおかげで、互いの言語を知らなくても中国人と日本人は流暢に交流できるだろう。

　交流といえば動作も表情も重要だ。最近アップル社は最新型のVR設備を発売した。一つの機能はネットでチャットしながら自分のアバターを使うことである。AIで作ったアバターを通じて利用者の本物の表情と動作をすべて表すことができる。コミュニケーションをとる時、実は一番大切なのは言語ではなく、なんと私たちのボディーランゲージが最も重要な役割を果たしている。ある研究では、表情と動作で伝えられる情報は全体の約五十六パーセントを占めるとされている。そのため、アバターの機能が交流プラットフォームの構築に重要だと思う。

さらに、異文化コミュニケーションに対して、文化の差異を注意しなければならない。文化はそれぞれ異なるので、自分の視点から外国を見た時、理解できないこともある。そんな時、AIを使って異文化間の壁を越えるべきだ。例えば、中国人と日本人が交流する時、自分の文化を伝えたくても相手がわからない状況もたくさんある。相手の国の文化を理解しやすくするためにAIを使って両国の文化の差異を分析し、文化の特色を解釈して、利用者が相手の文化環境によく溶け込めるようにするべきだ。

また、交流する前に、気が合う相手を選択することも大切だと思う。気が合わない相手では話したくても会話が順調に進まない。そこでAIを使えば、利用者の趣味と関心に応じて相応しい相手とマッチすることができる。そのおかげで初対面の人とも話し合っているうちにすぐ仲良くなると思う。そして、同じ趣味の同士が増えると、グループを作りうる。AIで異国から同士たちを集めて仲が良いグループを作らせて、異文化コミュニケーションを推進できる。

最後に、安全が一番重要だ。インターネット上でやり取りをする時、意外な危険もある。例えば、個人情報の流出や詐欺、人身攻撃を受けることなどがある。プラットフォームの利用者たちの中に悪人がいるかもしれない。健全な環境を維持するために、AI技術を利用して内容審査を行うことで、反則の内容を自動的に識別して処理し、交流の質と安全性を保証できる。さらに、AIを使って二十四時間のカスタマーサービスを設ける必要がある。伝統的なカスタマーサービスというのは人間がオペレーターとして利用者の質問に答えてきた。しかし、多くの人的資源が必要なのはもちろん、二十四時間のサービスを提供することは難しい。だが、AIを使えば、質問に答える効率を高められ、人件費を削減することができる。

以上のことを完成すれば素晴らしいプラットフォームになると思う。プラットフォームの質に限らず、管理も重要だ。AIがあっても、完璧な交流プラットフォームを構築するにはやはり多くの努力が必要である。しかし、このようなプラットフォームが構築されれば、日中交流に大きな役割を果たすことに違いない。

（指導教師　石岡洋子）

★三等賞

AI時代の日中交流

―プラットフォームの構築を考える―

大連外国語大学　田渠巿航

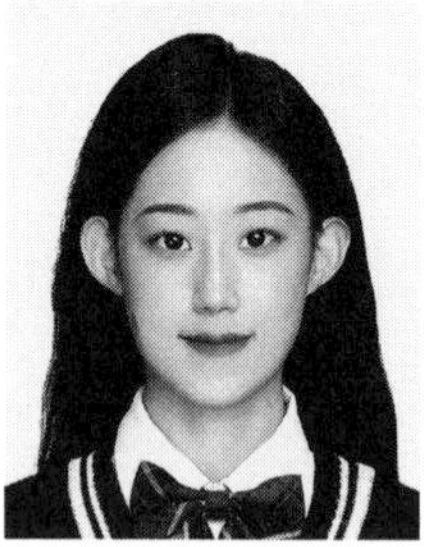

ある日の明るい午後、私はいつものように「碁城」という囲碁サイトにアクセスして、知らない相手との対局を準備していました。私は招待状を送り、対戦相手を待っている間、AI技術が日々進化しているこの時代に、対局の手段がどんどん増えていくのをふと感じました。五歳で囲碁を習ったばかりの頃は、適当な場所や相手を見つけるのが悩みでした。しかし、対局のサイトが次第に増えてきたおかげで、インターネットを使って、さまざまなレベルのAI棋士と対局する機会が簡単に得られるようになりました。

十数年前のことに思いを馳せていると、「小林」という名の日本人棋士が私の対局に応じてくれました。外国人と対局するのは初めてなので驚きましたが、それと同じくらい興味もありました。小林君の棋風は、穏健で鋭さを失わず、一手一手に深みのある技が光っていました。盤面が展開されるにつれて、私も小林君も徐々に囲碁の世界に浸っていきました。

激しい戦いを経て、私は小林君に僅差で勝ちました。しかし、小林君はそれで落胆することはなく、むしろ興奮して、今回の対局で学んだ知識と経験を私に共有してくれました。AIは、まるで優秀な囲碁名人のように盤面を詳細に分析してくれただけでなく、遠く離れた小林君と対局する機会を与えてくれました。その上、私の囲碁に対する理解をさらに深くし、将来AIによってより多くの日本の囲碁ファンと交流できるようになるのではという期待がますます高まりました。

小林君とは、その対局の後、切磋琢磨し合える親友になりました。会話の中で一番多かったのが「AI」という言葉でした。小林君は、彼のAI企業が開発した新しいロボットを紹介してくれました。そのロボットは、人間の言葉を理解するだけでなく、話している文脈に合わせて適切な対応をし、感情的なコミュニケーションをとることができるそうです。日本では、その他にも地震警報や交通管理などでＡＩの貢献度が高まっているようです。一方、中国でも、レストランの予約から、自動運転、医療まで、ＡＩの応用範囲がますます広がっているということも、私の知る限り伝えました。

この面白い経験から、ＡＩ時代の日中交流について一つの考えが生まれました。それは、ＡＩらしい囲碁愛好家の交流の場を作ることから始めてはどうかということです。このプラットフォームではＡＩの拡張現実（ＡＲ）技術を利用して、海を隔てた日中の囲碁愛好家がＡＲ眼鏡一つで仮想の碁盤を見られるようになります。また、ＡＲ眼鏡のジェスチャー認識機能を使えば、盤上の碁石を、まるで自分の指で挟んでいるかのように動かすこともできるでしょう。同時に、ＡＲ眼鏡には翻訳機能もあり、日中の囲碁ファンは囲碁の喜びや挑戦、両国の文化や発展を自由に分かち合うことができます。対局だけでなく、日中の囲碁文化交流の架け橋にもなります。このようなプラットフォームが発展すれば、日中両国の囲碁名人や学者を招いてオンライン講座や交流を行い、囲碁の歴史や文化、哲学をより深く理解し合うことが期待できるでしょう。

囲碁の盤面は小さいけれど、文化交流の知恵と発展の原動力が詰まっていると思います。日中両国はこれまでも黒と白の碁石のように、姿は違っても、手合わせの際は平等に、お互いを尊重し合ってきました。私は、ビッグデータを学習する一人の大学生として、ひいては一人の囲碁愛好家として、ＡＩを活用して、より多くの日中の囲碁愛好家とつながりたいと考えています。そのために、日々の勉強だけでなく、新しいＡＩ技術を積極的に体験し、より新しいアイデアをたくさん生み出していけたらと思います。これからの「ＡＩ新時代」という盤面において、日中両国はライバルではなく、最高のパートナーであり続けてほしいと願っています。日中友好交流に新たな活力を吹き込むために、手を取り合って切磋琢磨しようではありませんか。

（指導教師　中村例）

★三等賞

AIが紡ぐ中日民俗文化交流のアニメサイト

――「煉火」から考える

天津外国語大学　李雅軒

昨年の冬休み、家族と一緒に故郷の古い町を散策していた時、突然ある場所から灰色の煙が立ち上がっているのを見かけた。高くかけられた梯子には色とりどりの旗が翻っており、何かの準備をしているように感じられた。人混みの中に押し入ると、会場の中央には燃え盛る炭火が積まれており、太鼓と畲族特有の民謡が響き渡り、現場には緊張感と神秘的な雰囲気が漂っていた。牛角の号音とともに、いよいよ演芸が始まった。鮮やかな伝統的な畲族の衣装を身にまとった演者が、素足で鋭い刀の梯子を登り始めた。一段、また一段と、まるで平地を歩いているかのように頂上へと登り詰め、最後は囁きのような祈りの歌声で締めくくられた。一方で、火の中に入るべき演者たちは、火の周りで鈴や鋼叉を振り動かし、伝統的な祭りの踊りを跳ね回りながら、火の海に入る瞬間を待っていた。一連の神迎えの儀式の後、彼らは素足で炭火の中を何度も行き来し、自由自在に飛び回り、火花を散らした。

その光景に私は驚きと興奮を覚え、深く感動した。それはただ単に素足で技を見せる伝承者たちの技量に驚かされたからだけではなく、伝統的な民俗が現実生活の中で息づいているのを目の当たりにしたからである。しかし同時に、私は恥ずかしさも感じた。畲族の自治県に生まれ育ちながら、畲族の民俗文化についてほとんど知らなかった。かつては「刀山を登り、火海を渡る」という表現が勇者の行動を形容するもので、実際に現実生活の中で行われる「煉火」という祈りの儀式であるとは知らなかった。

しかし、さまざまな制約により、すべての民俗が現代の文化生活の中で活躍できるわけではなく、民俗文化は「人亡きて技絶えん」という危機に直面している。そうした「生きられない」民俗文化はどうなってしまうのであろう。

ＡＩ時代の到来により、民俗文化に無限の可能性をもたらした。最近、中国初の生成ＡＩアニメシリーズ『千秋詩頌』が、中国の古詩詞に登場する人物像、場面を高度に再現し、私たちをその忘れられない時代へと「タイムトラベル」させる。もし中日民俗文化交流専用の生成ＡＩアニメサイトがあれば、両国の民俗文化には新たな生命力が与えられるのではないかと、私は思わず夢想してしまう。

このサイトには、中日両国の数え切れないほどの民俗財産が集められている。ユーザーが興味を持ったり疑問に思ったりする民俗についてクリックしたり検索したりすると、自動的にＡＩアニメが生成され、言語と文化の壁を越えて、魅力的ビジュアルな形で民俗の世界に引き込まれる。また、ＡＩキャラクター生成機能もあり、ユーザーは一人称視点で創造された世界に没入し、民俗芸能を体験することができる。さらに、ユーザーは自身の身近な民俗に関する情報を交換し、ＡＩに動画の修正を指示することもできる。こうして、中日の民俗をＡＩアニメ化することで、両国の民俗に新たな息吹を吹き込み、交流を深めることが期待される。

現在、中日両国は未来に向けた道を模索しており、両国民の深い交流が不可欠である。民俗は人々の願望を反映しており、さまざまな儀式、慣習、祭祀を通じて人々の真摯な願いが窺える。これらの願いは、しばしば健康、豊穣、平和などの美しい念願と結びついている。私は民俗学のゼミの発表で、日本にも「煉火」と似たような儀式としての火渡りがあることに気づいた。中国とは異なる背景があるものの、祈願や厄除けという意味で共通している。中日民俗文化のＡＩアニメサイトによって、深い文化的な結びつきが築かれ、両国の人々の相互理解が促進され、両国の関係がよりいっそう安定したものになるであろう。

ＡＩはツールであり、その魂を吹き込むのは我々人間である。民俗を再現するアニメサイトが中日交流の新しいプラットフォームとなり、両国の人々の美しい願いを伝えることができるであろう。

（指導教師　杜武媛）

★三等賞

その経験が人生を豊かに

―山本先生への感謝状

西安電子科技大学　黄佳琦

「人間は、経験を通して人生で大切なことを学ぶものよ。」

人生の選択を迫られた時には、いつもこの言葉を思い出す。

大学に入るまで日本にも日本語にも縁がなく、興味もなかった。大学生になり、とりあえず入った日本語学科だったが、ただ決められた授業に出席し課題をこなす日々が続き、学習意欲なんて持てなかった。

そうして一年が過ぎた時、はじめて日本人の先生の授業を受けることになった。といっても、新型コロナウイルスの影響で、オンライン形式の授業だった。その先生は山本先生と言い、担当科目は日本語の作文だった。

「あー、どうせつまんないんだろうな。」

授業を受ける前から、そんなことを考えていて、やる気も全然なかった。作文自体が難しいのに、それをオンラインでやるなんて無理だと思った。

しかし、そんな私の予想は完全に裏切られた。山本先生は、自分と中国との関わりや好きになった理由などを話して、みんなの関心を引き付けた。また、好きな中国のテレビやドラマの話を通して積極的に学生とコミュニケーションを取ろうとしていた。

私はだんだん毎週の山本先生の授業が楽しみになり、先生自身のことについても興味を持ち始めた。ある時、授業とは別に、オンラインで日本語交流会が行われた。そこで、先生のことについていろいろ知った。先生は、もともと日本の高校で教師をされていたが、定年退職されてからテレビやドラマを通して中国に興味を持ち、さらに中国の大学で仕事をしたいと思うようになったそうだ。ところが、冬休みに日本に戻った後、コロナが発生し、そのまま日本で授業を担当することになったということだった。

こうした山本先生の経歴を知って、私はとても驚いた。

すでに退職の年齢になっているにも関わらず、新たに中国に興味を持ち、好きだからといって中国で仕事まで始めるなんて、ちょっと私の頭では理解できなかった。でも、そこから私は先生に対して尊敬の気持ちを持つようになった。

先生の授業も半年を過ぎた頃、作文コンクールが開催されることになった。クラスメートはみんな意欲的で、もうすでにいろいろとテーマを考えているようだった。でも、私は参加する気はなかった。そういう試合とかコンテストみたいなのは、もともと興味がなかった。

山本先生は、私にも応募するように勧めてくださったが、私は時間の無駄にもなるし、恥もかくだろうと頭の中で考えたが、口には出さなかった。ところが、先生は私の様子を察したのか、こんな風に語りかけてくださった。

「作文を書くことは、自分の生き方を見つめること。次の一歩を見つけ出すこと。自分を表現することは、楽しいことだよね。人間は、経験を通して人生で大切なことを学ぶものよ。ぜひ応募してみて。」

この言葉で私の心に火が付いた。それからは、何も考えずにただ一生懸命取り組もうと決めて、作文を書き始めた。結果、入選はできなかったが、努力すること、挑戦することの大切さを心から感じた。

山本先生の授業は一年間で終わってしまった。その後は、もう他の授業も担当していないということだった。でも、先生から学んだことは私の心に宝物として深く刻まれている。先生との一年間が私を大きく変えた。日本に興味を持てなかった自分、物事に挑戦できなかった自分が、日本を好きになり、進んで挑戦するようになった。

日本に興味を持つきっかけは人それぞれだと思う。アニメだったり、小説だったり、スポーツだったり、ファッションだったり。でも、私が興味を持ったのは、この山本先生という一人の人間の生き方を通してだ。

「人間は、経験を通して人生で大切なことを学ぶものよ。」

私は、今日もこの言葉を胸に、目の前の課題に全力で挑戦している。

（指導教師　崔広紅・大原信正）

★三等賞

作文と先生と私

海南師範大学　唐孝瑄

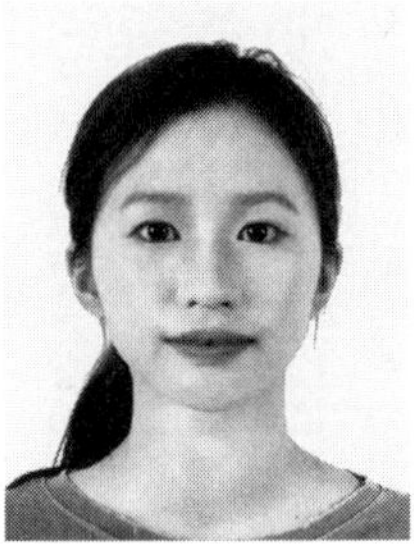

昨年、第十九回の「中国人の日本語作文コンクール」の表彰式が、北京で行われたので、大谷先生が再び中国に来た。残念ながら、その時私は佳作賞しか取れなかったので、先生は授賞式に出席した林さんに頼んでプレゼントを届けてくれた。一緒に入っていた手紙に、「去年も北京で表彰式があったら一緒に行けたのに、ちょっと悔しい気持ちになります。今年は佳作賞でしたが、あなたの文章は確かです。自信を持って下さい」と先生は書いてくれた。これが、三年目もこのコンクールに参加する勇気を与えてくれたのだと思う。

しかし、どうすれば良い文章が書けるのか。これは、このコンクールに参加するために考えなければならないことだけではなく、大谷先生の日本語作文の授業でもよく考えたことだ。小学校の頃から、良い文章には美しい言葉が必要だと教えられてきた。しかし、先生に何度も作文の添削をしてもらって、そうではないことに気づいた。実際、経験したこと、そして感じたことが大切なのだと、先生が教えてくれたのだ。

このコンクールに初めて参加した時、思いかけず二等賞を取った。しかし、その受賞作を何度も読み返しても、その作文に込められた情熱が読み取れなかった。できるだけ難しい言葉を使おうとするあまり、素直な気持ちを見失っていたようだ。その時、先生がいつも授業で「簡単な言葉で、短い文で、身の回りのことを書いてもいいですよ」と言っていたのを思い出した。つまり、良い文章を書くためにわざわざ美しい言葉を使うのではなく、本当に美しいものを見て初めて良い文章が書けるということだ。

昨年末の大学院入試で、ちょうどその作文のテーマは「あなたが美しいと思うもの」だった。先生の言葉が再び耳に響いた。そして、私は難しい言葉を探すのではなく、本当に心に響く美しいものを分かりやすい言葉で書いた。そのおかげで、最高点を取り、無事に大学院入試に合格した。

その後、試験がようやく一段落したので、前回先生が持ってきてくれたプレゼント、角田光代の『八日目の蝉』を読み始めた。それは、私が初めて読み終えた日本語の長編小説となった。なぜなら、これまでさまざまな名作に挑戦してみたが、難しいカタカナや分かりにくいレトリックが多いので、短編が限界なのだ。しかし、『八日目の蝉』を読んでいる時、作文の授業で先生が教えてくれたことを思い出した。たぶん読書も作文と同じで、難しいことにいきなり挑戦するよりも、まずわかりやすい言葉から感情的に通じるものを読み取ってみるほうがいいかもしれない。

そのように、先生は知らず知らずのうちに私にさまざまな影響を与えてくれた。作文以外の時間でも、時々先生の言葉を思い出した。そのおかげで、先のことばかり心配していた私でさえ、少しずつ目の前のことに集中するようになった。間違えるかもしれないが、とりあえず一歩踏み出してみようというのも、私の生き方になっている。

卒業写真を撮った日は、五月に入ったばかりなのに、まるで真夏のようだった。ふと蝉のように成長した気がした。喜ぶべきなのに、悲しくなってしまった。これからの道は、一人で歩むことになるのだ。しかし、先生が遠くから嬉しそうに写真を撮ってくれるのを見て、本の中の千葉さんの言葉を思い出した。「八日目の蝉は悲しくないよ。ほかの蝉には見られなかったものを見られるんだから」と、私にこの本を送ってくれた先生も、そう言ってくれるかもしれない。

卒業を控えた私は、まだ先生への感謝の気持ちをうまく書ける自信はないが、自分の経験を分かりやすい言葉で書いた方が何よりだと思う。これからも、先生の言葉は、他人には書けないものを書くことを支えてくれると信じている。

（指導教師　湯伊心）

★三等賞

どうして日本語の勉強がこんなに楽しくなったのでしょうか

浙大城市学院　胡果多

日本語を勉強し始めてから、私は常に幸せを感じるようになりました。高校生の頃から憧れていた生活が、少しずつ現実と重なるようになりました。日本語の授業が終わると、すでに夕方に近くて、木漏れ日が階段の隅に降り注いで、まるで煌めく鱗のように流れるかのように見えるのです。その一つ一つの光は、私の小さな幸せが宿っているように感じられます。

しかし、たちまち矛盾が生じ始めました。社会からの情報をどうしても拒むことができず、憎しみの感情がネットにも現実にも広がっていました。その抑圧された感情は、過去に疑問を感じた瞬間を思い出させます。私が日本語科に合格した後、父は直接私に「私はこの学科が嫌いだ」と言いました。親族たちはそれを耳にした時、いつも一瞬ためらってから、偽りの笑みを浮かべて応じていました。それほど気にしていなかった瞬間も、今では心に刺さったとげになっています。日本語に対する真摯な愛と、社会的に容認されない恐れが、私の心を引き裂いていました。こんなことを言うと、感傷的で弱気なように感じられるかもしれませんが、当時の自分は本当に崩壊寸前でした。

そんな時、私を救ってくれたのは先生でした。

「相手の国のことをきちんと理解しようとせずに誤解している人がいます。このことでつらい思いをしたこともありましたが、変えることができず、周りの人を諭すことしかできませんでした。もし本当に一国を理解するのであれば、その国の本来の姿を直接感じ取りに行かなければなりません。いつかチャンスを掴み、自分の目で見てみてほしいです」と先生は教えてくれました。その時の私は涙で目がかすんでしまい、深々と頭を下げ、服の端を強く握り、最後の藁にもすがるように覚えています。その日以来、堂々と自分が熱中するものを学ぼうと決意しました。そして、一度日本に行って、日本人と交流することが夢になりました。

毎学期の初めの授業で、先生はいつも「なぜ日本語を学ぶのですか?」と尋ねます。最初は少しも気にかけなくて、「ちょっと好きだから。ただ日本語学科に合格したからだ」と考えました。やっていることには必ずそれを行う理由が必要でしょうか。しかし、日本語学科に入り、日本の文学を読み始めると、その作品の中にまるで小川のように静かに流れる悲しみが、私の心のどこかを満たすような気がしました。先生は私たちを連れて俳句を楽しむこともしました。この素朴な文字を見ていると、心が温かくなってきます。幸せを見つけたり、優しさを感じたりする方法が必要だと感じました。私はその悲しみと優しさを大切にしたいです。今では、当初の質問に対してより良く答えられるようになりました。先生の質問は、自分の成長を感じさせてくれました。

何度も深夜に先生の職員室の建物の前を通りかかり、まだ明るい灯りが見えたことがあります。先生は授業を担当するだけでなく、常に自分自身を向上させているのです。そのような努力をし続ける先生を見ると、私はいつも心強い気持ちになります。大学生活を豊かにするために、私はよくコンテストやイベントに参加します。振り返ってみると、以前はいつもためらいながら前に進めない自分が、何かを思い切って挑戦することができるようになったのは、先生がいつも後ろで支えてくれているからだと思います。結果が成功か失敗かに関わらず、助けが必要な時、先生はいつも私のそばにいました。

先生、いつもサポートしていただき、本当にありがとうございます。先生のお陰で、文字を通じて伝わる感情で自分の心を満たすことができました。そして、こんなに楽しく日本語を勉強できるようになったのも、先生がいたからです。先生の生徒で、本当によかったです。

（指導教師　斉藤順子、李珏）

★三等賞

人工知能の発達が日中交流に与える影響

中央民族大学　曲家逸

　科学技術の急速な発展に伴い、人工知能（ＡＩ）はすでに私たちの生活の隅々にまで浸透しており、中日両国はアジアの重要な経済体、文化大国として、人工知能分野での交流と協力はますます緊密になっている。大学生の視点から見ると、人工知能の発展が日中交流に及ぼす影響は深く、特に言語と文化の学習に影響を与えています。本論文では、言語学習、文化理解、弁証法的論証の3つの側面から、人工知能がどのように中日交流を促進しているのか、そしてその潜在的な問題点を指摘します。

　人工知能が日本語学習を支援します人工知能の言語学習への応用は、すでに顕著な成果をあげています。中日両国の大学生にとって、ＡＩ技術はより便利で効率的な語学学習のルートを提供します。例えば、知能音声認識と音声合成技術は、学習者が発音を直し、話し言葉のレベルを上げるのに役立ちます。インテリジェント翻訳ソフトウェアは、リアルタイムで中国語と中国語のテキストを翻訳することができます。これらの技術の出現は、言語学習の敷居を大幅に下げて、中日両国の大学生に相手の言語を掌握しやすくして、両国間の交流のために便利を提供しました。

　人工知能は日中の文化理解を促進します。文化交流は日中関係の重要な一部ですが、人工知能は文化理解の面でも重要な役割を果たしています。仮想現実（ＶＲ）と拡張現実（ＡＲ）の技術により、中日両国の文化遺産と歴史遺跡をより生き生きと直感的な方法で学習者の前に提示することができ、互いの文化に対する感覚と理解を高めました。また、スマートなレコメンデーションシステムは、ユーザーの興味や好みに応じて、関連する文化コンテンツをプッシュしてくれるので、学習者が相手の文化をより深く理解するのに役立ちます。これらの技術の応用は、中日両国の大学生の間の文化的アイデンティティと友情の増進に役立ちます。

相対的な思考で人工知能を活用しています。しかし、日中の交流を促進するＡＩには、いくつかの問題が潜んでいます。まず、スマート翻訳ソフトウェアは便利な翻訳サービスを提供できますが、その翻訳品質は文脈や文化的背景などの影響を受け、原文の意味を完全に正確に伝えることができません。その結果、日中両国の大学生の間で誤解やコミュニケーション障害が生じる可能性があります。次に、人工知能技術の発展は言語や文化の同質化を招き、日中両国の文化の多様性や独自性を弱める可能性があります。そのため、人工知能を活用して日中の交流を促進する一方で、技術に依存しすぎて言語や文化の習得の本質を見失ってしまうことを警戒しなければなりません。

このように、人工知能の発達は日中の交流、特に言語学習や文化理解にプラスの影響を与えています。しかし、人工知能の活用については相対的に見るべきであり、その便利さを活用しつつも、問題を警戒しなければなりません。私たちは大学生として、新しい技術を積極的に受け入れると同時に、伝統的な言語と文化の学習に対する情熱と畏敬の念を持つべきです。人工知能と伝統的な学習方法を総合的に活用することによって、日中両国の交流と協力を促進し、両国関係の平和と発展を促進することができます。

今後の発展の中で、中日両国は人工知能分野での協力の潜在力が大きいです。我々はより多くの革新的な技術の応用を通じて、中日交流をより深いレベル、より広い分野に発展させ、両国人民の友好交流と文化の相互参考のためにより強固な橋を架けることを期待しています。同時に、人工知能技術の倫理的・社会的影響にも注目し、中日交流の促進において積極的な役割を果たし、両国関係の長期的な発展に貢献することを確実にしなければなりません。

つまり、ＡＩは私たちの日常生活に浸透し、かけがえのない役割を果たしていますが、日中の文化交流においては、ＡＩを活用し、依存するものではなく、効率化のためのツールとして活用していきましょう。

（指導教師　吉田理華）

★三等賞

先輩に学ぶ、先輩になる

湖北文理学院　望子豪

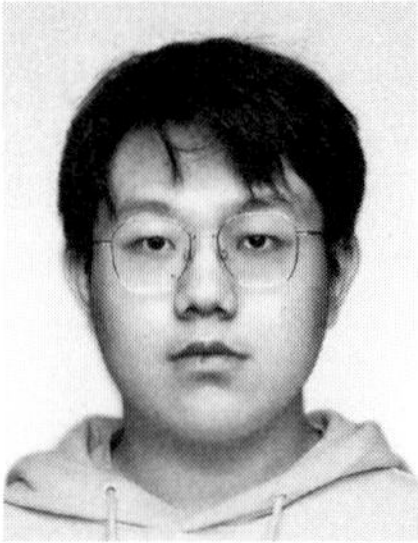

私たちの日常において、先輩から学ぶことはよく話題にされます。経験があり、指導してくれる先輩を選ぶことが大切です。先輩から学ぶだけでなく、「先輩になる」という意識を持つことも大切だと思います。

まず、私達は日本語に対して一定の興味と熱愛があるべきです。何かに情熱を持っていると、その人を受け入れやすくなり、プロセスに集中できるようになります。日本のドラマを見たり、日本語の歌を聴いたり、日本の漫画を読んだりすることで、日本語への興味を持つことができます。日本語に対して更に深く理解して認識した後で、それを学ぶのが更に面白くて楽になることを発見すると思います。

日本語学習の目標は人それぞれで、自分の語学力を高めるため、新しいスキルを身につけるため、仕事やプライベートで日本語を使うためなどです。自分の目標を明確にすることで、学習プロセスを計画し、継続することができます。日本語を勉強している先輩方に、なぜ日本語が好きになって続けられたのかを聞いてみて、それを参考にしてみてはいかがでしょうか。一つの堅持する理由と濃厚な興味を持つことは日本語を学ぶの鍵の一つです。好きな漫画やアニメから話すだけでも、とても勉強になります。興味を持ち、適切な先輩を選び、たくさん聞き、たくさん話し、たくさん読み、たくさん書き、そして忍耐を持つことによって、もしあなたが日本に行く機会があったり、日本人の友達がいたら、彼らと交流し、できるだけ日本語を使ってみてはいかがでしょうか。先輩たちからいろいろなアドバイスや方法を聞いたかもしれません。たとえば、大きな目標を設定するのではなく、小さな目標に分解したほうが達成しやすく、モチベーションを維持できます。他者と一緒に学ぶことは、学習意欲やモチベーションを高めることにつながります。学習グループに参加したり、日本語母語の人と交流したりして、学習経験や資源を共有することができます。日本の映画を見たり、日本の漫画を読んだり、日本語の歌を聴いたりすると、勉強の楽しさが増します。

先輩が私たちに教えてくれた後、盲従ばかりしてはいけないと注意しなければなりません。先ほども述べましたが、「先輩になる」という意識を持つべきです。人が作った道を通るのは便利ですが、人にはそれぞれの道があります。他人に良い道が自分に合うとは限りません。もしあなたが勉強したい先輩が日本の映画が大好きで、日本の映画を見てみて全然興味がないと思ったら、無理して先輩と同じように映画を好きになるべきではありません。すでに持っている趣味から始めて、自分が知っている趣味と日本語の架け橋を作るべきです。

学習方法や習慣は人それぞれなので、自分に合った日本語の学習方法を見つけるには時間と試行錯誤が必要です。ミスや失敗は心配してはいけません。それは学習プロセスの一部にすぎません。私たちが努力を続け、絶えず探求し実践すれば、きっと自分に合った日本語学習方法を見つけることができ、より良い学習効果を得ることができます。迷った時はもう一度先輩に教えてもらって学んでみるといいですが、機会があれば、自分の後輩を積極的に指導してみるといいのだと思います。これこそが「教えることによって生徒だけでなく先生も向上すること」の理屈です。

いずれにせよ、私たちが日本語を勉強するには、「自分が先輩になる」という意識が必要不可欠だと思います。人は完全に別の人になることができなくて、また完全に別の人のまねをするべきでなくて、更にずっと他人の影の下についているべきではありません。いいタイミングで人の先輩になって人を指導すると、お互いに成長していくことがわかります。私たちの学びは巨人の肩の上にあり、自分が他者の肩の上に立ったときには、自分も他者を持ち上げてみることで、新しい巨人になれるかどうかを知ることができるのです。

（指導教師　劉東）

★三等賞

先輩は光のように私の進路を照らしてくれた

大連海事大学　簫潔藍

　大学に入ったばかりの頃、私は毎日色々なサークルを転々として、あまり日本語の勉強をしませんでした。日本語の勉強を始めたばかりの頃は、そんなに難しくありませんでしたが、授業の学習が進むにつれて難しくなってきました。授業の進度がだんだん速くなり、私は徐々に授業についていけなくなりました。次第に、暗記しなければならない単語や文型を覚えられなくなり、日本人の先生が何を話しているのかもわからなくなってしまいました。大学二年生の最初、私のルームメイトは優秀な成績だったので、奨学金を受け取りました。それに対し、私はますます自信がなくなり、成績も悪くなりました。そして将来について、考えないようにしていました。しかし人生にはさまざまな岐路があります。私たちの何気ない日常にはいつも転換点が隠れています。

　ある日私はウィーチャットのモーメントで、ある先輩の大学院受験の成功についての文章を見ました。先輩は努力に努力を重ねて、中国で一番すごい外国語大学院に合格することができました。驚いたことに、先輩は成績が良いだけでなく、多くのコンテストに参加し、さまざまな賞を受賞していました。そのほかにも、先輩は中央テレビなどで実習したことがあります。この文章を読んだ後、私はこの先輩をとても尊敬しました。私はぜひ会って話を聞きたいと思いました。友人に紹介してもらい、私は先輩に連絡しました。私は彼から言語学習についてどうしたらいいのか、アドバイスをたくさん聞きました。会話の中で、彼も私のようにスランプ期があったことを知りました。その後、学校の先生の励ましのおかげで、先輩はやっと自分の学習の方向を見つけることができたそうです。先輩の経験談は私の励みになり、自分自身を見つめ直す良い機会になりました。先輩は私に言語学習の中でどのように目標と計画を立てるのか、そして自律した学習者としてどのように習慣にすればいいのかを教えてくれました。

先輩と話をした後、私はさっそく学習目標を作り、毎月総学習計画を作成して、毎日具体的な学習計画を立てました。もっと勉強時間を確保するために、無意味なサークルやレジャーに使う時間を減らしました。授業中、私は携帯電話の誘惑を断って、先生の話に集中しました。授業後、単語や文型を一生懸命暗記して、翻訳や聴解などの練習問題をしました。しかし、学習計画を実施してすぐ、続けるのは難しいと感じました。私が諦めそうになったとき、先輩の言葉を思い出しました。先輩の言葉は暗闇の中の光のように、私を温かく励ましてくれました。その温かい言葉のおかげで歯を食いしばって一週間、二週間、そして今に至っています。日々の勉強の中で、私はだんだん学習リズムとコツを見つけました。私の成績もだんだん上がっているように感じています。授業の小テストでは毎回満点を取ることができるようになりました。冬休みに上海ディズニーランドでかわいい日本人の女の子たちに会いました。最初私はためらっていましたが、最終的に勇気を出して彼女たちに話しかけました。楽しく会話をした後、彼女たちの最初の中国で出会った友達として、自分のキャンディを私にくれました。それは私が今まで食べた中で一番おいしかったです。キャンディは普通のものかもしれませんが、勇気を出して得た達成感でもっとおいしく感じました。徐々に私の日本語学習への自信が高まってきました。だからこそ、私は挑戦するという気持ちを持って、今回の作文コンクールに応募しました。

最後に、人生は長い道です。その途中には山があったり、谷があったりするでしょう。どんなに難しくても、前を向いて頑張っていきたいと思っています。私はまだ目標までは遠いですが、努力すれば成功できると信じています。先輩のようなまぶしい人になれるように頑張ります。

（指導教師　服部宏美）

★三等賞

中日伝統芸術を世界に広めるAIの力

恵州学院　張鍶淇

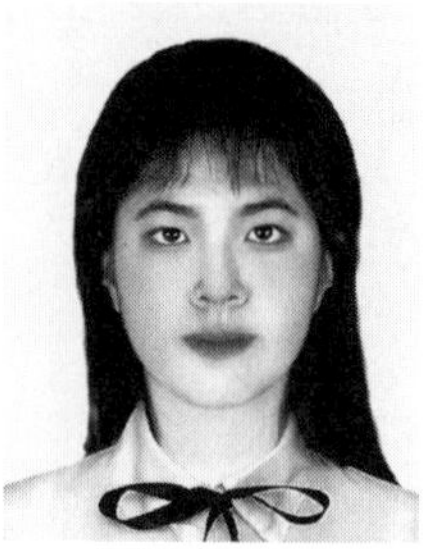

二年生の日本概況の授業で、先生が能面と歌舞伎という二つの日本の芸術を紹介してくれた。ビデオに映った神秘的な能面や華やかな歌舞伎の衣装を見て、強い日本の民族色や視覚的な印象があることは直感的に感じられたが、役者が使う語彙や話し方が極めて曖昧で、何を伝えたいのか理解できなかった。中国の京劇も、外国人にとっては同じような壁があるのではないか、と思わなくもなかった。

異なる国の文化交流を探すとき、言葉が乗り越えられない壁となることが多い。中国の「国宝」として知られる京劇は、歌、演劇、踊り、マーシャルアーツ、雑技を融合させた総合舞台芸術である。しかし、外国人にとって京劇のセリフや語りは、中国古来や地方の方言が多く、日本の能や歌舞伎が私にとって理解しにくい芸術であるのと同じである。

しかし、現代技術の急速な発展、特に人工知能技術の進歩は、異文化コミュニケーションへの新たなドアを開いた。AIメガネをかけて劇場にいる観客が、京劇俳優が歌い、詠んだすべての台詞をリアルタイムで目の前のスペースの下に彼らがよく知っている言葉で表示されるのを想像してみよう。例えば、京劇を鑑賞する日本人が日本語字幕を選択すれば、バリフリーで鑑賞することができる。メガネによって提供される情報によって、俳優の踊りの動きとセリフの哲学的・象徴的な意味をより深く理解することもできる。

AIメガネとVR技術が組み合わされば、観衆はバーチャルの空間で役者と交流したり、舞台に立って役者の演技空間などをさまざまな視点から感じたり、さらには演出に参加することもでき、よりリアルな視聴体験が可能になる。さらに、日本文化には茶道や花道など、独特の芸術がたくさんある。これらの芸術もすべて、AI技術とVR技術によってよりよく普及させることができる。例えば、人々は日本の茶室に入り、プログラムに従って茶道の背景知識や文化的解釈を学んだり、茶道のプロセスを個人的に体験したり、茶道の静かさと調和を感じることができる。

実際、似たようなAI技術は、すでに幅広く、特に博物館の分野で使われている。冷たくて壊れて埃だらけの工芸品と、本物そっくりの無傷のバーチャル工芸品、あなたはどちらを見たいだろうか?

広東省博物館は、ある技術企業と共同で、大衆にAR文物鑑賞体験を提供した。ARメガネをかけると、文物への視線、目の前に文物の歴史紹介、優れた文物の「修復」、文物の「製作」の工芸技術など、衝撃的なバーチャルの内容が現れる。AR技術により、破損した文物を動的に「分解・再創造」し、新たな姿を展示することができる。また、ジェスチャー認識を使って文物の破片を復元したり、拡大して細かい部分を見たりすることもできる。これにより、文物の歴史的・文化的背景をより直感的に理解できるようになるだけでなく、文物の観賞性やおもしろさを高めることができる。

AI技術の導入は、伝統芸術の分野に新たな活力を与えたが、同時に多くの問題ももたらした。AI翻訳を例にとると、スピードは速いが、感情の色彩が少ないため、文章の感情や文脈を正しく伝えられないことが多く、人間の意図を誤解してしまう場合もある。したがって、AI技術がもたらした便益や革新を楽しむ一方で、芸術の信頼性や感情の伝達を損なわないよう、こうした問題に注意を向け、対処する必要がある。

AI技術と伝統文化の融合は、言語の壁を越え、観衆により豊かな文化体験を提供するだけでなく、各国の文化を国際的に発信する新たなチャンネルを開くことにもなる。AI技術の発展は、将来の文化交流の重要な架け橋になることは間違いない。今後、この技術が文化分野でさらに応用されることを期待したいと思う。

（指導教師　宍倉正也）

★三等賞

アイヌ語でつながった私たち

大連外国語大学　呉珺瑶

「イランカラㇷ゚テ！（こんにちは！）」

私たちの日本人の先生と初めて会ったとき、笑顔で優しくこう言ってくれた場面を覚えている。

先生が作文の授業の中でアイヌ語を紹介してくださり、そのとき初めてこの言語の魅力と価値を感じた。また、アイヌ語は日本の少数民族の言語で、絶滅の危機に瀕していることも知った。「もし私たちがアイヌ語を学べば、この言語はなくならないのではないだろうか」と思った。その時、私はそんな光栄な仕事があるのだと深く感じた。

大学一年生の時、何となく日本語専攻を選んだが、日本語を勉強して将来何になるのかも分からず、ただ良い成績のために毎日勉強していた。勉強に面白みを見出せず、課題を機械的にこなすだけで、良い成績が取れないと不安になり、取れた後は虚しくなっていた。

私が日本語を学ぶ楽しさを知ったのは、先生に出会ってからだった。先生はイラストや面白いビデオをたくさん取り入れてくれ、授業では知りたいことを学べただけでなく、元気に楽しい時間を過ごすことができた。先生は授業中、アイヌ語の歌を教えてくれたり、アイヌ民族独特の文化を紹介してくれたりした。

ある日、先生と食事に行った。「最近の楽しみは何ですか」と尋ねると、先生は「アイヌ語を勉強することです。アイヌ語を勉強すると幸せな気分になるんです」と答えた。「先生、どうしてアイヌ語の勉強が好きなんですか。」「素朴な熱意がありますから。」最初はよくわからなかったが、のちにこの短い答えの意味を知ることになった。

先生の授業を受けるうちに、作文の授業が怖かったのが楽しみになり、成績を絶対視していたのが勉強自体を楽しむようになった。それまでは何をどう学べばいいのかわからなかったが、日本語教育に興味を持ち始め、文献を読むようになった。先生のように自分が掘り下げたい分野が見つかり、学習者が楽しみながら授業を受けられる方法や伝え方を知りたいと思うようになった。それを通じて中日交流に貢献できれば最高だ。

教室での先生は、私たちに知識を教えるだけでなく、私たちを気遣い、生きる知恵を授けてくれる。普段の課題では、学生に上手に書くことを強要するのではなく、「作文では派手な言葉を使う必要はなく、自由な発想で本音を書き、言いたいことを真摯に表現することで、より感動的なものになる」とおっしゃっていた。私が病気で休んだとき、先生は叱らないだけでなく、私の体調をとても心配してくれた。次の授業では、まず私の体調を尋ね、「体調が悪いと感じたら、無理せず休んでください」と皆に声をかけてくれた。先生の教えのおかげで、私は学業生活のストレスから解放され、もっと自分を表現できるようになった。リラックスする機会を増やすことも必要だと気づいた。

先生の作文の授業を受ける機会はもうないが、今学期はアイヌ語の選択科目を受講した。先生と一緒にアイヌ語を学び続けられることを光栄に思う。先生は今でも私たちにアイヌ語の歌を教えてくれる。

「ポンノ ネヤッカ ピㇼカ クス（少しでもいいんだから）」
「アイヌ イタカニ イェ ヤン（アイヌ語で言いましょう）」
「ラメトッコㇿ ヤン（勇気を出して）」

先生が優しい声でこの歌を歌ってくれたとき、目に涙がにじんだ。その瞬間、心が震え、先生が私たちに伝えたかった「素朴な愛」を感じた。教室にいた私たちアイヌ語でつながり、純粋な気持ちで、勇気と誠意を持って中国と日本の架け橋になった。先生は、人生に迷い、不安だった私に力を与えてくださり、真心と素朴な愛で、私が将来進みたい道を見つける手助けをしてくださった。

人生で何をすべきか迷ったとき、理想を追い求め挫折しそうになったとき、私は先生が歌ってくれたアイヌ語の歌を思い出すだろう。真摯な愛を持って、人生に向き合っていきたい。

「ラメトッコㇿ ヤン、勇気を出して！」

（指導教師　小野寺潤）

★三等賞

ＡＩとの協力

嶺南師範学院　李柳怡

餃子の香りが漂う東北餃子館で、日本人の先生とオンライン注文しながら話をしていた。「水餃子が大好きだよ」と先生はメニューを見て楽しみにしていた。

「良かったです！　あのー」私は何か言いかけた。

先生が中国に来るのは初めてなので、中国の餃子は日本とは違うだろうと思って、この店の餃子を紹介したかった。困ったことに、具の種類が多すぎて、しかも習ったことのない単語ばかりで、ちょっと説明するのが難しかった。

空気が少し静かになり、何を言っていいかわからなくなったので、私の顔は赤みを帯びてきた。そこで、ＡＩに伝えてもらえるかなと思い、翻訳ソフトを立ち上げた。

「この店の餃子には、ニラ入り、セロリ入り、白菜入りなどいろいろありますが、どれもおいしいですよ！」言いたいことがやっと言えたので、うれしくてホッとした。

「あ、ニラ入りの餃子は日本人もよく作るが、セロリはあまり入らないなー」

ＡＩ翻訳のおかげで、先生とはそれぞれの国の食べ物の違いについて、気持ちよく話すことができた。

レストランはますます混んできて、笑い声や話し声があちこちから聞こえてきた。この騒々しい環境の中で、ただ私と先生は異なった言語で交流していた。先生は今すでに帰国したが、私もあの日先生とにぎやかな餃子館で美食を分かち合ったことが忘れられない。ＡＩはこの中日交流の思い出を充実させてくれたのも忘れられない。

「大好きだった先生がもうすぐ帰国するので、懐かしかったなー」と、ChatGPTのようなＡＩに訴えた。ＡＩさんは、別れを穏やかに過ごす方法を長文で教えてくれた。その方法論は役に立つかもしれないが、それだけでは私の感情は満たされないような気がした。

一方、「大好きだった先生がもうすぐ帰国するので、懐かしかったなー」と、ハロートークで知り合った日本人の友人に心の声をかけた。友人とAIの違いは、友人が私の気持ちに共感してくれて、私の状況について真摯なアドバイスをしてくれることだ。

「優しい先生に出会えて本当にラッキーだなー。きっとまたお会いする機会があるよ！」この簡単な一言が心の琴線に触れ、心に温かいものが流れたような気がした。

彼女からは「有意義な別れのプレゼントを用意するよ」というアドバイスもいただいた。

「先生への未練と感謝の意をそのプレゼントに託すよ。」

彼女に日本での贈り物のマナーを教えてもらい、別れ際に用意した贈り物を先生に手渡した。

この思い出を大切にしたいから、文字にしておきたいと思ったのです。先生との短い出会いの文章をAIに書いてもらった。それが書いた文章の文才は確かに非常に良くて、多様な書き方を運用して、ほとんど文法の間違いがなかったが、それは私ではなくて、その考えと私の考えは完全に同じではなかった。

AIは、どうしても頼りたくなるほど便利だ。確かにAIは頭はいいけど、私の頭の代わりにはならないと思う。なぜなら、私のアイデアは、私自身の経験から集められた、唯一無二のものだからだ。先生との交流は、心のこもったコミュニケーションであり、AIがコミュニケーションを助けてくれたとはいえ、この体験からすれば、コミュニケーションの補助ツールでしかなかったのだろう。

人工知能が発達した現代において、AIに考えさせてばかりいては、私たちの考える力は衰えていくような気がする。この作文コンクールは自分たちで考えるいい機会だと思う。この目的は中日交流の促進である。中日交流の面では、誠実に交流することが大切だと考える。それには自分の経験で問題を考え、解決することが必要だ。

完璧な文法もいいが、真剣なコミュニケーションはもっと忘れがたい。私たちがAIから離れられない時代に、AIの助けを借りてより完璧な知識を学び、自分の頭で考えることができれば、中日交流はますます盛り上がるだろう。

（指導教師　王海波）

★三等賞

ＡＩ時代の日中交流へ向けて

長安大学　陳良宇

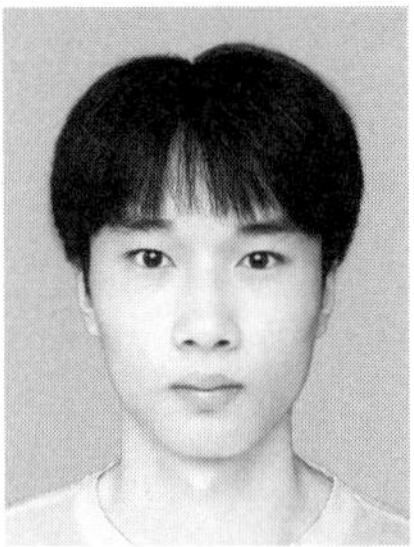

近年、科学技術の急速な発展により、私たちの生活や社会は大きく変化している。その中で、一番注目すべきなのはもちろんＡＩ技術である。そして、ＡＩ時代の到来により、いかに有効な交流プラットフォームを構築するかが重要な課題となっている。そこで、ＡＩ時代の日中交流プラットフォームの構築について考えてみたいと思っている。

まず、日中交流プラットフォームの構築には、ＡＩ技術による利便性と効率性を十分に活用する必要がある。現在、ＡＩ技術の向上により、ＡＩ通訳や機械翻訳の精度が向上しており、言葉の壁を乗り越え、日中間でのコミュニケーションがよりスムーズになっている。さらには、情報を迅速に伝達、処理することができるようになっており、文化やビジネス交流がより活発化し、相互理解が深まっていると言える。

私の例を挙げれば、私は普段からインターネットを使って日本のニュースを閲覧することが多いが、時々知らない単語や文法に遭遇すると、以前までは、少し面倒だが辞書で調べていた。しかし、技術が進化してくれたおかげで、現在は、知らない単語に遭遇しても、画面上の「翻訳」をクリックするだけで翻訳してくれるので大変便利である。このように、ＡＩ技術を活用することは、日中の若者が互いの文化や言語を理解し、交流する機会が増えることに繋がる。したがって、ＡＩ技術を活用することで、将来、両国がより良い関係を築くことができると期待される。

また、ＡＩ技術の発展と同様に、文化の継承、発展、伝達も重要である。中国と日本は地理的に近いが、それぞれ独自の文化を持ち、考え方も異なっている。そのため、日中交流プラットフォームを構築する際には、文化交流と相互理解に力を入れる必要があり、それをクリアできれば、AI技術は文化、芸術分野にも応用することができると考えている。

つい先日、「3Dプロジェクションマッピング」に関するイベントに参加する機会があったので、最新の動向を調査してみることにした。そこには、AI展示システムや三D技術、仮想現実技術などがあり、その技術は、実物が目の前にあるかのように映像を表示できる最先端の技術だった。このような技術が実用化されれば、足を運ばずに世界各地の風景、博物館、美術館などを見学することができる。そこに、AIガイドが追加できれば、観光客はより効率的に現地の魅力を楽しむことができるようになる。そして、日中両国は、今後このような技術を活用しながら文化、芸術活動を展開し、交流を促進することができると思っている。

AI技術は利便性をもたらす一方で、注意しなければならない点もある。それは、個人情報の安全である。もし、個人情報が流出するリスクが高まるようなことがあれば、多くの人がAI技術を否定する要因となり、発展を阻害しかねない。他にも、文化の違いと認知度の問題がある。多少なりとも、日中両国は文化、価値観などの面で異なる部分があり、その結果、衝突を引き起こす可能性がある。それを防ぐためにも、双方が類似点を見出し、異なる部分の相互理解を促進する必要がある。つまり、日中交流の持続的発展を実現するためには、両国は誠意を持って接し、互いを信じる必要がある。そして、衝突を防ぐために、ルールや法整備の確立は欠かせないものである。

以上のように、日中交流プラットフォームの構築には新たな可能性を秘めているが、リスクも存在している。そのため、AI技術の優位性を十分に利用すると共に、日中交流プラットフォームの健全な発展を促進する必要がある。それが実現できれば、日中交流プラットフォームは、両国の相互信頼を増進させ、地域の平和と安定を促進する重要なプラットフォームになると信じている。

（指導教師　郭亜軍・岩下伸）

★三等賞

納豆と中日交流プラットフォーム

贛東学院　鍾聡燕

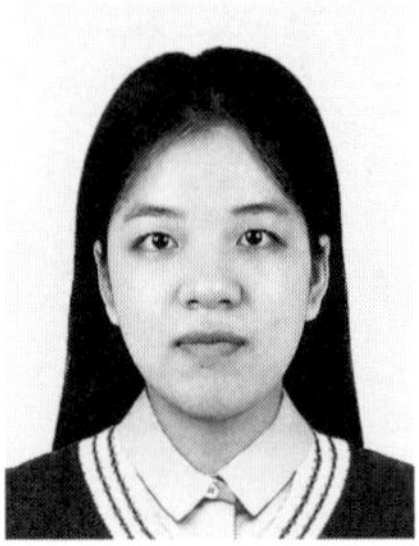

去年の夏休み、私は家で日本語を勉強していたとき、難しい文法問題に頭をかかえた。夏休みだったのでクラスメートや先生の邪魔をしたくなくて、自分でインターネットで資料を調べて問題を解決しようと思った。しかし、私はインターネットを利用して長い時間がかかったのに、最後、問題は解決しなかった。その時、私は心の中で私に日本人の友達がいればいいと思った。もし分からない文法に出会ったら、その友達に教えてもらうことができたらいいと思った。仲良しの友達と悩みを話した時、その友達は「AIに聞いてみたらどう？」と言った。そこで、私はAIに聞いてみた。「外国人と話すことができるアプリはたくさんある。例えば、hellotalkとか、instagramとか、こんなアプリは全部外国人と話すことができる」とAIはすぐ私の質問に答えた。それで、私の質問はやっと解決した。その日から、AIはすごいなあと思って、AIと話したら自分の日本語の能力がもっとよくなるだろうと思った。それから、日本語の文法の問題についてAIによく聞いたり、AIを通じて日本文化を知ったりするようになった。

ある日、私たちの聴解の先生が授業中に「孤独のグルメ」というドラマを見せてくださった。そのドラマを見た後、日本は都会でも田舎でもいろいろなグルメが食べられる国だと感じた。これをきっかけに、AIに「日本のグルメは何があるの？」と聞いたら、AIは「納豆、寿司、うなぎ焼きなどは日本の伝統的な美食だ」と答えた。そこで日本のいろいろなグルメを知るようになった。以前、日本の有名な食べ物は刺身しか知らなかったのだが、AIで日本のグルメを理解してみると、日本のグルメがこんなにたくさんあることに気づいた。

納豆を見たとき、先生が授業で日本人は納豆が大好きだと言ったことがあるのを思い出した。しかし、自分は食べたことがないので、納豆がどんな味なのか気になった。そこで、インターネットで納豆を買って食べてみた。納豆を食べるときはネバネバしている感じがして、納豆を食べるとなぜネバネバしているのか、大豆の間にどのようにくっついているのかが気になった。この質問を解決するために、私はインターネットで納豆を作るビデオを探してみた。

大豆をきれいな水でよく洗って、一晩水にひたし、大豆に十分に水をすわせて軟らかくする。それから、軟らかくなった大豆を鍋に入れて圧力をかけながら蒸気で三十分煮る。最後に納豆菌を培養した液を水で薄め、振り掛けて納豆を冷蔵庫で八時間ほど冷やしたら、納豆のできあがり。

納豆がネバネバと感じるのは、納豆菌が大豆の中のタンパク質を分解してアミノ酸などを作るからだ。納豆菌が大豆を発酵させる時に分泌される粘稠物は二つの大豆をくっつけることができると知った。

納豆を作るビデオを見た後、私は「納豆を作る時、納豆菌が少なくなると大豆と大豆の粘性が低下し、納豆はそれほど美味しくなくなる。中日交流プラットフォームは納豆菌のように、中日交流プラットフォームが減少すれば、中日間の親近感が低下するかもしれない」と思った。

中日両国の交流は唐の時代から始まった。昔は中日両国の文化はよく使者を派遣して交流すると同時に文化を勉強していた。今では中日両国の科学技術は急速に発展するにつれて、ＡＩはどこでも使われるから、中日両国間の交流はさらに便利になった。中日両国間の関係はもっと緊密になった。中日両国の交流プラットフォームももっとあったらいいと思った。

日本語科の学生として、私たちは自分の努力と実際の行動を通じて中日友好関係の発展を促進し、日本の友人との交流を通じてお互いに理解を増進することができることを望んでいる。自分が「納豆菌」のように、中日友好に貢献したいと思った。

（指導教師　高良和麻・何海瑩）

★三等賞

私を変えた日本語の教師

—先生への感謝状

南京田家炳高級中学　顧承志

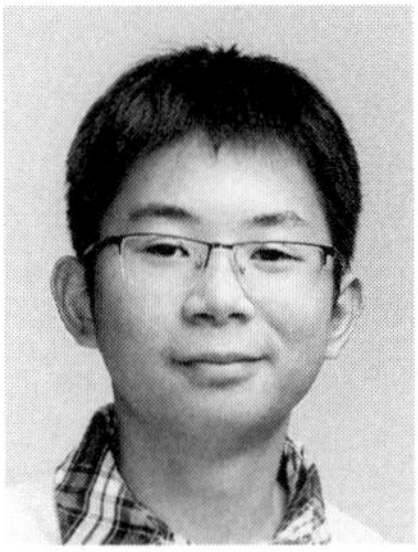

先生、初めて出会ったときの事、まだ覚えていらっしゃいますか。「日本語を勉強したこともないのに日本語がこんなに上手だなんて、本当に大した事ですよ。」と褒めてくれました。人に褒められたのは初めてでした。

日本のアニメをたくさん見てきたおかげか、初めての授業では、先生の日本語は、ほとんど理解できましたが、自分の考えを伝えようとしたら、バラバラの片言しか話せませんでした。どんどん緊張が増してきて、焦って、一言も出なくなりました。叱られるだろうと思いましたが、先生は「ゆっくりで、いいよ。」と言って、私が次の言葉を言うまで、優しい眼差しで、じっと待ってくれていました。

「ごめん。頭が空っぽになっちゃった。」と言ったら、「すごいですね。『空っぽ』は、上級レベルの単語ですよ。」とまた褒めてくれました。その言葉は、その後も、何度も私の心に浮かんで、勇気づけてくれました。

「よくできました。」、「発音は日本人みたいですね。」、「顧さんとの会話は、とても楽しいです。」、「紹介してくれたアニメは、とても面白かったです。センスがいいですね。」……。先生は、褒め言葉が豊富で、いつも驚かされました。そして、先生の励ましで、私は日本語能力試験に挑戦し、合格できました。共に戦った過程で、先生は私の友達になったのです。

しかし、二〇二〇年、コロナの影響で、先生はイギリスから、中国に戻れなくなり、授業も、一旦、中止になりました。正直に言うと、初めは、大変な授業がなくなって良かったと思いました。でも、その後は、毎日、家で、だらだらして、大好きなゲームをしても、空虚でした。なんだか、大事な物も一緒に消えたような気がしたのです。

日本語の勉強はとても面倒だと思っていましたが、先生の授業を受けなくなってから、逆にかけ替えのない存在だということに気づきました。もう先生の授業を受ける機会はないでしょう。どうせ、普通の高校に入って、大学に行って、卒業したら、夢もなく、毎日、会社で働くだけだろうと自分の将来を悲観的に考えていました。

そんなある日、先生から、「日本語の交流会がありますが、参加しませんか。」という連絡が来ました。もう日本語のない生活に慣れていましたから、断ろうとしたのです。しかし、先生は何度も、しつこく誘ってきましたから、結局、行く事にしたのです。

交流会の当日、早めに着いた私は、不安でたまらなかったのです。人と話すのが苦手で、更に忘れかけている日本語で、知らない人と交流するのは怖かったです。無理に来るんじゃなかったと後悔しつつ、早く逃げ出したいくらい、つらかったです。その時、先生は現れました。もう、会えないとずっと思っていたので、再度、出会えた先生は、輝いて見えました。嬉しくて、泣きそうになったのを覚えています。

それから、交流会が始まり、他の参加者が流暢な日本語で、日本人の方々と話すのを聞きました。私も、そのように話せるようになりたい。やはり皆さんと日本語で交流してみたいと強く思いました。「日本へ留学したい。」と思ったのは、その時でした。そのあと、父に相談したら、認めてくれました。多分、日本語と先生との再会が、私の人生の交差点だったと思います。

先日、先生が以前、受賞した、この作文コンクールを偶然、知りました。感謝状のテーマを見た時、ぜひ、今まで伝えられなかった事をこのように伝えようと思ったです。偶然のように見える先生との出会い、また偶然のように思える先生との再会が私の人生を大きく変えてくれました。

今は、夢の第一歩を踏み出して、南京田家炳高校の日中国際クラスに入りました。将来は日本へ留学に行きます。振り返ると、今に辿り着いたのは、先生と出会った時からの必然ではないでしょうか。先生に出会っていなかったら、先生の熱心で暖かく根気強い指導がなかったら、多分、既に日本語を諦めていたでしょう。ですから、山程の感謝を一言で伝えたいです。「ありがとう！　白宇先生！」。

（指導教師　白宇、星野尚由）

★三等賞

ＡＩ時代の日中交流

—プラットフォームの構築を考える

南京郵電大学　楊柳渓

突然ですが、あなたはＡＩとは何かご存知ですか。科学技術の発展に伴い、世界はハイテク化され、スマート化されるようになり、私たちの生活の中にＡＩの姿がますます多く見られるようになりました。このような社会に生きる私たちにとって、ＡＩは必要なものになりました。

ＡＩとは、Artificial Intelligenceの略語で、人工知能と訳されています。ＡＩは人の知的能力を模倣した技術を意味し、データを分析して推論したり、判断を行ったり、最適化の提案や課題の定義、解決を行ったり、自ら学習を行ったりすることができます。ＡＩの定義だけを見ると、私たちの日常生活とはあまり関係がないように思うかもしれませんが、実際にＡＩは私たちの生活を便利にしてくれています。

「Hi, Siri!」は多くのアップルのスマートフォンを使っている人にとってなじみ深いですが、「Siri」は目覚まし時計をセットしたり、電話をかけたり、メールを送ったりするなど、多くの仕事をこなすのに役立ちます。それ以外にも、異なる国の人々との交流を助ける上で大きな役割を果たしています。私が初めて日本人に道を尋ねられたとき、最初に私のスマートフォンに「Siri, この言葉はどういう意味ですか」と尋ねました。そうしたら、三秒以内に私の質問に答え、解決策を出してくれたので、とても助かりました。実際、このようなシーンは普段生活の中でよくあることです。アップルのスマートフォンのほか、ファーウェイやシャオミのスマートフォンにもこの機能があります。

スマートフォンはＡＩを利用することによって、個人のニーズに合わせたカスタマイズを実現しました。これにより、スマートフォンを使って問題を解決することができるだけでなく、国際間のコミュニケーションをより迅速に行えるようになりました。また、ＡＩは国際間の貿易往来、民間交流のコストも大幅に削減しました。このように、ＡＩは私たちの生活に溶け込み、私たちの生活に多くの便利さを提供していることがわかります。「Siri」の広範な使用から見ても、ChatGPTの出現から見ても、ＡＩ技術は私たちにとって必要なものになりました。

ところで、ＡＩ技術が与えているのは良い影響だけでしょうか。私はそうではないと思います。コインに両面があるように、ＡＩ技術にも良い面と悪い面があると思います。例えば、ＡＩ技術は私たちの生活を破壊するかもしれません。ChatGPTの出現によって、多くの人は文章の用語と構造を最適化して、文章をより美しく書くことができるようになりました。しかし、それによって、人々が自分で考える機会が奪われています。他人の考えをコピーして貼り付けているだけで、自分の見解がありません。このような文章は美しく見えますが、魂を失っています。作成された文章はどれも内容が似ていて、考え方も似ています。もし、このような文章ばかりになったら、社会は発展しないでしょう。ＡＩ技術に頼りすぎると、私たちは自分で考える力を失い、私たちの独自性が失われ、この世界の思想の多様性も失われてしまいます。

それから、まだ成熟していないＡＩ技術が人々の日常生活を不便にしていることもあります。例えば、携帯電話やドアロックにおける指紋認識の使用は、人々の日常生活を便利にしていますが、うまく認識できないことが多いです。また、個人情報が盗まれるかもしれません。

それでも、ＡＩ技術が私たちの生活を便利にしていることは否定できません。私たちはＡＩと共生していかなければなりません。ＡＩが人間の生活に与える悪影響ばかり考えるよりも、ＡＩ技術を発展させ、人間にとってより良いサービスを提供できるように研究を続けるべきです。私たちがＡＩと科学技術の発展を直視し、それらを合理的に利用すれば、より良い生活ができると思います。

（指導教師　小椋学）

★三等賞

音楽は国境を越える

通化師範学院　姚家偉

昨年十月、悲しい知らせがあった。それは僕が敬愛する日本人の歌手、谷村新司さんが亡くなったという知らせだった。中国で何度もコンサートを開き、ヒット曲も多く、人気があった方なのでネットニュースで大きく報道され、その死を惜しむ人のコメントが数多く寄せられた。僕もコメントを書いた一人だ。僕は谷村さんの歌を聞いて、音楽が好きになり、日本語に興味を持ち、日本語を学ぶようになったからだ。その日、僕は夜空を見ながら、谷村さんの歌を聞いて、過去を思い返した。

僕が初めて谷村さんの歌を聞いたのは二〇一〇年の上海国際博覧会の開幕式の時だった。谷村さんは、今では中国人の誰もが知る「昴」を歌い、当時八歳だった僕にも大きな感動を与えたのだった。後に、この曲は谷村新司さんが黒竜江の星空に思いを馳せて作った曲だと知り、この曲が持つ壮大な宇宙への果てしなき思いとともに、日本への親しみも感じさせてくれたのだった。それから僕は谷村さんの曲を中心に、アリスの「終止符」「遠くで汽笛を聞きながら」や山口百恵さんの「いい日旅立ち」などもよく聞くようになった。

しかし、その頃は今のように聞きたい曲を簡単に聞くことはできなかった。同じＣＤを何度も何度も聞いたり、パソコンを持っている友達の家に遊びに行って、ＤＶＤを見せてもらったりしていた。こうして日本の音楽が好きになり、日本語の歌詞にも興味を持ち、高校時代には日本語の勉強を始めた。その頃からインターネットや音楽アプリで日本人歌手の歌や曲のことなどのいろいろな情報を得られるようになり、自由に曲が聞けるようになった。また音楽アプリのＡＩが僕がよく聞く音楽から、好みに合いそうな歌を精選してくれるので、音楽の範囲がどんどん広がっていった。日本の国民的な歌手であるＭＩＳＩＡさんも、ＡＩが僕のために精選してくれた歌手の一人だ。彼女が中国の動画サイトに動画の投稿を始めた時、ファンの僕はとても嬉しかった。また中国の『歌手・当打之年』というテレビ番組に何回も出演し、中国人の歌手たちと歌を競い合った。MISIAさんは中国のプラットフォームを利用しながら、日本の音楽を伝え中日友好を深めている。

最近感じるのは、日本人歌手の歌が中国人のリスナーの耳に届くようになってきたことだ。それは中国で大人気となったショートビデオのBGMに日本の音楽が多く使われるようになったからだ。以前、日本の音楽は中国の歌手が中国語に歌詞を変えて歌うことが多かった。「未来へ」「雪の華」「それが大事」などは中国の歌だと思っている人が多いと思う。実際、僕も「北国の春」をずっと中国の歌だと思っていた。

僕は音楽を聞くだけではなく、歌うことも好きでカラオケによく行く。しかし周りの大人たちは、僕が日本語の歌を歌うことに、あまりいい顔をしなかった。しかし大学に入ってから、ほとんどのクラスメートたちは日本の歌が好きで、僕が日本語の歌を歌うことを喜んでくれた。また日本人教師の鈴木先生は会話の授業で「花は咲く」という歌を教えてくれた。この歌は、二〇一一年に日本の東北地方で起きた地震の被災者と被災地の復興支援のための感動的な歌で、カラオケに行くと必ず歌う僕の定番である。鈴木先生とカラオケでいっしょに歌を歌う時、中国語の歌も日本語の歌も歌うし、アニメソングも歌う。僕が「昴」や「それが大事」などを歌うと鈴木先生は懐かしいと言われるが、僕にとっては日本語で歌うこれらの歌が新鮮に感じられるのだ。音楽は僕にとって最高のコミュニケーション手段となっている。

よく中国と日本の関係は冷え込んでいると聞く、しかし僕はそう思わない。逆にますます熱くなっている。音楽は国境を越え、お互いの文化や感情をより深く理解することを可能にしている。音楽によって中日両国の交流と友好はより堅固なものになると信じている。

（指導教師　鈴木朗・権玉華）

★三等賞

ＡＩ時代の日中交流

―プラットフォームの構築を考える

広州軟件学院　詹洪鋭

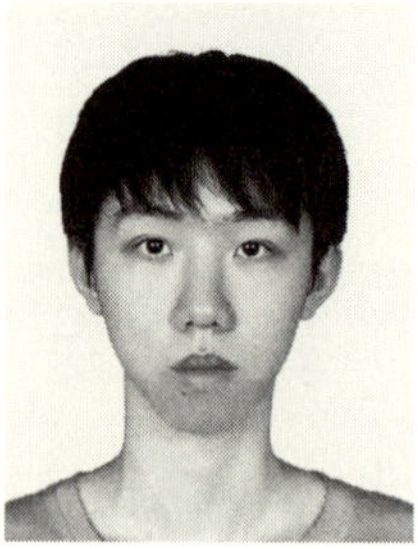

ＡＩ技術の急速な発展に伴い、日中間の交流はますます緊密になっています。そのため、効率的でスマートな中日交流プラットフォームの構築が急務となっています。以下はこの問題についての私の考えです。

一つ目は言語翻訳と文化適応です。まずは知能翻訳です。人工知能技術を利用して、高質量の言語翻訳を実現し、正確な情報伝達を確保します。二つ目は文化適応で、中日両国の文化の違いを考えると、プラットフォームは異なる文化背景にスマートに適応し、誤解や衝突を避けることができるはずです。

後はリアルタイムの交流です。知識ベースの構築も必要です。歴史、文化、科学技術などの方面の情報を含む豊富な知識ベースを構築して、ユーザーが問い合わせて共有します。そのためには、中国語と日本語が得意な人たちが日中交流―プラットフォームをデータでサポートする必要がありますが、これも大切です。

セキュリティとプライバシー保護は大事です。以下は対策です。

各ユーザーのプロフィールを暗号化すると同時に、ソーシャルスペースをプライベートにしたり、友達だけに見せるなど、各ユーザーが自分のプロフィールを秘密にすることをサポートします。この点では、このプラットフォームは、例えばＱＱ、WeChatなどのような国内のプラットフォームを学ぶことができます。

それに加えて、ソーシャル機能も取り入れるべきだと思います。以下は私の意見です。社交機能は中日間の文化交流と友好協力を促進することができます。ユーザーは自分の経験や考え方、視点を共有することで、相手の文化や習慣、価値観を理解することができます。ソーシャル機能は知識共有の場になり得るのです。ユーザーはプラットフォームの上で質問をしたり、情報を共有したりすることで、中日の文化、歴史、科学技術などに関する知識を得ることができます。交流機能はユーザーが中国語と日本語の能力を高めるのに役立ちます。たとえば、ユーザーは日本語を母国語とする人とコミュニケーションをとり、日本語のレベルを上げることができます。

中日交流のプラットフォームの出現は、次のいくつかの利点をもたらすことができると思います。

一、交流のプラットフォームは中日の学生、学者と教育者の間の架け橋になることができます。オンライン講義やセミナー、知識の共有を通じて、教育と学術分野の連携を促進します。

二、中日の文化、歴史、芸術などの面でのオンライン学習リソースを提供し、ユーザーが相手国をよりよく理解するのに役立ちます。

三、中日交流プラットフォームはビジネス協力を促進することができます。企業はプラットフォーム上でパートナーや投資機会、市場情報を探すことができます。

四、ビジネス通訳サービスを提供し、言語や文化の壁を乗り越えることができます。

五、プラットフォームは中日の観光を促進し、観光案内、観光地の紹介、文化体験を提供します。

六、音楽会、アートフェア、伝統的な祭りなど、文化交流活動を促進します。

七、中日交流プラットフォームは科学技術イノベーションのプラットフォームとなり得るのです。ユーザーは技術プロジェクト、研究成果、革新的なアイデアを共有することができます。

八、中日科学技術企業間の協力を促進し、人工知能、バイオテクノロジー、環境保護などの分野の発展を共に推進します。

九、プラットフォームは日中政府間の外交交流を促進することができます。官僚がオンラインで会談したり、政策情報を発信したりすることができます。政治的対話を通じて、二国間の問題を解決し、友好関係を深めます。

要するに、スマートで、安全で、効率的な日中交流のプラットフォームを構築することは、両国間の友好協力を促進し、文化、科学技術などの分野における発展を促進するのに役立ちます。

（指導教師・佐藤克也）

★三等賞

日本語学習のキーワード

大連民族大学　張　妍

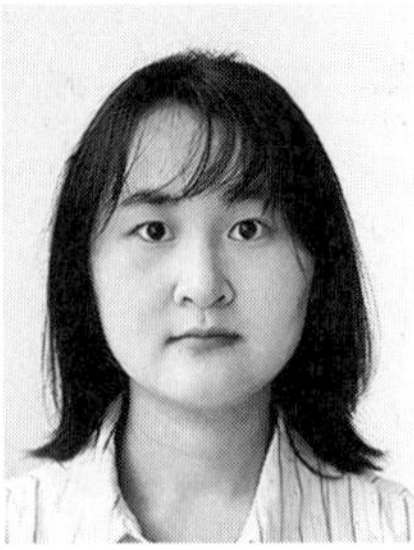

お礼を言いたい先輩と言えば、二年生の時に出会った先輩を思い出す。冬休みが終わり、学校へ帰る高鉄の中で、向かい側の席に先輩が座っていた。年が近いこともあって、私たちはすぐに語り合った。彼女は過去の「中国人の日本語作文コンクール」入賞経験者で、日本語学習の経験と効率的な勉強法を教えてくれて、すごく優しい先輩だった。六時間の旅の間、私たちは楽しい時間を過ごし、連絡先を交換して、今後常に連絡を取ることを約束した。

先輩にどうやって日本語を勉強したほうがいいのかと聞くと、堅持、好奇心、目標という三つのキーワードを教えてくれた。彼女は日本語を学ぶ上で、あるいは世界中のどの言語を学ぶ上でも、もっとも重要で難しいことは堅持だと言った。毎日一定量の単語を覚えて、エビングハウスの忘却曲線に応じて復習することを堅持するべきだ。また、自分で音読を練習するなり、友人や先生と日本語で会話するなり、日常的に日本語の会話を堅持することも大切だ。二つ目のキーワードは好奇心だ。「好きこそ物の上手なれ」ということわざがあるように、何かに興味を持てば、そのものの深い内容を探求するエネルギーを持つ。だからこそ、日本語に対する好奇心を養うことは重要だ。日本語に興味を持ってこそ、日本語を学ぼうという意欲が湧いてくる。そして、最後のキーワードは目標だ。「目標が明確になれば、そのために何をすべきかわかるから、日本語を学ぶことの目標を見つけなさい」と言われた。

先輩は自分の経験を例に挙げて説明した。彼女には大学でフランス語を勉強し、今は通訳として働いている親戚がいる。ある日、その親戚に連れられてインフォーマルな会議に参加した。会議が終わったあと、フランス人出席者は事前に予約していた中華料理店に招待された。あるフランス人は、食事が終わった時、通訳をした親戚に話しかけ、「この会議で翻訳をしてくれて本当にありがとうございます。今まで中国がこんな国だとは想像もできませんでした。今後はぜひ家族と一緒に紹介してくれた美しい景色の地域や料理店を体験します」と言った。先輩はその話を聞いて、ふっと通訳になるという目標ができた。中日両国の文化の違いをより深く理解し、日本人とのコミュニケーション技術を身につけて、通訳の仕事を通じてこの時のように自分の誇れる祖国を日本人に紹介し、中日両国の交流と協力を促進できるようになりたいと願っている。

先輩のアドバイスを聞いて、私は将来のキャリアプランがさらに明確になった。どんなに野心的な目標であっても、まず目の前のことをやることに間違いはない。単語や文法などの基本的な知識は毎日覚える必要があるが、さらに大切なことは、その知識を日常生活にどう使用するかを考えて練習することだ。単語を覚えたからといって、日本人とスムーズな会話ができるとは限らないし、文法を知ったからといって、美しい作文を書けるとも限らない。だから、学んだことを当てはめて用いられるようになることがとても重要で、そんな能力を身につける必要があるのだ。将来のやりたい仕事と言えば、私は躊躇いもせず日本語教師になりたいと言う。私は教師になって、中日関係をより深く理解し、そして日本の文化や中日関係についての自分の考えを他人に伝えたい。私一人の力では限界があるが、こうして一人一人に伝えていくことで、何か積極的な影響があるかもしれない。

先輩の指導のおかげで、ようやく日本語学習のモチベーションができた。蛾の思いも天に届くと信じている私は、これから、この三つのキーワードに沿って、慎重に学習プログラムを計画し、先輩から学び、先輩を超えることを目指して、夢に向かって、勉強に励む！

（指導教師　金谷真綾）

★三等賞

龍に目をつけるのは

中国人民大学　呉昀謙

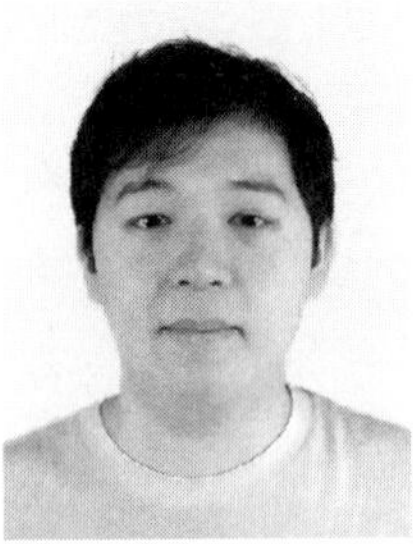

今年の三月、私は日中友好協会が主催する訪日団の一員として、日本での一週間の交流活動に参加した。私にはあることが任されていた。それは北京の中国人学生の代表としてスピーチをすることだった。これまでいろいろなスピーチの経験があったが、国際的な場で自分の考えを発表するのは初めてだった。しかし、世界で活躍することが私の夢の一つであったため、今回は非常に特別な意味があった。

しかし、実際に原稿を書いたとき、さまざまな問題が生じた。

「どうすれば日中の平和と友好をみんなに伝えることができるだろうか」

私は悩んでいた。

日本に行ってからというもの、ずっとスピーチのことが頭から離れなかった。一日目の歓迎会、二日目の次世代ロボットについての講義、三日目、名古屋でのSDGsに関する討論会……。どれもすばらしい経験だったが、もう一人の自分が常にこうささやいていた。

「スピーチ、どうするの？」

ふと、こんな考えが浮かんだ。

「いっそAIに任せてみてはどうだろうか」

AIならば、大量のデータベースから、いろいろな例を挙げてくれるし、作文の構成も作ってくれる。また、AIが生成するものは特別なものではなく、一般的に受け入れられやすい内容のものになるだろう。AIを利用すれば、この苦しみから逃れることができる！　そのとき、私にスピーチを依頼した団長の顔を思い出した。

「できるだけ簡潔な言葉で自分の気持ちを伝えることが大事なんだ。それは君自身が考えるべきことだよ」

そうこうしているうちに、六日目の朝を迎えた。その日は千葉県の「教育の森」に行き、日本の大学生と一緒に合宿した。去年、彼らは私の大学を訪れ、交流した。私たちは半年ぶりの再会を喜び、言いたいことも言い切れないほど、そのわずかな時間を惜しんだ。

夕食後、私は大広間の隅で、スピーチ原稿を繰り返し直していた。突然、後ろから声が聞こえた。

「なに書いてるの?」

今回、初めて会う女の子だった。

「これは明日の送別会で中国の学生代表として発表する原稿なんだよ」

「じゃあ、どんな内容なの? 興味あるなぁ」

「今回の交流プログラムの感想とか、これからのことについてだね。日本社会の理解とか、日中友好とか……」

それから、女の子といろいろな話をした。今回のプログラムの話はもちろん、中国のこと、日本のことまで時間を忘れて話し続けた。

「せっかく三月に来たのに、満開の桜が見れなくて残念だね。次は絶対一緒に見に行きたいな! スピーチ、楽しみにしてるよ。がんばってね!」

女の子の後ろ姿を見ながら、こんなことをぼんやり考えた。

「私たちが社会人になった後、再び会えるのはいつだろうか……」

そのとき、心が揺れた。彼女が話してくれたことは、おそらくAIが教えてくれないことだ。私は女の子との交流を発表に加えることにした。

「私が望んでいるのは、十年、二十年後、春の東京で、みなさんと一緒に桜を見に行くことです。そして、そのときは、みなさんの子供も一緒に、その桜を見ることになるかもしれませんね。ほら、今、東京の河津桜はもう咲いています。将来、私たちが一緒に、この美しい景色を見られますように」

会場は大きな拍手に包まれた。私はほっとしたと同時に、自分の気持ちが伝わった気がして嬉しかった。

結局、私はAIを使わなかった。女の子がヒントをくれた。それをもとに自分で考え、自分の言葉でスピーチをした。

私は自分でスピーチ原稿を完成させたが、他の人の共感を呼べたのは、団長や女の子の話があったからこそだ。私は自分の考えで原稿のフレームワークを作成した。それを龍の絵にたとえるならば、肝心の目は、周りの人たちとの交流から生まれたものだ。これは、まさに「画竜点睛」だと思う。


(指導教師　永嶋洋一、曽根さやか)

★三等賞

ＡＩが私にくれた新たな世界

南京信息工程大学　余鋭傑

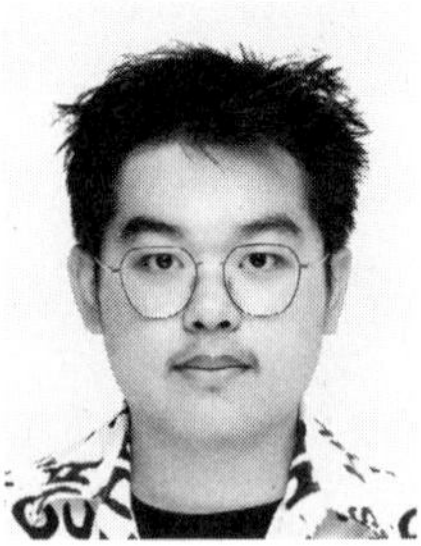

時代は、高速に発展している。パソコンからスマホまで、我々の生活では、ＡＩなしでは考えられない時代だ。ＡＩはもう特別なものでなく、普通のものになった。私の日本語学習にも、ＡＩが重要な役目を持つ。

初めて日本語に出会ったのは、テレビで日本のアニメを見たときだ。素晴らしいアニメを見て、私は夢中になった。その時聞いたこともない言葉が聴こえてきた。それが日本語だった。それは私と日本語の縁だ。そして、中学校に入ってからは、インターネットが普及してきた。それで、私は様々な日本語の音楽や動画を見ることができた。私は我を忘れて夢中になった。「日本語は本当に美しい言葉だ」そういう考えが私の心に芽生えた。そして、私は日本と日本語についてのことを一生懸命ネットで探した。そんな経験があったので、私は大学に入る時、躊躇することなく、日本語専門を選んだ。

大学生になったら、ますます携帯とパソコンを使う場合が多くなった。私は翻訳アプリや作文アプリなどのようなＡＩの使い方をまとめて、それらを利用して日本語を自習していた。私の日本語の能力は知らず知らずのうちに、向上してきた。一方で、ＡＩもどんどん発展している。今の私はネットを通じて、海を越えて、日本のツイ友と交流できるだけでなく、ＡＩと会話までできる。何か聞きたいことがある時に、先生の邪魔をする必要がない。ＡＩに聞くと、丁寧に答えてくれる。あるいは会話を練習したい時、「ＡＩさん、いますか」と話し掛けたら、すぐ「はい、何か質問がありますか」と優しく返事してくれる。他の人はいないので、大きい声で話してもいい。誰もいないので、何か間違っても、恥ずかしいとは思わない。「どんなに変なことを言っても、ＡＩに笑われることはないし。」そういう気持ちで、一日中楽しく会話する。ＡＩは確かに私に新しい言葉の世界を作ってくれて、日本語学習について色々なことを教えてくれた。

だが、こんなに凄いＡＩでも、完璧とは言えない。高機能の翻訳ソフトでも、ＡＩでも、間違うことは沢山ある。一方、メディアの急速な発展のせいで、ネットには雑多な内容ばかり溢れている。ネットを利用する時は慎重にしないと、影響されがちだ。特に若者にとって、ネットやテレビには強い誘惑がある。それらに頼りすぎると、いつの間にか目的を忘れていることがある。私も勉強するつもりだったが、ＡＩを使っっているうちに、ネットの別の面白いものにどんどん興味が移っていった。気がつくと、「ああ、もうこんな時間⁉」と、そういうことも多い。自分の意志の固さが足りないのだが、やはりＡＩの誘惑が巧みなのだ。

今でもＡＩを活用しているが、実は最近少し物足りなく感じることが増えてきた。ＡＩはやはり人間味がない。ＡＩはいつも万能のように見えるが、実際には利用者の要求に従って、機械的に答えを作るだけだ。ＡＩが利用者の問題を完全に解決できることは、想像するほど多くない。そして、ＡＩは自発的に人間のために何か仕事することはできない。友達のような心遣いを期待するのは不可能だ。私は日本語を勉強する時にも、ＡＩが私の問題をほどほどに解決できる。だが、ましてや先生のように、優しく笑って私の間違いを指摘したり、体調を気遣ってくれたり、そういうことは、いくら努力しても、ＡＩはできないだろう。ＡＩは心がないツールのひとつにすぎない。そんなことは少し考えればわかることだ。

私の日本語学習は、テレビで始まり、ＡＩが加速してくれた。そして、私は自分の日本語がどんどん上達していると感じる。このＡＩがくれた新しい世界はきれいな景色もあれば、未知な領域もある。今後も自分の日本語の知識とＡＩを活用して、人生の価値を実現したい。そして、中日関係の改善と文化交流に、小さな貢献でもできれば、と思っている。

（指導教師　山田ゆき枝・曲佰玲）

★三等賞

先輩に学び、日本語学習を頑張る

広東外語外貿大学南国商学院　蒋　慧

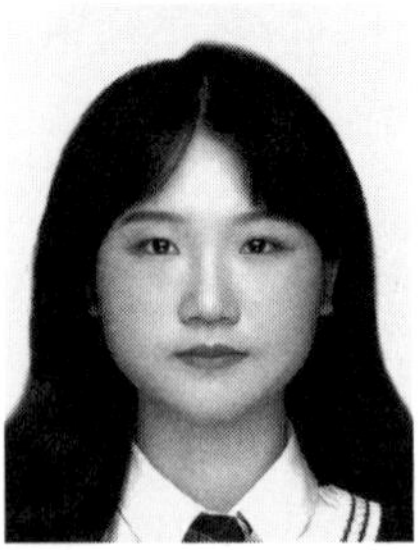

このテーマを見たとき、ニュートンの言葉を思い出しました。「もし私が他の人より遠くに見ていたら、それは私が巨人の肩に立っていたからです。」先輩に学び、彼らの精神と根気と磨きを掛けることを勉強することで、私たちの成長を加速させ、より大きな成果を上げることができます。私から見れば、先輩に学ぶのは「近道をする」ようなものです。彼らが絶えず奮闘してきた経験があるからこそ、私たちは学習とき目標を明確にし、歩みをはっきりさせることができます。先輩の方法は今の私たちには適合しないかもしれませんが、実践して考え続けることで、その中で私たちに合った部分を取ることができて、必ず半分の行動で完全な成功を収めることができます。

高校で初めて日本語を勉強したときは、あまり興味も自信もありませんでした。幸いなことに、私はとても良い先生に出会いました。彼女はとても若くて、私たちとあまり差がないように見えます。接触してから、彼女は本当に励ましの先生だと気づいました。普段、彼女は私たちに授業をしながら、自分で日本語を勉強していました。彼女が勉強している内容は実は私たちが勉強している内容でした。どうして先生も毎日私たちの知識を勉強しなければならないのですか。もしかしたら、この先生は日本語のレベルが高くないのではないかと思うかもしれません。実は違います。先生は毎日同じ文法の異なる解説をたくさん見ていました。最後の授業の方法は、彼女がまとめたもので、私たちに最適な説明方法でした。彼女の授業はいつも楽しい中で文法を身につけていました。その前に、自分でも日本語を身につけることができると思っていました。しかし、今思い出してみると、先生の説明がなければ、その内容はきっと退屈で忘れやすいです。先生の説明は先生自身が絶えず勉強してから出た結論で、私たちの勉強は先生の「肩」に立って、日本語を勉強するようなものです。そのため、私も先輩に学ぶことが学習の過程で本当に重要な部分であることを発見しました。

大学後、多くの日本語科の先輩に出会いました。彼らはとても友好的で、大学に入ったばかりの頃は、環境に慣れていなかったり、いろいろな不適応があったりして、私の大学生活は一歩一歩も歩きにくいと感じました。しかし、ある先輩がいて、私は当時の困難な状況を変えてくれました。彼の助けを得て、私はに専門を変えて、入学前から参加したいと思っていた放送局に入りました。彼に励まされて、私も自分がこれまで挑戦できなかった試合に挑戦しました。私と彼には似たようなところがたくさんあります。彼は私の大学の道の明かりのように、迷ったときに自分の方向を見つけることができます。私の心の中で彼はずっととても強くて、勉強しても生活しても、彼はずっと私の勉強の模範になります。私は彼のような大人になりたいです。彼の無意識の手配の下で、私はもう一人の「人生の先生」、とても縁のある先輩と知り合いました。彼女の身で私が見ているのは、現状に甘んじず向上しようと努力している姿です。彼女はずっと私の勉強の中でいろいろ助けてくれました。彼女の助けで、私は全国的な試合に参加する機会がありました。以前は考えられなかったことが、次々の先輩に助けられて現実になっています。

先輩たちは自分の経歴を使って、一つ一つの貴重な品質を現実に踏み込ませます。彼らは私たちの学習の模範です。彼らの助けで私たちの成長を加速させました。探索の時間を減らし、目標の実現を加速させました。以前の様々な経験も先輩に学ぶことの大切さを深く意識させてくれました。これからの生活では、もっと多くの「先輩」たちに会えると信じています。彼らは私たちより年下かもしれませんが、いくつかの面で私たちより優れば、それは私たちの「先輩」です。先輩に学んで、一生懸命して良い日本語を学んで、自分の専門で自分の夢を達成します。

（指導教師　鄒宇）

★三等賞

感情のないＡＩと友情を宿す弁当箱

西安交通大学　方子瑩

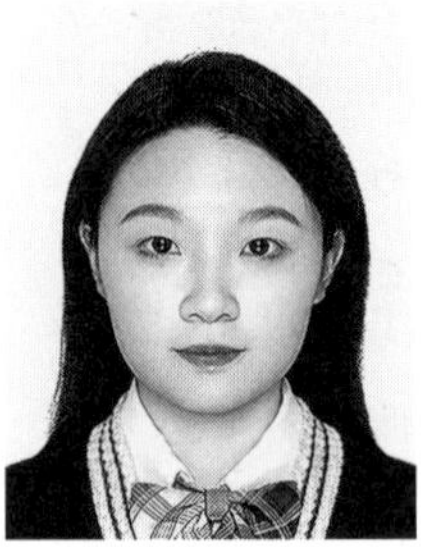

先月真央ちゃんと一緒に買い物に行きました。弁当箱が置かれた商品棚の前を通るとき、まるで心が通じたかのように私は振り返り、真央ちゃんも私に目を向けました。私達はお互いの顔を見つめ合い、つい笑えてきました。

こんな光景があるのも、ＡＩのおかげかもしれません。

真央ちゃんと初めて会ったのは日本語コーナーでした。そこで、真央ちゃんがずっと交換学習をしたかったと言ってくれました。私が真央ちゃんの中国語の発音を直す代わりに、真央ちゃんは私に日本の学校生活などをシェアしてくれました。その間、私は真央ちゃんに中国語を教えたり、食事に誘ったりしました。真央ちゃんは私の好きな映画「千と千尋の神隠し」を一緒に見て、日本文化の中で「全ての物には魂が宿っている」という考えについて教えてくれました。こうして、私たちは徐々に親しくなりました。真央ちゃんが「もうすぐ私の誕生日なんだ」と教えてくれました。それを聞いたとき、私は緊張と期待でいっぱいになりました。

日本人の友達に贈るプレゼントと言えば、何が適切でしょうか。贈り物を選ぶのが得意ではない私は、最近読んだブログを思い出しました。筆者がギフト選びのための人工知能ソフトウェアを紹介していました。友達の年齢や好み、親しさなどを入力すると、提案リストが得られます。そのギフトアシスタントＡＩの助けを借り、私は最後に弁当箱を選びました。

ＡＩは可愛いものが好きな日本の女性にぴったりなギフトを提案してくれました。トトロ柄の弁当箱、ちいかわのグッズセットと兎の柄があるペンの三つでした。その中から弁当箱をプレゼントにしたのは、よく料理をすると聞いていたからです。そして、持ち運びに便利で、容量も大きく、保温性が非常に優れている弁当箱を選びたいと考えました。なにより、中華料理が好きな真央ちゃんには暖かくて美味しい状態で食べてもらいたいです。このように、真央ちゃんに簡単に加熱できる弁当箱を贈ることを決めました。

正直に言って、ＡＩで選んだプレゼントは、本当に自分で選んだと言えるのでしょうか。そこで、日本の掲示板で匿名で質問しました。意外なことに、多くのコメントをもらいました。「ＡＩなんて本当に信用できるの」「それは人間味がなくなる」「今のＡＩは何でもできるそうだ」「有効な提案をくれるならいいじゃない」「面白そう」みんなの答えは違い、ＡＩを使うかどうかその答えは自分の心の中にあります。ＡＩに助けを求める自分としては、真央ちゃんに喜んでもらいたいという気持ちは確かに本物のような感じがしました。たとえＡＩは感情を持っていなくても、私の真心を込めればＡＩもきっと人を幸せにすることができるでしょう。ＡＩは私が最初に思ったほど冷たくないかもしれません。

真央ちゃんにプレゼントを渡したとき、彼女はとても喜んでいました。そして、真央ちゃんが一緒に弁当を食べようと誘ってくれました。本当に嬉しかったです。「ちょうど弁当箱を買いたかったの。この弁当箱はめっちゃかわいいし、使いやすい。本当に助かる。おにぎりをたくさん作ったから一緒に食べよう。さっき食堂で温めたばかりだよ」真央ちゃんは明るく嬉しそうな顔をしていて、心から私に「ありがとう」を言っているようでした。私の心はとても暖かくなりました。

自分の失敗談になるかと思っていましたが、真央ちゃんの理解を得て、より親しい友達になることができたのです。確かに人工知能は社会が進歩してもたらした結果であり、感情を持たない道具です。しかし、自分の配慮も加えて選んだ贈り物には、必ず日本人の友達を大切にするような思いが届きます。このように柔らかい気持ちを抱いてＡＩを利用することこそ一番重要なのではないでしょうか。私は真央ちゃんとずっと仲良くしていたいです。ＡＩの時代を迎える中日両国はきっと昔より強い絆を紡いでいくでしょう。

（指導教師　久川充雄）

★三等賞

『枕草子』と私の人生の春

山西大学　尚晨曦

　私は学院の古い校舎の教室で一人で自習に取り組んでいました。窓の外では、柳の綿が空に舞い、白モクレンの花も満開で、春の暖かい日差しが優しく私の髪を照らして、金色に輝かせていました。ふと見た教卓の上に置かれた『枕草子』に目が留まり、思わず一年前のことを思い出しました。

　当時、白モクレンの花がちらつき、大きな花びらが私の感傷を呼び起こしました。大学に入学してからもうすぐ一年が経ちますが、私はとても迷っていました。自分の青春が白モクレンのように、美しくも短く、瞬く間に失われてしまい、何の跡も残さないのではないかと恐れました。

　大学入試の後、私は日本語学科を選びました。周りの友達から疑問の声が聞こえてきました。「なぜ日本語を学びたいのですか。日本の文化が好きですか」と。私はもう一度よく考えてみました。本当に日本の文化が好きですか。ＡＩがますます発展する現代で、翻訳の仕事が次々と置き換えられています。これからは、どのようなスキルや能力を身につけることで就職や生計を立てることができるでしょうか。そこで、確固たる選択も信念の支えもなく、私はぼんやりと大学に入りました。私は一人で白モクレンの木の下の長椅子に座って、悲しみにくれると、どれほど明るい日差しであっても、私の心を温めることはできませんでした。

　そんな時、先生がやってきました。手に『枕草子』を持ち、さっきまで授業をしていたようでした。私は目をこすって、さっきの悲しみを隠そうとしました。立ち上がって、元気よく挨拶をしました。先生は私の目に見えている悲しみに気付きましたが、直接指摘しませんでした。その代わりに、知恵と慈愛に満ちた視線で、静かに私の脆さを守ってくれました。ただ、『枕草子』を開いて、冒頭文を私に教えてくれました。「春はあけぼの、やうやう白くなり行く山際、すこしあかりて」。先生は私に丁寧に説明してくれました。春は夜明けの時が最も美しい、それは、山際の明るさと流れる白い雲が、「晨曦」（朝日という意味）の出現を待っているからです。「春は希望に満ち溢れている。君の人生も」と。先生は「大学は学問を学ぶだけでなく、教育を受ける豊かな場です。人生の残りの日々では、一日が二十四時間という決まった時間が与えられます。楽しい時には足りないような気がし、悲しい時には余りすぎるような気がします。一日あたり八時間を働き、一つのスキルを身につけることで、良い仕事を得たり、家族を養う能力を手に入れることができます。しかし、大学の責務はそれだけではありません。文学作品を読んでいない、人類文明の精髄に触れたことがないのであれば、四年間を無為に過ごすことになるでしょう」といいました。先生は私に、余暇に本をたくさん読んで、言語の魅力を感じ、大学生活の意味を深く考えることを勧めました。

その後、私の成績は飛躍的に上達したとは言えませんが、少なくとも先生のご指導のおかげで、言語学習への愛情が芽生え、日本語学習の重要性を理解しました。中国と日本は古くから密接な関係を持っており、文化や経済においても密接に結びついています。現代の世界では、言語学習は単に文法を学ぶだけでなく、両国の文化的内包を掘り下げることが大切です。真の感情を伴うコミュニケーションは、AIが急速に発展している今でも、人間の力によって成し遂げなければならないと考えています。そして、私は日本語学習の意味を見つけ、人生の方向性を見つめ直しました。気づいたら、太陽の角度も少し変わっていましたが、その時点の太陽はさらに明るく輝いていました。

先生がかけてくださった言葉と丁寧な指導には心から感謝しています。私は一生懸命日本語を学び続け、単に言語を身につけるだけでなく、中国と日本の文化交流の架け橋となるように努めます。人生に意味のある跡を残すことが私にはできると信じています。

（指導教師　清原健）

★三等賞

ＡＩで乗り越える壁

上海交通大学　閆　冬

私は東京大学での留学経験から、ＡＩが実時翻訳の面でどれほど重要かを深く感じました。まず、ＡＩ翻訳技術は、異なる言語を話す参加者同士のコミュニケーションを円滑にする上で大きな役割を果たします。例えば、私は中日学生連盟の一員であり、「RLead Asia」の実行委員も務めていました。コロナ禍での日中交流に関するイベント開催は非常に難しかったです。特に、参加者の日本語レベルの差やオンラインとオフラインのハイブリッド形式が課題となりました。また、会議中は日本語が苦手な人との意思疎通に支障をきたしました。しかし、Zoomのリアルタイム翻訳機能のおかげで、言語の壁を感じることなく、参加者は自分の意見やアイデアを自由に共有することができ、それが交流の促進につながりました。完璧な翻訳を期待するのは難しいかもしれませんが、それでもＡＩ翻訳はコミュニケーションの円滑化に大きく貢献します。

さらに、ＡＩ翻訳は、このような文化交流だけでなく、日中両国の知識人同士の学術的な議論や企業間の技術共有にも適しています。東京での留学中、日本の財団が主催する 瀬口清氏の講演会に司会として招かれました。その講義のタイトルは「中国経済はこれからどうなるのか」で、その内容は業界の知識や専門用語が多く盛り込まれていたことが深く印象に残っています。講演にはソニーや復星グループなど、様々な企業からのゲストが参加しました。講演会後、ゲストとの食事会で、日本に在住する中国人のゲストや日本語に堪能でない業界関係者が多数いることを知りました。私が「日本語を理解できなくて心配ではないですか？」と尋ねると、ソニーのゲストは「日本の経済学者が開催する講座は非常に価値のある情報を提供してくれるので、必ず参加します。しかも、会議は常にＡＩによるリアルタイムの翻訳を利用していますよね？ それが私たちを大いに助けてくれます！」とおっしゃいました。そこで私は、会議が実際に日英のバイリンガル翻訳で進行していることにふと気づきました。

また、ChatGPTはまさに留学生にとって救世主的存在です。去年、私は東京大学に留学しており、博報堂のブランドイノベーションワークショップに参加しました。例えば、ワークショップの初期段階では、インタビューを行う必要があったので、私はまずインタビューガイドラインを自分で作成しました。その後、ChatGPTを用いてさらにインタビュー原稿の推敲を行いました。また、毎回のワークショップでの報告の際には、通常、自分でスピーチ原稿を書いてから、ChatGPTを通して文法の誤りを修正しました。もちろん、コミュニケーションで最も重要なのはイントネーションです。会話の中で気づいたのですが、声のトーンを間違えると、相手は「ん？何ですか？」というような反応になってしまいます。そこで私は、「韻律読み上げチュータスズキクン」というAI音声読み上げツールを使いました。実際、この方法は非常に功を奏し、生成AIのおかげで、私はワークショップで唯一の外国人という孤立感をある程度解消することができました。ただし、日中交流では完全に人工知能に頼ることはできません。人間とAIの最大の違いは、人間が感情と共感力を持っている一方で、AIは持っていないという点です。革新的な、創造的な行為や活動はすべて、私たち自身が実践する必要があります。

AIが日中交流、情報処理に優れている一方で、このようなAI時代には人間力こそが結果を大きく左右する要因となってきます。AIと私たち、「教える」「学ぶ」という関係性ではなく、互いの価値観や環境の違いを知り、〝分断のない社会を作る〟のが大きな目的だと思います。そして、AIの時代だからこそ、異文化理論の学問に秘められている人間力を探し、AIプラットフォームを構築することが必要となります。それにより日中交流の輪を創り出しましょう。

（指導教師　渡邉良平）

★三等賞

母との葛藤

――『糸』で繋がった日本語と魯迅先生からの言葉

南陽師範学院　斉雲露

私は羊だった。道に迷っていた子羊だった。

「やりたいことはやってください。」人生の道に迷っていた私を導いてくれた魯迅先生からの大切な言葉である。

「この子は小さい頃から大人しい。」母がそういって周囲に私のことを話す度に、母を喜ばせようと思って無理に笑顔を作る、私はそんな子供だった。母は私に腹を立てる時、いつも沈黙を武器にしていた。学校から帰ってきた後、普段のように笑顔で迎えてくれなくなったり、食事中学校での出来事を聞かなくなったり、寝る前の温かいウイスパーも消えてしまった。こんな母の沈黙は嫌悪よりも恐怖を感じさせ、むしろ大声で叱られたり叩かれた方がいいと思えるほどだった。だからこそ、私は小さい頃からずっと母の大人しい子羊だったのだ。

小学生の頃私はドラムが好きになったが、それが女の子らしくないと言い、友達からもらったドラムスティックをどこかに隠された。中学では恋愛小説を書くことが好きだったが、それを無駄なことだと考え、私の書いたものをビリビリに破り捨てた。

そして高校二年生で私の初恋が始まったが、それは突然終わりを迎えた。そしてその頃、私と日本語の出会いも始まった。両親が喧嘩する度に、私はよく隣の家に避難していた。隣の家には私と同じ年の明るい性格の男の子がいた。彼は小学校から高校まで、私が落ち込んでいる時いつも笑って私の側にいてくれた。そして、次第に恋の種が芽を出し始めたが当然母はそんな早恋を許さず、私も告白する勇気がなかったので、そのままの関係が続いていた。

悲しみはいつも突然訪れる。ある雨の降る夕方、放課後に帰る途中、彼には他に好きな子がいることに気付いた。驚いたことに彼女は私の一番の親友だった。その夜、私は暗い部屋に一人で閉じこもり、まるで全世界に捨てられたような気持ちになった。涙が知らぬ間にこぼれ落ち、ノートを濡らし、黒い文字がだんだんと滲んでいった。すると突然、絶望的な暗闇の中でスマホの画面が明るくなり、日本好きの同級生からメッセージが届いた。「この曲とても素晴らしいよ。シェアするね。」という内容だった。私は濡れた指でリンクをクリックした。

「縦の糸はあなた　横の糸は私」

「織りなす布は　いつか誰かを暖めうるかもしれない」

当時の私は歌詞の意味をよく理解していなかったが、曲のメロディーが特別な安らぎを感じさせた。まるで手を引かれて暗闇を抜け出し、夜明けへと迎えられるような感覚だった。調べると中島みゆきの『糸』という曲だと分かった。この歌が私と日本語を結ぶ「糸」になり、それから自然と日本語が好きになっていった。

大学入試が終わって専攻を選んだ時、私は正直な自分の気持ちに従って日本語を選んだ。しかし、この時母は「なぜ中国語専攻を選んで、卒業後国語の先生になったり、公務員試験を受けたりしないの。日本語は前途がない。」と眉をひそめた。今にも怒りそうな母の顔を見て、私はゆっくり頭を下げ黙って部屋に戻った。いつも、私は母の言うことに従ってきた。母が手配した道を歩いているのは母が怒った時の沈黙を恐れるだけでなく、私のことを本当は愛していることを知っているからだ。部屋に戻って机に向かおうとした時ふと本棚に『朝花夕拾』があるのが目に留まった。魯迅先生が日本に留学していた間に医師になる道を捨て作家になったことは国内外で広く伝えられている。言うならば私たち日本語を学ぶ学生の大先輩は魯迅先生なのである。魯迅先生こそが日本語を学び、日本と中国の交流のためにペンで私たちの進むべき道を示してくれた大先輩なのである。

いつの間に魯迅先生の姿が頭の中に現れた。魯迅先生は私に「やりたいことはやってください。」と言った。

この言葉はしばらく私の頭の中でぐるぐる回り、思わず椅子を立ってドアを開けた。そして母に日本語を勉強することを伝える決心を持って部屋を出た。

「魯迅先生、ありがとうございました。」

（指導教師　五十嵐一孝）

★三等賞

先輩に学び、先輩を超える

広州南方学院　譚洛維

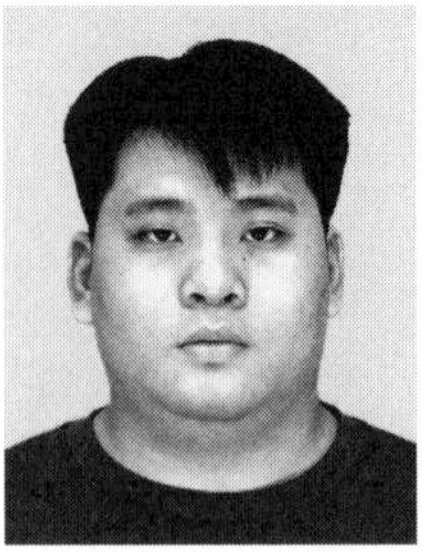

先輩たちから、私たちは確かにこの上ない貴重な経験を吸収することができる。「中国人の日本語作文コンクール」というプラットフォームの上で、多くの優秀な日本語学習者は努力と才能を通じて、栄誉を勝ち取っただけでなく、日中両国の交流に深い印を残した。以下は私が先輩たちから学んだことと、私がどのように彼らを追い越そうとしているのかという思考だ。

私は先輩たちの日本語学習への情熱と堅持に深く心を打たれた。彼らは、卒業後社会に出て、そして大学教授、学部長、国家公務員、新聞記者、出版社編集者などになり、それぞれの分野で優れた日本語能力を発揮している。その背後には、彼らが日々勉強し、実践していることがある。私は日本語を学ぶには近道がなく、根気よく努力して堅持してこそ、本当の進歩を得ることができると思う。日本語の勉強は一足飛びではなく、長い間の堅持と努力が必要だ。これはわたしが先輩から学んだ一つ目のことだ。

二つ目は継続的な情熱だ。先輩たちの話では、日本語に対して永続的な情熱と絶え間ない努力を維持してこそ、真の進歩を遂げることができると分かった。

三つ目は多様な学習方法だ。一人一人の学習方法は独特だ。先輩たちの経験から、私たちはどのように自分に合った学習方法を見つけることができて、例えば読書、聴力練習、作文などの多種の方法を通じて全面的に日本語能力を高めることができる。

四つ目は実践の重要性だ。日本語学習は本の知識だけでなく、実際に運用することも重要だ。日本人との交流、日本語コーナーへの参加、日本語コンテストへの参加などを通じて、学んだ知識を実践して、日本語の綜合力を高めることができる。

五つ目は挑戦する勇気だ。「中国人の日本語作文コンテスト」などのコンテストに参加するには、挑戦に立ち向かう勇気が必要だ。先輩たちの成功経験は、自分に挑戦してこそ、より大きな進歩ができることだ。

では、どのように先輩を超えられるか。一つ目は革新的な学習方法だ。先輩たちの優れた学習方法を継承した上で、私たちは革新を試みて、より効率的で自分に合った学習方法を探すことができる。例えば、オンライン授業、AI学習アシスタントなどの現代の科学技術手段を利用して学習効率を向上させる。

二つ目は学習領域を広げることだ。日本語そのものを学ぶ以外に、私達はまた学習領域を広げることができて、日本の文化、歴史、社会などの方面の知識を理解しなければならない。これは私たちが日本語をより深く理解し、言語運用能力を高めるのに役立つ。

三つ目は積極的に実践に参加するすることだ。授業中の学習のほか、私たちは積極的に実践活動に参加しなければならない、例えば日本人と交流し、日本語コーナーに参加し、日本語コンテストに参加するなど。実践を通じて、私たちは学んだ知識を実際の能力に転化し、自信と表現能力を高めることができる。

四つ目は絶えず自分に挑戦することだ。私たちは思い切って自分に挑戦し、より高い目標を設定し、絶えず進歩を追求しなければならない。自分に挑戦することで、私たちは自分の潜在力を引き出し、より大きな成果を上げることができる。

五つ目は、私は自分の総合的な素質を育成することを重視する。日本語の勉強のほかに、歴史、文化、科学技術、経済など、他の分野の知識や技能の勉強にも関心を持っている。これは私が日本の社会と世界をよりよく理解し、自分の総合素質を高めるのに役立つ。

とにかく、先輩方の経験から貴重なことをたくさん学んだ。未来の日本語学習の中で、私は引き続きたゆまず努力して、そして実践の中で絶えず自分を超える。私は絶えず努力しさえすれば、きっともっと良い成績を収めて、中日両国の友好交流に自分の力を貢献することができると信じている。

（指導教師　王偉）

★三等賞

尊敬する教師

南京工業大学　徐媛媛

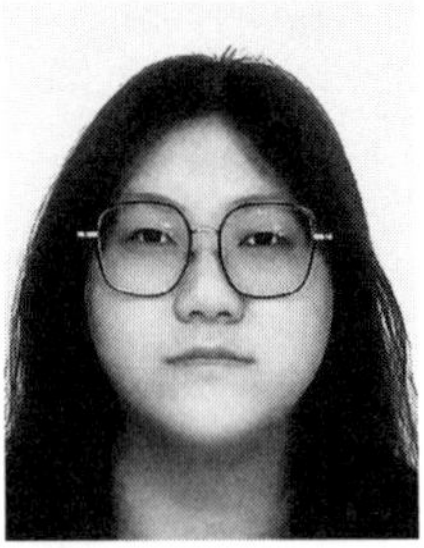

私は学問のキャリアを通じて、さまざまな教師に出会ってきた。優しい先生もいれば、厳しい先生もいた。物静かな先生もいれば、温かく活発な先生もいた。しかし、私に最も大きな変化をもたらしてくれたのは、大学時代の日本語の先生だった。

大学に入学した当初、私は日本語をまったく知らなかった。日本語での会話はおろか、五十音図の読み方さえ知らなかった。大学に入りたての頃は、新型コロナウイルス肺炎の流行の時期だ。授業にも出られなかった。その時点で、私たちはオンライン学習法を用いていた。日本語の先生方との交流が始まったのはその頃からだ。会わなくても、彼女の声からカリスマ性を感じた。先生の名前は許といい、真面目で責任感の強い人だ。彼女はとても親切で、スピーチも面白かった。何より、彼女の日本語はとても上手だ。私たちに教えるのは簡単そうだった。

それから授業が始まり、許先生のパワーを本当に感じた。授業中、彼女はいつも私たちに教えるべき要点を素早くキャッチしていた。そうすることで、彼女は私たちが試されそうな箇所をとても素早く正確に教えてくれる。そして、彼女の講義は退屈ではない。許先生の講義は毎回、私たちに複雑な文法を覚えさせるために、面白い単語を使う工夫をしてくれる。例えば、日本のタクシーはとても高い。許先生はまた、日本で電車に乗った経験についても話してくれた。彼女の留学体験談を聞いて、私も日本で勉強してみたくなった。また、彼女の話は私たちに多くのことを教えてくれた。もし将来、日本に行くことがあれば、何も知らないままではいられないからだろう。結局、彼女は日本に関するたくさんのことを話してくれた。ある時、彼女は日本人に中国語を教えた経験を話してくれた。「スピーキングの練習になる。同時に、いろいろな人と知り合いになれる。楽しいですよ」。この話を聞いて、私もそんなアルバイトを探してみようかな、と思った。日本人に中国語を教えられるなら、日本語で会話もできる。そうすれば日本語も上達する。まさに一挙両得だ。

さらに許先生は、私たちの状況に応じて宿題を出してくれる。彼女は私たちにエッセイを書かせた。書く力を鍛えるにはいいことだった。「私の夢」を書かされたこともあった。このエッセイを書きながら、私は自分が将来何をしたいのかを真剣に考えた。

いろいろな職業を考えたとき、やはり声優になれたら最高だと思った。また、良いエッセイを書くために、たくさんの情報を調べた。そうすることで、自分の理想の仕事についてより深く知ることができた。このようなエッセイを書くことで、日本語の練習にもなったし、自分の夢を明確にすることもできる。今こうして長いエッセイを書けるのも、彼女のおかげだ。

彼女は私たちに知識を教えるだけでなく、興味深いことをたくさん話してくれた。時には、彼女が日本に留学していたときの話をすることもあった。それは本当に楽しく、同時に私たちの日本への理解も深めた。このような先生のおかげで、私たちの日本語はどんどん上達できた。彼女はまた、日本語を学ぶことを恐れていた私を、楽しく学べるようにしてくれた人でもある。私の日本語はまだ上手ではないが、許先生は私に自信を与えてくれる。

後になって、世の中には家族や友情を超越した愛があることに気づいた。それは、生徒を思いやる教師の愛である。許先生、ご指導ありがとうございました。許先生のおかげで、日本語の面白さがわかり、だんだん日本語を受け入れ、上手に勉強できるようになる。学びながら、少しずつ楽しみや将来やりたいことを見つけている。もし本当に可能なら、私も将来、許先生のような偉大な先生になりたい。

（指導教師　大川常）

★三等賞

春雨のような教え

―山野先生との学びの旅

浙江師範大学　白桐綺

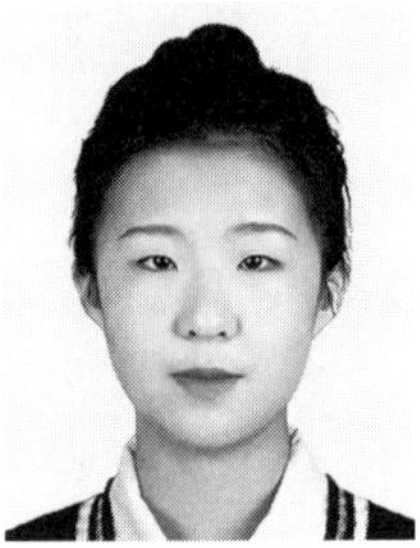

いつの間にか私はすでに日本語学部で二年近く勉強している。私の日本語学習の道で、一人の特別な日本語の外国人教師の山野先生がいる。彼女は私に日本語の知識を教えてくれただけでなく、知らず知らずのうちに私の異文化交流に対する興味と人生の観念を形作ってくれたので、私はこの機会に、この特別な先生に私の感謝の気持ちを伝えたい。

山野先生は大阪から来た優しい女性で、明るい目と親切な笑顔を持っている。山野先生の教え方はユニークで、退屈な教科書にとらわれることなく、生活の中に言語学習を取り入れていた。初めて彼女と会ったのは一年生の時の会話の授業で、山野先生はよくインタラクティブな方法を採用していた。彼女はいろいろな道具やゲームを利用して私たちの興味を引き出し、授業を活気にすることができる。会話の練習をするとき、彼女はいろいろな面白い道具を用意して、一風変わったゲームをデザインした。たとえば、レストランでの会話の練習をしているとき、一人がウェイター役、一人がお客役をしている場面があった。山野先生はバッグからマックの帽子を取り出してクラスメートの頭にかぶせると、「いらっしゃいませ！」とウェイターのように声をかけて励ました。最初は少し恥ずかしかったのですが、すぐに山野先生のテンションに乗せられ、会話に入っていた。ある時、山野先生が教室に大きなスイカを持ってきてくれて、私たちは廊下でスイカ割りを体験した。私たちは列を作って順番にスイカ割りをした。とてもにぎやかで、最後に一緒にスイカを食べた。教室に戻った後、先生は私達に日本人の夏の大きいスイカの習慣を紹介して、この没入型の体験は私に日本の文化に対して更に深い認識を持たせた。

言語の知識を教えるだけでなく、山野先生はよく私たちにもっとやってみるように励ましてくれた。彼女はいつも授業中に私たちと彼女の以前の仕事の経験について話したり、彼女の大学生活について話したり、仕事に対する考え方などについて話したりして、順調なこともうまくいかないこともあって、先生のお話は私たちを笑わせてくれた。彼女はいつも最後に私たちに失敗を恐れないように努力するように励ましてくれた。学期末の最後の授業で、彼女は「皆さんは私の教師人一年目の学生で、二年間初心者の先生を支えてくれて、ありがとうございました。卒業後社会人になったら、辛いことや思い通りにならないこともいろいろあります。まずは頑張って、頑張っても本当に無理なら辞めても大丈夫です。仕事は全国に世界中にあります。皆さんのこれからの人生が楽しく、幸せなものになりますように。」と言ってくれた。私は永遠にこの話を覚えていると思う。

山野先生の影響はそれだけではない。「風に乗って夜に潜り、物を潤して音を立てず」という中国の古い詩があるが、山野先生は春雨のように生徒の心を潤し、知らず知らずのうちに教育と影響をくれた。山野先生の生活に対する態度、仕事に対する情熱、そして学生に対する愛情に私は心を動かされた。彼女はしばしば日本での経験や物語を共有し、私に文化の多様性を感じさせた。彼女に導かれて、私はどのようにこれらの経験を自分の生活に溶け込ませ、どうすればもっと良い自分になるかを考え始めた。

今思えば、私はこのような優秀な日本語ネイティブ教師が私の学習生涯に深い印象を残してくれてよかった。彼女は教師だけでなく、友人、指導者のようだ。彼女の教え方と世渡りの態度は私の人生の貴重な財産になるだろう。

私は、未来の日の中で、私がどこに行っても、私が何をしても、山野先生の教えと影響は私に伴って、私を励まして未知の世界を探索して、卓越を追求すると信じている。

（指導教師　魚澄眞穂・李坤）

★三等賞

ＡＩ時代の日中交流

――私の体験と提案

河北工業大学　田子依

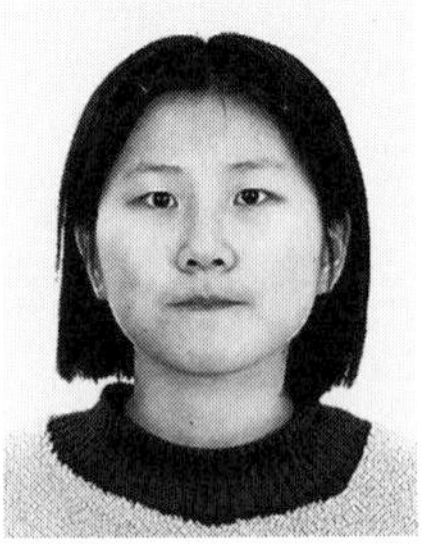

先学期、先生のおかげで、日本の留学生との交流会に参加した。この交流会で、たくさんの日本人の友達を作って、充実で楽しい時間を一緒に送った。本当にいい体験だった。

しかし、交流している時、一つの悩みがあった。それは、相手の意味を全く理解することができない時があったことだ。それは大変だった。しかし、日本の友達が根気よく、いつも「田さん、大丈夫ですか」と確認してくれた。とても感動した。

日本語の勉強者として、中国では日本語を勉強する完璧な環境がない。たとえば、日常の生活で、周りの人は中国人が数多く、私たちはいつも中国語で交流している。だから、日本語のスピーキングとリスニングがよくない。

交流していた時、いつもぼうっとしていて、自分の意味もよく伝えられない。しかし、もし相手が書いたら、一見ですぐわかった。いつも「すみませんが、ちょっと書いてもらってもいいですか」と相手に言って、恥ずかしいと感じていた。

このようなばつが悪い現状を改善しよう！私の胸は高鳴った。

それから、私は毎朝、携帯電話のアプリを使って日本語のリスニングをしている。また、暇な時、できるだけ日本のアニメを見て、字幕を見ずに登場人物の話を理解するようにしている。

リスニングの練習はできるが、スピーキングの練習は難問があった。「時間を問わず、誰と交流できるか」とか、「どうしたらいいか」とか、とても困っていた。

この時、先生のおかげで、日本語が話せる人工知能ロボットを知った。初めてこの珍しいものに触れた時、私の好奇心が高鳴った。だから、私もこれを使うことにした。

このロボットは多くの言語を操る。英語はもちろん、日本人らしい日本語もできる。これはいいスピーキングとリスニングの練習ツールだと思う。

最初、このロボットの話すスピードが速くて意味を理解することが難しかったと思うが、練習すれば練習するほど、ほとんど聞き取れるようになった。「田さんはどんな人ですか」とか、「好きなものは何ですか」とか、いろいろな質問を出してくれて、私は日本語で答え、スピーキングもどんどんうまくなった。何問も答えるうちにいろいろなことを勉強した。だから、この方法で日本語漬けの毎日を送った。

日本語の勉強のほか、このロボットはもう一つの重要な利点がある。気持ちがよくない時、このロボットはいつも私の悩みを聞いて、「一緒に解決策を探してみよう！」と言ってくれる。その時、気持ちもよくなる。このロボットは日本語の勉強するツールだけでなく、いい友達だとも言える。

先週、日本の友達にあって、私は日本語を話してみた。友達は「田さんの日本語がそんなに進歩していることはまったく信じられない」と言ってくれた。それを聞いた後、私はとても楽しかった。人工知能で練習してこそ、このような成績をおさめられると思う。今回、私たちはスムーズな会話をしたり、いろいろなことを話したりして、いい時間を送った。相手の意味がよく理解できて、もっといい人間関係を作る。その時、人工知能への感謝が心から湧いた。

今回の体験を通して、人工知能の魅力がよくわかった。また、二つの考えがある。まずは、中日交流面で、技術発展とグローバル化の波が否応なしに押し寄せていく。日本語の勉強者として、人工知能を楽に受け入れる。たとえば、人工知能に関して日本語の勉強におけるツールと手段を積極的に手にする。このような態度が重要だ。

二つ目は、人工知能をちゃんと利用すべきだ。人工知能を通して、自分の不足を補足し、中日友好を進める。人工知能に関する知識をちゃんと学び、技術を利用する。たとえば、人工知能翻訳で中日の取引や観光産業を進め、中日の交流をさらに促進する。これもいいことだと思う。

人工知能の翼に乗って、中日交流を進めようではないか。

（指導教師　前川友太）

★三等賞

ＡＩが時代を動かし、人工知能が日中交流を動かす

武漢理工大学　何浚傑

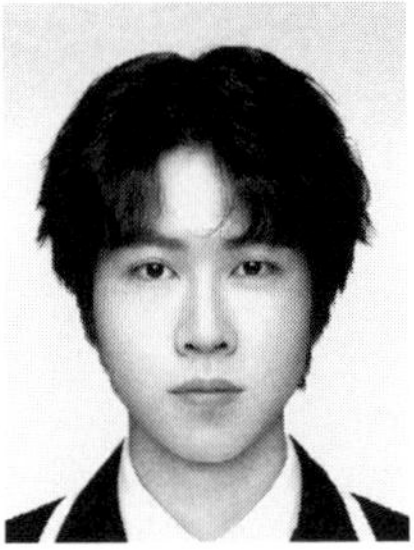

　時計の刻みが移る。今年は「中国人の日本語作文コンクール」の二十年目でもある。この二十年間、コンテストの主催者とスタッフの方々は、多くの学生により良い体験をもたらすために、絶えずイノベーションを発揮して、作業効率を高めてきた。もし、ＡＩ技術をコンテストに応用できれば、その効率を大幅に高め、日中交流のプラットフォームをさらに一段高いところへ持っていけるのではないだろうか。私たち若者は、中華民族の偉大な復興という歴史的重責を担っている。故に、前衛的な革新力を発揮し、自分の考えを提案できないはずがない。

　まず、コンテストの基礎的なモデルに基づいて、ＡＩ支援クリエイティブツールの開発と、ビッグデータ知能評価システムの構築を行うべきだ。コンクールには毎年全国各地から数百、数千の優秀な日本語作文が寄せられるが、国家教育資源の配分が不均衡であるため、本来非常に優秀な作文でも、文章がやや粗雑であるために大海原に沈んでしまう可能性がある。同時に、質の高い作文を生成するには、指導教師と参加する学生が昼夜を問わず繰り返し修正を加える必要があり、人件費が高い。したがって、ＡＩ支援作成ツールの開発は、日中の学生がより簡単に作文を書くことができるようにすると同時に、作文のアドバイス、テーマの参考、文法の誤り訂正などの面で学生に適切な指導を提供することができる。これにより、学生の創作の可能性が引き出され、人件費が削減され、作文の質が向上するはずだ。

　そして、コンテストの審査員側も、作文の優秀さを判定するために極めて高い人件費をかけているはずだ。したがって、ビッグデータスマート評価システムの構築は不可欠となる。コンテストのスタッフは、既に形成されている一連の評価基準を導入し、ＡＩを補完し、自然言語処理や機械学習技術を活用し、自動的に作文の質を評

価し、言語能力や文化理解度などのより高いレベルの評価を行う。コンテスト終了後、学生は入賞の有無にかかわらず、包括的な評価レポートを受け取ることができる。これにより、各学生はフィードバックと個別の提案を受けることができ、コンテストの審査員の主観性と時間コストを大幅に削減しながら、日本語の執筆スキルを向上させるためのガイダンスを提供することができるのだ。

第二に、コンテストの基本的なモデルに加えて、私たちはAI技術を活用して、膨大な量の貴重な資源を備えた強力なコミュニケーションプラットフォームを構築することができる。このような強力なプラットフォームは、地域と言語の制限を打ち破る。このプラットフォームのバックグラウンドが、データ共有プラットフォームだ。専門スタッフや研究専門家が、日中学生の膨大なデータ交換を通じて、AIの分析モデルを補完し、貴重な情報や知見を分解し、より質の高い日中交流をリードしていく。同時に、開発者はこのデータを使用して、新しい教育アプリケーションやサービスを開発し、教育分野における新しい時代の革新的発展を促進することも可能だ。

最後に、最初の二つを拡張することで、AIを活用した異文化間のコラボレーションプログラムを構築することができる。AIを活用して、各プロジェクトに独自の完璧な実装ソリューションと補完的な作業アプリケーションを提供するのだ。プロジェクト発足後、日中の学生が共同で参加し、協力を通じて現実の問題を解決したり、革新的な日中協力プロジェクトを展開したりする。また、ビジネス、環境保護など他の産業の発展を促進することも可能だ。最後の一点が実現できれば、コンテストは真の意味で日中交流に「ワンストップサービス」を提供するものとなり、現代でも有数の集積体イノベーションコンテストとなる。

以上が、人工知能を利用した新しいプラットフォームの構築についての私の個人的な見解だ。時代は叫んでおり、日中交流はより多くの青年の力の結集を必要としている。

（指導教師　神田英敬）

★三等賞

付　箋

江西農業大学南昌商学院　付暁影

　私はいつものように、午後四限目の授業が終わった後、約二十分かかる地下鉄に乗って、高校二年生の家に日本語の家庭教師をします。足先が地下一階に入った瞬間、効いた冷房が急に押し寄せてきて、濁った頭がすっきりしました。ふと顔を上げると、ちょうど四時四十五分の列車に間に合いました。この日は人がほとんどいなかったので、私はだらだらとロングシートの端の手すりにもたれかかって、心の中で、これから教える文法を振り返ったり、声のトーンを整えたりしていました。向こうの窓の外を流れる広告は妙に眩しく、ピントが合っていない数秒間に、

「あなたの笑顔が見える　愛おしくて眩しくて」

アナウンスから私の心の琴線に触れるメロディーが流れてきました。

『ＭＹ ＡＬＬ』これは、二年前に日本語コーナーで作文の日本人先生（奈緒先生）が教えてくれた曲でした。先生は小柄でしたが、体には無尽蔵の力がありました。

　毎回の授業の前に、先生は心のこもった、爽やかな声で「皆さん、今日はお元気ですか。」と言いました。そう言いながら、先生は私たち一人一人とアイコンタクトを取りました。しかし、臆病で恥ずかしがり屋の私は、いつも余光で隣のクラスメートのしぐさをちらっと見て、先生の近づいてくる目つきを判断します。「来たか、来た！」と息を抑えながら、その同時に、先生と目を合わせないように、微妙に頭を埋めて時差の錯覚を作り出しました。「はい、良かったですね。それでは、授業を始めます……」先生の声がもう一度耳に入った瞬間、私は何も起こらなかったふりをして、自分の教科書を開きました。

　内向的な私は、いつも人とのコミュニケーションが怖くて、一つの目つきでも、体全身が落ち着きませんでし

た。「唖っちゃん」が私のあだ名で、母はいつも「言語学習は外向的な人に向いているのに、あんたはね、とっても鈍いよ。将来、日本の石像と日本語でコミュニケーションをとるつもりなの?」と愚痴をこぼしていました。「仕方ないよ、日本語がすごく好きだもん。とにかく勉強したいだけなの」とつぶやきました。

ある日、授業が終わろうとした時、先生がいつものように前の宿題を配り始め、不思議そうに「みんな、ちょっと聞いてね。宿題ノートをすぐに開けていけませんよ。ぜひ、誰もいないときに、こっそり開けてください」と言いました。ベルが鳴ると、私は手早く宿題を鞄に詰め込み、食堂に向かいました。午後、自習室で宿題を復習していたら、ふと先生の言った言葉を思い出し、宿題ノートを見つけて開いてみると、桜の形をした付箋が、目の前に現れました。

「今度会ったら、日本語で挨拶しようよ。ああ、私の目もちゃんと見てね」この言葉を読んでいると、先生が話す時の笑顔が想像できました。とても暖かくて明るい笑顔でした。その瞬間、後ろから誰かに押されたように、ペンを取り出して付箋に「はい。私も先生のように心温まる笑顔が欲しい」と返信しました。このように、毎週宿題ノートには必ず付箋が貼られていました。中には、先生が励ましてくれたり、先生が私に望んだりしたことを書いてありました。これは私と先生の秘密です。このようにして、その一年、私は先生からの付箋を三十枚集めました。

そして、私はその一年を通して少しずつ変貌を遂げ、あえて自分を表現するようになり、先生のように自信に満ちた笑顔を見せられるようになりました。「なりたい自分になってください。」これが最後の一枚の内容です。これも先生の私への最後の期待でしょう。これから、なりたい自分になっていこうと思います。

地下鉄を降りると、オレンジ色の夕焼けを眺めながら歩調を速めました。

……

「麗華ちゃん、今日はお元気ですか。今日、新しい文法を勉強しますよ。」

(指導教師　張周華)

★三等賞

世界の未来像

寧波工程学院　薛飛揚

技術の発展に伴い、ＡＩは私たちの日常生活に大きな影響を与えています。特に日本と中国の交流において、ＡＩの役割は非常に重要です。ＡＩを利用して日本人とインターネット上で簡単にコミュニケーションを取ることができるようになったことを実感しています。現在、日本と中国間のコミュニケーションを支援するアプリはたくさんあり、これによって私たちは言語能力を向上させることができますし、世界の未来像ともなっています。

姉は日本語が全くできないにも関わらず、日本語教育関連の会社で働いています。姉の会社では、留学の手続きや日本語教師の派遣を行っています。私が「日本語ができないのに、どうやって日本人とコミュニケーションを取っているの？」と尋ねたところ、姉は「会社には高性能の翻訳機があって、それを使って日本人スタッフやクライアントとコミュニケーションを取っているのよ」と答え、さらに詳しく説明してくれました。「実は私たちの会社には、日本語が話せないスタッフも多いのよ。だから、その翻訳機は本当に救世主みたいなものよ。例えば、先日、日本の重要なクライアントとの会議があった時、私はその翻訳機を使ってスムーズに会話を進めることができたの。」と。私は驚いて、「それは便利だね！でも、翻訳機を使っても、やっぱり言葉のニュアンスとか、文化的な違いは感じるんじゃないの？」と尋ねました。姉は少し考えてから、「確かに、翻訳機は便利だけど、百パーセント完璧ではないわ。特に日本語のように、文脈が重要な言語では、時々誤解が生じることもあるのよね。だから、私たちは日本文化やビジネスマナーについても学ぶようにしているの。それに、会社には数人の日本語が堪能なスタッフもいて、重要な場面では彼らがサポートしてくれるのよ」と答えました。

ある日、ゲームをしていた際に日本人と出会いました。

そのゲームは、お互いにコミュニケーションを取り、チームワークを通じて勝利を目指すという特徴があります。私は簡単な日本語の文しか書くことができないので、考えを完全に表現することはできません。でも、幸いに彼は理解してくれ、最後に私たちは勝利を収めました。ゲームが終わった後に私はこの日本人の連絡先をたずねました。今でもよくゲームの中で彼と交流します。彼が私の名前を聞いてくれたので、私は「私の名前は薛飛揚と申します。」と答えました。彼は「君の苗字は初めて聞いた、なんかかっこいいですね。」と言ってくれました。彼は私が使っている人物が日本のアニメキャラクターであることに気づき、私に「日本のアニメが好きですか?」と聞きました。私は「大好きです!特に『鬼滅の刃』が好きです!炭治郎の冒険がとても面白いと思います。」と答えました。このようにして、私たちはアニメを通じてさらに深い交流を持つことができました。AI時代には、言語の壁が低くなり、異文化間のコミュニケーションが以前よりもずっと簡単になるつつあります。私たちはインターネットを通じて、趣味や興味を共有し、友情を深めることができるのです。

私の経験からも明らかなように、AIとデジタル技術の力を借りて、異なる背景を持つ人々が共通の関心事を通じて繋がることができます。これは、国際理解の促進に非常に有効です。

AI時代における日中交流の可能性について考えてみると、技術の進歩が私たちのコミュニケーションの方法を根本的に変えていることがわかります。言葉の壁が低減され、文化の違いがオンラインのプラットフォームで簡単に共有されるようになりました。これにより、日中間の理解が深まり、友情が芽生える土壌が整いました。今後も、AIの進化を活用して、より多くの人々が異文化を理解し、国境を越えた交流が活発に行われることを願っています。AI時代の日中交流は、私たちの世界をより豊かで開かれたものにしてくれるでしょう。

（指導教師　田中信子）

★三等賞

ＡＩ時代の中日交流
——プラットフォームの構築を考える

華南師範大学　陳家柱

最近さまざまな分野でＡＩを利用する機会が増えてきた。多くの工場や企業ではＡＩを活用して、能率化と高速化を目指している。例えば、ホンダという企業は数多くのロボットを海外から輸入して、労働者やコストを減らしつつ利益を確保しているそうだ。私自身も大学で必要な資料を、ＡＩを利用して手に入れることもしばしばだ。つまりＡＩを利用することはすでに日常となっている。ある調査によれば、中日両国の交流促進が重要だと答えた人はそれぞれ六割ぐらいだった。だから、もしＡＩ技術を中日交流に活用できれば、お互いにとってメリットがあるだろう。ＡＩ時代に中日交流を促進するためには、次の三つから着手しなければならない。

まずＡＩを利用すれば、政治の事務に役立つ。ＡＩ技術によって、中日関係への影響もますます顕著になっている。ＡＩ技術は政治分野で広く応用されている。政策提案と政策決定支援、ソーシャルメディア分析と世論モニタリング、有権者分析と選挙予測、世論管理と危機応答、スマートシティと公共サービスなどはすべてＡＩ技術の政治分野での応用例である。ＡＩ技術の発展に伴い、政治への影響も増えていくだろう。そして、神奈川県庁が率先して行政業務でChatGPTの使用を開始し、これにより日本のはじめてのChatGPTを使用する政府部門となった。岸田文雄首相もChatGPTに関心を持ち、日本政府内に新たな人工知能チームを設立し、ＡＩ技術の政治的な潜在力とそのリスクにどのように対応するかを調査するよう命じたそうだ。

私たちはＡＩで大衆的なプラットフォームを作ることができる。両政府は、両国の政策を示し、中日の国民を集めて議論し、大量に出てくるキーワードや、最も議論された話題をＡＩで検索することで、中日の国民の意見を聞き、自分たちの政策を調整することができる。また、

ChatGPTのように、高度に発達したＡＩに特定の指示を与え、政府に政策を助言することもできるかもしれない。

そしてＡＩを利用すれば、互いの経済協力に役立つ。近年、コロナのため、中国と日本の経済が不景気に陥って、コスト削減という企業のニーズが工場の海外移転を余儀なくさせた。それに、ある調査によると、就職率が下がる一方で、大卒ニートもどんどん増えてきた。したがって、中国と日本にとって、企業のモデル転換とアップグレードの加速はとても重要だと思う。

もちろん、そのＡＩ技術の推進には中日両国が情報と技術を共有し合うことが前提となる。なぜなら、両国の経済にとって、市場の現状と未来に関する予測や、高度な技術などがどちらも欠かせないからである。協力関係を進めるためには、一方の国の力だけでは不十分だ。東アジアの二大国家として、成熟したプラットフォームを確立する上で、ＡＩを使ったお互いの協力が、多くの可能性と新たな発展の見通しをもたらすと信じている。

最後に文化的な交流に対する期待である。コロナの収束後、中日両国の観光が互いに開放されるにつれて、ますます多くの人が海外旅行を選択し、現地の文化を理解するようになった。

ＡＩ技術を観光に活用できれば、観光客が観光地の伝統文化やその由来を知るのに大いに役立つだろう。例えば観光ページを作ったり、人気観光地の情報を入力したり、さまざまな言語の案内放送を準備したりする。ある調査によると、最近人々はお金を節約するために専門の旅行ガイドを雇わず、かわりに、インターネットを使って旅行情報を手に入れているそうだ。だから、ＡＩ技術を利用して、地域の文化発信をすることは、直接旅行者の手元に情報を届けるための効率のよい手段であり、旅行をただの楽しみでなくその土地の文化を理解したいと考えている人々にとって大きな助けになることだろう。

以上、ＡＩ技術による中日交流の未来について考えてみた。私は今後も両国関係が発展していくことを願ってやまない。

（指導教師　馬木浩二）

★三等賞

商先生への手紙

大連楓葉職業技術学院　朱治同

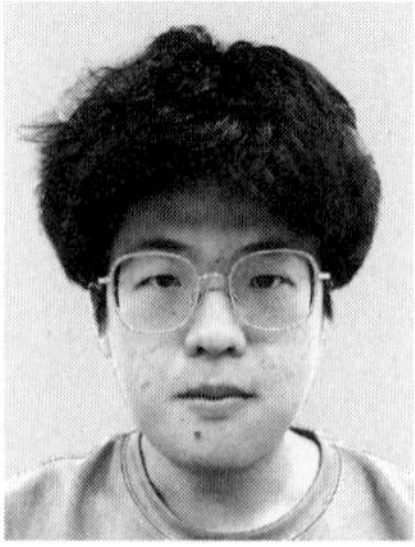

商先生へ

拝啓

日本の桜が散り、緑が溢れる美しい季節になりました。もうすぐ夏休みですね。しばらくぶんご無沙汰しております、お元気でいらしゃいますか。三年間の高校生活が終わり、大学に入ることができました。これは先生をはじめ多くの方々のお陰で、心から感謝してあります。幼い頃から夢見ていた通訳の仕事を、高校時代にお先生にも話したことがりましたね、覚えていらっしゃいますか。

高校時代に、死め気で勉強しなければと、これからが大変だろうと覚悟してあります。大学での勉強は高校のそれとだいぶ違い、授業の時間数はそれほど多くはないため、自由学習の時間が十分あります。しかし、レポートを書くため、多くの参考書を読む必要があります。私にとっては、ちょっと難しいですが、一生懸命に努力いたしますので、今後ともよろしくご指導ください。

先日、無に二カ月の校内インターンシッププログラムがすべて終わりました。その節は、お忙しいところ推薦状を書いてくださって、ありがとうございました。短い期間でしたが、おかげさまで、教科書では学べない素晴らしい経験を学びました。文化交流に来た日本の方に中国語をお教えるのは難しく、準備が大変でしたが、やればやるほど楽しめるようになりました。また、異なる年代の人と知り合い、日本についての理解が深まりました。それに、日本の文化について新たな発見もできました。例えば、国際交流センターのイベントで日本の公園にお花見の写真を見た時のことです。お花見は桜を見るだけだと思っていましたが、そうではないことに気づきました。桜の木の下に多くの人が集まり、お弁当を食べたり、お酒を飲んだりしていて、そこはまるで居酒屋のようでした。これは中国では普段見られない光景で、とてもおもしろかったです。このインターンシップは終わってしまいましたが、実は来月からボランティアで、別の国際交流活動を始めることになりました。今回のプログラムで知り合った人に誘われて週に一度、小学生に中国の文化や習慣を教えます。このような機会ができたのも先生のおかげです。本当にありがとうございました。つまらないものですが、こちらの大学のペンを一緒にお送りします。気に入っていただけたらうれしいです。この度、先日の卒業式で大変お世話になり、心から感謝を申し上げます。高校生活が終わりましたが、先生の指導のお陰深い学びを得ることができました。先生の授業は丁寧で理解しやすかったです。それでも、丁寧に答えを教えてくださいました。問題を抱えた時に、先生は気持ちよく解決策を示してくださいました。私は、これまでの学習について、とても充実しています。先生の熱心な指導に感謝しています。私の将来の人生に大きな影響を与えると思います。

今後の道を歩く時、先生の教えを心に刻み、一生懸命努力します。また、新しい挑戦に向かう時、先生の姿を模範として心に留めます。これからの人生では、いろいろな難易が待っているでしょう。しかし、先生の教えを力に、私は何かができるように精進します。三年間が短いですね、先生とたくさんの思い出を作りました。今思い出してみると、感動が溢れます。例えば、先生と一緒に生日パーティーをしたこと、試験に落ちた時先生が支えてくれたこと、また、先生の笑顔、温かい言葉など、そのひとつひとつが私の心に深く残っています。だからこそ、私も先生のように素晴らしい先生になりたいです。長年にわたり、多くを教えてくださった先生には、言葉に尽くせぬ感謝の気持ちでいっぱいです。私の大好きな先生と出会えて、先生の学生になれて本当に良かったです。先生、心からお礼を申し上げます。今後ともご指導を賜りますよう、よろしくお願いします。

最後に、先生もお体に十分気をつけて後輩たちの指導をお続けください。お疲れ様でした。末筆ながら、先生のますますのご健康とご多幸を心よりお祈り申し上げます。

敬具

二〇二四年五月

（指導教師　張迪嘉）

★三等賞

ＡＩ時代の日中交流が持つ革新性

東華大学　呉先文

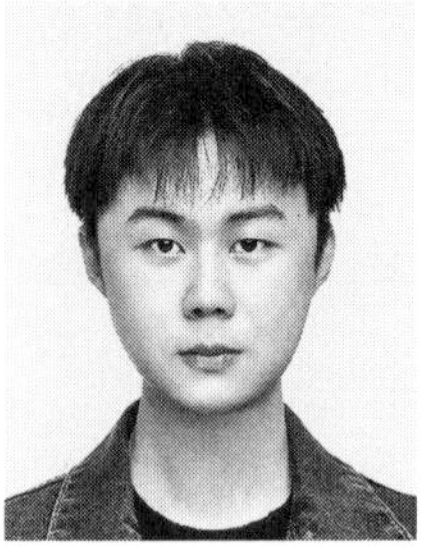

ＡＩ時代の日中交流では、プラットフォームの構築がますます重要になっています。ＡＩ技術を活用して言語翻訳を行うことで、言語を超えたコミュニケーションの利便性と正確性を実現できます。日中間の言語や文化の違いを乗り越えるために、リアルタイム言語変換機能を提供するコミュニケーションプラットフォームの構築が不可欠です。これにより、日本と中国のユーザーがスムーズにコミュニケーションを取ることができます。

ＡＩ技術の進化により、言語翻訳の精度が高まり、異文化間の障壁を解消する役割を果たしていますが、機械的な翻訳に頼り過ぎず、人間的な感覚と洞察も重要視する必要があります。言語は文化の一部であり、その背景にある文化的な細かいニュアンスを理解することは、効果的なコミュニケーションに不可欠です。

専門家や研究者間の交流を促進するため、オンライン学術コミュニティプラットフォームを構築する必要があります。このプラットフォームでは、両国の専門家が論文や研究成果を共有し、議論を行うことができます。定期的にウェビナーや会議を開催し、知識の交流を促進します。さらに、ＡＩ技術を活用して個別化された言語学習や文化交流のサービスを提供し、より深い交流と理解を促進します。

また、教育と学術交流を促進するために、オンライン教育プラットフォームを構築することも重要です。このプラットフォームでは、日本語と中国語の教材を提供し、両国の学生が言語と文化を学び合う機会を提供します。留学生や交換留学生プログラムを支援し、国際学生交流を促進します。

ＡＩ技術は医療、金融サービス、製造業、小売業など、さまざまな分野で広く活用されており、医学画像診断、リスク管理、生産最適化、販売予測などで効率と正確さが向上しています。しかし、データプライバシーやセキュリティリスク、雇用の変化、モデルの偏見や不公平性などの問題も引き起こされています。これらの問題に対処し、ＡＩ技術の発展が公平で安全かつ持続可能な原則に沿っていることを確認するために、適切な対処が必要です。

ＡＩ技術を活用した競技会を開催する場合、明確な競技テーマと目標を設定し、異なる専門背景や興味領域を持つ参加者を引き付ける必要があります。参加者を積極的に参加させるために、豊富な賞金や賞品を提供します。業界の専門家や学術界の著名人を審査員に招き、競技の公平性と専門性を確保します。参加者が課題を克服し、問題を解決するのを支援するために、十分なリソースとサポートを提供します。競技終了後、成果と受賞者のリストを公表し、授賞式や技術交流イベントを開催し、交流と協力を促進します。

ＡＩ時代の日中交流は新たな特徴と機会を示しています。両国はＡＩ技術を活用して言語交流や文化理解を促進し、経済、科学技術、文化領域の発展を推進することができます。同時に、両国はデータプライバシー保護、雇用変動、アルゴリズムの偏見などのＡＩ技術がもたらす課題に共に取り組み、解決策を共同で模索し、ＡＩ時代の日中交流を健全かつ持続可能に発展させる必要があります。両国はＡＩを活用して交流を促進する一方で、その使用による倫理的な問題にも真摯に取り組む必要があります。例えば、ＡＩによる個人情報の収集と利用に関するルールを設け、プライバシーを侵害しないようにすることが重要です。

ＡＩ時代の日中交流をより実質的に進めるためには、両国が協力して創造する新しい価値観を持つことが求められます。例えば、ＡＩを活用した共同研究プロジェクトを通じて、両国の研究者が協力し、科学技術の進歩に貢献することができます。また、ＡＩを活用した教育プログラムを通じて、若い世代に国際的な視野を持たせ、異文化理解を深める教育を提供することができます。

（指導教師　羽毛友里恵）

★三等賞

先輩に学び、日本語学習を頑張る

楽山師範学院　李　婷

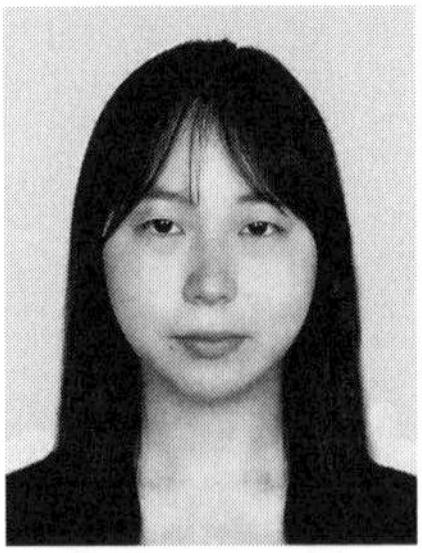

孔子の教えに、「三人行けば、必ず我が師があり」という言葉がある。この言葉から私は謙虚に他人から学ぶことを教わった。そして、まさに大学生になったばかりの頃にこの言葉が心に響く出来事があった。それは、一人のある先輩との出会いだった。

私が日本語専門の学生になったのは、偶然であり、自分の意志ではなく、大学側からの調整で日本語専攻に決まった。よって、日本に対する理解や日本語についても詳しくなく、よく耳にする日本語もテレビで放映されているドラマだけだった。しかし、学校生活が始まるとクラスのほとんどが日本のアニメや日本文化に興味のある学生だったり、大学入試で日本語を選考した学生だったりと私よりもモチベーションが高い学生ばかりだった。私のように日本語科に調整され配属された学生は少なかった。私は、今から新しい言語を学ぶのはつらいと思っていた。それにクラスには日本語が上手な学生がいて、いつも彼らと比べてしまい自分が不器用だとつくづく感じていた。

あるとき、専門指導教員が卒業した優秀な先輩を招いて学習経験を共有する講座を開き、それを聞いて私の日本語学習に対する見方は変わった。先輩はまず自分が学校にいる間に日本語を勉強する方法を共有してくれた。その後、先輩は学生たちになぜ日本語専攻を選んだのかと尋ねた。多くの学生は日本の漫画に興味があるから、日本語を勉強して日系企業で働きたい、高校で日本語を勉強したから、などの前向きな回答だった。でも私はこれらに少しも当てはまっていなかった。すると先輩は「私が日本語専攻になったのは、大学が調整したことで、私は初め日本語を勉強するつもりはありませんでした」と言った。この時、先輩も私と同じ境遇だということを知った。そして先輩は「調整されたことを受け入れて、一生懸命勉強するしかない」と言ってくれた。私はこの先輩が本当にすごいと思った。さらに驚いたことに、この講座が終わってから先輩は、自身の学習経験をテキストにまとめて学生達に共有してくれた。こんなにも私たちのことに気を遣ってくれる先輩の優しさにも感動した。今、先輩は私たちの学校の優秀な卒業生で、今は日本で大学院生として勉強している。私は、先輩のように一生懸命勉強しようと心に決めた。

次の朝、私は日本のニュースを聞いてみたが、私は全然分からないことに気づき、聞いているうちに眠ってしまいそうになった。一週間ほど聞いてみたが、この方法は私には向いていないと思った。私は、インターネットでいくつか日本語を学ぶ方法を探してみた。人によって学習方法が異なることを知り、私は短い文章の聴力と口語を絶えず練習してみた。授業で先生はテキストが最高の聴解材料だと言っていたので授業のテキストを使って練習していた。これらはすべて学んだ知識なので、いくら聴力が悪くてもある程度は聞き取ることができた。次に、長文の日本語聴力に挑戦してみた。しかし、長文の問題は難しく全然聞き取れなかったが、何度も聞いているうちに、よく耳にする単語がたくさんあることに気がついた。でも単語の意味をすぐに思い出すのが難しいので、私はスマートフォンのアプリで毎日単語を暗記することで記憶を強固にした。しばらくこの方法で勉強していた私はある時、聴力が少し向上していることを自覚でき少し自信がついた。これは私に長い間の学習の中で達成感をもたらし、私に日本語の学習に対して自信を持たせる出来事だった。

私は語学の才能やバックグラウンドがなくても、勤勉で拙劣を補うことができ、自分の努力を通じて日本語をマスターすることができると思っている。私はあの先輩に感謝している。絶えず努力していれば、きっと成功することができると信じている。

（指導教師　西岡誠剛）

★三等賞

「有終の美」

――先生から学んだ道筋

浙江外国語学院　陳盼伊

以前、私はいつだって「八十パーセント」の人だった。たとえば、こんなことがあった。

ある時は、問題の解答を間違えても、正解を写して、せいぜい間違えた理由をもう一度確認するだけで、「要点は一体何なのか」を考えることもしなかったし、似たような問題を何問かやって知識を固めようともしなかった。「まあ、これくらいでいいや」と思って、そのままにしてしまっていた。最初は確かに真剣に取り組もうとしていたのだ。もう少し努力すれば「百パーセント」達成できるのに、途中で完璧を求める原動力を失って、いつも「八十パーセント」くらいのところで諦めてしまっていた。それが以前の私だった。

そんな時、私の人生を変えた日本語の先生に出会った。

「陳先生、おはようございます……私は日本語翻訳コンテストに応募したいんです。よろしければ、私の訳文を見ていただけませんか……」ある時、翻訳を研究している先生に添削してもらおうと思って、訳文を送った。多くの学生が参加するコンテストだったので、優勝できる望みはあまりなかった。ただ文法的な間違いがないかどうかを先生に見てもらいたいと思ったのだ。

翌日、先生から修正された訳文が送られてきた。驚いたことに、修正した部分が違う色でわかるようになっており、「全体を通してよく訳せています」という先生の言葉が書かれていた。この言葉は、私にとって励みになった。そして、翻訳の問題点と誤りに対する修正案も提示されていた。

私は先生に感謝の気持ちを伝えた。すると先生は「どういたしまして。直した後もう一度私に見せてください」と言った。先生の言葉から真剣な気持ちが伝わってきた。どんなことでも適当にやりすごしてきた私は、もう一度やり直すことなど考えてもいなかった。しかし、このメッセージを見て初めてどのように直せばいいかと考え始めた。

先生の励ましと助けの下で、最終的に訳文を三回修正した。受賞には至らなかったが、その経験は私にとって一等賞よりも重要なものとなった。先生が教えてくださったことは、何事にも全力を尽くし、最後まで本気を貫くことが大切だということである。

新学期を迎え、陳先生が新しいクラス担任になった。毎日の授業を通して、先生は私を含む何人かの学生に、読解や翻訳という忍耐を要することをするには足りない点があることに気づいた。先生は私たちを教壇に立たせ、自分の考えを発表させた。こうして、たったひとつの言葉であっても、その意味をもっと真剣に受け止めるようにと促してくれた。

馬鹿にされたくないという考えや、先生を失望させたくないという考えや、そして、自分に本当はどれほどの実力があるのかを知りたいという考えもあって、私は授業に懸命に取り組んだ。その結果、落第するかと思っていた読解や翻訳の授業でいい成績を取ることができた。

「推敲は大変な作業です。原文を逐語的に訳した後、何度も修正する必要があります。そうしてやっと理想的な訳文ができるのです。陳さんならきっとよい翻訳ができるようになると思います。頑張ってください」あの翻訳コンテストの最後に先生がくれた祝福の言葉のように、学習であれ仕事であれ、始めたことは最後までやり遂げなければならないし、責任を持たなければならない。中国には、「百里を行く者は九十を半ばとす」という諺がある。「八十パーセント」で満足する人であった私は、先生の下で、「八十パーセント」から「百パーセント」に至るまでのたいへんさを身をもって体験することができた。そして、その最後の努力の大切を初めて知り、「百パーセント」を目指す人に成長した。先生への感謝は、言葉では言いつくせない。

私は日本語教師の免許を申請して、将来は陳先生のように、迷いの多い学生たちを導き、目覚めさせ、彼らがそれぞれの人生を順調に進んでいくために自分の力を捧げたい。

（指導教師　水野洋子）

★三等賞

私を変えた日本語教師 ―先生への感謝状

玉林師範学院　張文露

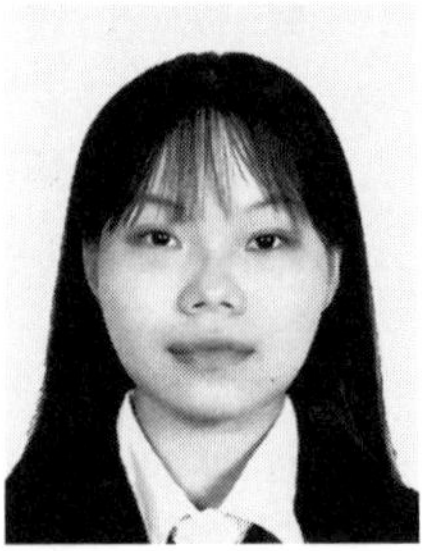

去年、スピーチコンテストのために、蘇先生と一緒に練習していた。スピーチの内容はもちろん、発音や、表情、振る舞いまで細かく教えてくれた。

「張さん、もうちょっとゆっくり話してみて」

先生の指導練習がまた始まった。発音をチェックしてくれた。

私は多くの人の前で話す時、無意識に早口になってしまいがちなのだ。そのせいで、私が何を話したか他の人は聞き取れにくいだろう。その話し方は良くない。私もそれが分かっていても、なかなか直れなかった。すごく悩んでいた。そんな時、先生は

「スピーチコンテストに参加してみない。」

と声をかけてくれた。こうして自分も首を傾けながら、先生に従ってスピーチの練習を始めた。先生は自分の録音を流して、私の発音をいちいち直してくれた。そして、どの言葉あるいは文を強調すべきか、どこから止めるべきかを教えて、何度も練習し繰り返した。

「スピーチはただ話す内容だけで評価するではなく、その人の表情や振る舞いなども大切だ。」

先生の話も今でも耳に響いている。私は話す時に、無意識に人の目を逸らして、頭も左右に動く傾向がある。それで自信がないということを聞き手に伝わってしまう。笑いながら相手を見て話すのが大事なことだ。

「これ、使って。鏡に向かって、笑いながら練習してみなさい。」

先生はお箸をくれた。

「え？どうやって？」

「噛んで話すのだよ。」

その後、自分で寮でやってみた。あの三か月があっという間に過ぎてしまった。

いよいよ、スピーチコンテストが迎えてきた。その本番の前日はリハーサルだった。

「明日、試合なんだから、今日は最後の練習よ、私は

まだ会場の控室にいるの、早く来てね。」

突然先生からメッセージが送ってきた。

「え? 先生はまだ帰っていないの、もう夜十時を過ぎたのに。」

と疑問を抱えている私は会場の控室に駆けつけできた。着いた時に、いつもニコニコしている顔と違って、疲れそうな青白い顔をしている先生がいた。先生は私にもう一度練習をさせた。黒いメガネが鼻にかけていて、目を閉じて、何も言わずに聞いてくれた。眼の下には隈が深く刻まれている先生はまるでパンダ。たぶんこの間先生は、スピーチの指導、スピーチコンテスト開催の準備、授業などに追われて、あまり寝ていなかったようだ。練習が終わるのも一時間ぐらいだった。先生は瞼を開けながら頭を頷いて「うん、だいたい大丈夫かも、今日はよく寝て、明日は頑張ってね」と言ってくれた。

その当日、控室で待っていた時に、スピーチの作文を呟いながら、部屋の中にぐるっと回ったり、じっと立っていたりした。私の番になって、控室から会場の舞台まで重い足を引きずって歩いてきた。メインステージに立って、一瞬目の前に真っ白になって、頭も空っぽになってしまった。その時、聞こえるのはどきどきする心臓の音だった。その音はまるで轟く雷のようだった。もし天気予報のアナウンサーさんが予告していたら、きっと「これから雨が降るでしょう」と言えるだろう。でも、ちらっと見ると、会場の隅に先生の姿が目に映って、ちょっとほっとした。そして、頭に浮かべるのは先生が指導していた時の姿と励ましてくれた言葉だった。

「精々頑張ってきたので、大丈夫だよ、スピーチしている時その舞台を楽しもう!」このようなことを言ってくれた。その話を思い出して、なんとなく落ち着いたような気がした。深呼吸をしてから、笑いながらスピーチを始めた。

最後、私は二位を取った。先生がそばにいてくれて、信じてくれて、助けてくれてこそ、困難を乗り越えてここまで成長してきた。「ありがとう」という言葉だけで心に込めている気持ちを表すことができないと思うが、やはり先生に「ありがとう」を言いたい。先生のご恩を一生を忘れずに肝に銘じている。


（指導教師　蘇維）

★三等賞

ＡＩ時代の日中交流

―プラットフォームの構築を考える

大連理工大学城市学院　廉子彦

　ＡＩ技術の革新と科学技術の進歩に伴って、ＡＩ技術はすでに社会の各方面に進出し各種の変革を引き起こしている。ＡＩとは「Artificial Intelligent」という人工知能のことで、一般的に、人間の言葉の理解や認識、推論などの知的行動をコンピューターに行わせる技術を指し、他のコンピューター技術とは異なり、ビッグデータ分析を繰り返しすることで、ベストな方案を得ることができる。

　ＡＩ時代には、ＡＩ技術を利用して仕事の効率化を計るのみならず、現在の社会では、ネットワーク技術を活用し、他国の人々との文化交流を望む人が増えている。特に、ＡＩ技術は中日交流の中で有用な技術であると考える。このデジタル化、多元化、グローバル化の世界に、私たちは人工知能を利用し、国と国との境を超えたコミュニケーションを実現することができる。

　異なる言語の国の間での交流において、主要な問題は言葉が通じない問題に違いない。もし相手が何を言っているのか分からなければ、文化上のコミュニケーションはおろか、簡単な会話さえ意思の疎通が問題になる。もちろん、私たちは一般的な翻訳アプリを使ってコミュニケーションを図ることができるが、往往にして機械翻訳は、不自然で硬い表現となることが多い。さらに文法的誤りや文化的背景に起因する誤訳は、誤解を招く恐れがある。学習能力を有するＡＩ技術を使用した翻訳は、翻訳アプリやソフトよりも、より自然な訳文を作成することが可能となっている。それだけでなく、人工知能の翻訳技術では、誤字や脱字がある文章の正誤まで指摘し正しい文章を推薦することができる。これは、これまでの翻訳ソフトでは不可能であった。ＡＩ技術を使用した翻訳は、より自然な言語を話すことができ、コミュニケーションをより円滑にすることができる。

一方で、たとえ十分なデータや資料があっても、適切なガイド役がいない場合は、外国の文化を学ぶことは難しい。例えば、外国の料理が映った写真を見て、面白いと思い興味を覚えてより理解しようとしたが、これが何という名前で呼ばれているのか分からず、一般のサイトでは検索できなかった。或いは、ある外国人が、中国の名作「三国志演義」を詳しく知りたいと思いネット検索したところ、受け取った情報が多すぎて、誰を優先順位にすべきかを判断できないため、多くの時間を必要とする場合が多い。

しかし、AIに文化交流のガイドを指示し担当させることで、外国文化を適切に順序立ててロジカルに紹介することができる。さらに現在のAIは、画像を認識する機能があり、画像で検索することができる。これは一般的な検索エンジンより簡単に広範囲な検索を可能にし、さらに便利に日中文化の相互理解に寄与することができる。

尚、AI技術を用いた中日交流にも全く欠点がないわけではなく、AIの強力な学習能力は、インターネットの隅々まで検索し学習することができるため、無意識のうちに国家機密やプライバシーにかかわる情報に接触し、情報漏洩の危険性もある。また意図的に追跡が難しいAI技術を悪用して、海外詐欺などの違法行為を行うことも懸念される。

AI技術が、コミュニケーションにおいて日中の文化交流のツールとして有用であることは、疑いは無いが、どの範囲まで使用するのか、適度な使用範囲とは何らかの基準が必要かもしれない。現在AI技術には、まだ技術的な問題が、数多くあることも事実である。

多くの欠点や議論もあるが、「水は舟を載せ、また舟を覆す」という古語のごとくどのようなものにも二面性がある。AI技術は、新しい技術であり、その欠点だけを見て、その使用を放棄するべきではない。既存の欠点を無視するべきではないが、私たちはAI技術を絶えず改善することで、AI技術は、これからの日中交流のプラットフォームの構築に大きく寄与すると考える。

（指導教師　閻萍・趙暁杰）

★三等賞

学習の道

景徳鎮芸術職業大学　戴志傑

今日のグローバル化時代において、言語は単なるコミュニケーションの道具ではなく、異なる文化を理解するための窓でもあります。多くの言語の中で、日本語はその独特の発音体系、複雑な文法構造、そして豊かな文化的内容により、多くの学習者を魅了しています。日本語を一生懸命勉強している学生として、私は先輩から学ぶことが成功への近道であることを深く理解しています。彼らの経験と知恵は、私たちに貴重な指針と啓示を提供してくれます。

日本語学習に具体的に言及すると、先輩たちはしばしば独特の学習方法を持っています。例えば、平仮名と片仮名をどうやって覚えるか、複雑な敬語体系をどうやって習得するか、聴解力や会話力をどうやって向上させるかなど。これらは私たちが独学する過程で直面するかもしれない難題であり、先輩たちの経験はそれらを迅速に解決する手助けとなります。

日本語の学習を始める前に、この言語についての知識はほとんどありませんでした。初めは、単に日本語の音韻の美しさに惹かれ、特にいくつかのクラシックな日本語の歌やアニメのセリフを聞いた後、日本語を学ぶという考えが生まれました。それから、日本語教材を購入し、独学の旅を始めました。

しかし、最初の学習過程は順調ではありませんでした。日本語の発音体系は中国語とは大きく異なり、特に長音、促音、拗音の発音に非常に混乱しました。平仮名と片仮名を覚えることはさらに頭痛の種で、一度覚えても次の日にはほとんど忘れてしまいました。さらに、日本語の敬語体系は非常に複雑で、異なる場面で異なる敬語を使う必要があり、対応に苦労しました。

そんな時、かつて日本に留学していた先輩が大いに助けてくれました。彼は自分の日本語学習の心得やコツを教えてくれました。例えば、平仮名と片仮名を覚える際にカードを作って反復練習し、実際の使用を通じて記憶を深める方法や、発音を上達させるためには多く聞いて多く真似するのが一番良い方法であることを教えてくれました。日本ドラマを見たり日本語のラジオを聴いたりすることで聴解力と会話力を高めることができます。

この先輩から学ぶことで、非常に実用的な学習方法を身につけ、学習効率が大幅に向上しました。まず、平仮名と片仮名を覚える際には、先輩が推薦したカード法を使い、毎日一定の時間を割いて練習し、書くことや口頭での練習を通じて記憶を深めました。また、いくつかの日本語学習のアプリをダウンロードし、ゲーム感覚で学ぶことで、学習の楽しさを増し、記憶効果も向上しました。

次に、発音に関しては、毎日一定の時間を割いて日本語のラジオを聴いたり日本ドラマを見たりし、セリフを真似してみました。この方法を通じて、聴解力が向上するだけでなく、正しい発音の技術も徐々に身につきました。特に日本ドラマのセリフを真似することで、標準的な発音だけでなく、日本語のイントネーションやリズムについても深く理解するようになりました。

最後に、敬語を学ぶ際には、先輩が薦めた方法を取り入れました。つまり、実際のシチュエーションで練習することです。例えば、ビジネス交渉や正式な場面の会話をシミュレーションし、さまざまな敬語の形式を使ってみました。この方法を通じて、敬語の使用ルールを徐々に把握し、異なる場面で柔軟に使いこなすことができるようになりました。

日本語を学ぶことは挑戦と楽しさに満ちた道であり、先輩から学ぶことはこの道を進む上での重要な保証です。先輩たちの経験と知恵は私たちに貴重な指針を提供し、回り道を避け、より効率的に目標を達成する手助けとなります。これからの学習の旅において、私は謙虚さと努力の態度を持ち続け、先輩たちから学び続け、最大限に努力して自分の日本語力を向上させ、夢を実現していきます。

第二十回 佳作賞 受賞者名簿（258名、受付番号順）

江蘇海事職業技術学院	文柯軻
寧波市浜海国際合作学校	賀寶怡
清華大学	鄭名皓
河北北方学院	高春妍
浙江万里学院	張蘊怡
蘇州新草橋中学	朱　俊
東北師範大学	馬昊哲
同済大学	呉暁宇
復旦大学	張靖苒
陝西師範大学	何嘉倩
南京大学	王程傑
四川外国語大学	夏蘇渝
河北大学	耳　悦
青島大学	王曼羽
電子科技大学中山学院	鄧仁冠
肇慶鼎湖高校	趙茂君
江西師範大学	徐潔妮
華東政法大学	王辰君
黔南民族師範学院	程思穎
大連海事大学	楊汝卿
厦門大学嘉庚学院	葉卓琳
張家界学院	何暁月
西安外国語大学	桂金歆
江西師範大学	宋俊余
福州外語外貿学院	鄢雅静
広東東軟学院	陳祈安
青島大学	張琬君
桂林電子科技大学	張路軒
大連外国語大学	李　玲
海南師範大学	関佳恵
華僑大学	陳夢雪
マカオ科学技術大学	劉璠睿
武漢大学	周　瑾
大連理工大学	井文卿
武漢大学	劉　陽
江西師範大学	巫　旖
外交学院	王　淇
江西師範大学	董垠江
大連東軟信息学院	王偉斌
福州外語外貿学院	李夢桐
大連東軟信息学院	呂卓軒
吉林大学	顧運達
内モンゴル師範大学	劉金洋
蘭州理工大学	顧哲鑫
南京外国語学校	孫華瑾

山東理工大学	于金凡
中央民族大学	施保城
中央民族大学	アビヤ
湖北文理学院	陳治雨
湖北文理学院	曹祥輝
大連海事大学	範嘉栩
上海市商業学校	于小洋
魯東大学	楊心妍
魯東大学	王有健
恵州学院	黄炎利
恵州学院	馮泳琳
恵州学院	魏文俊
恵州学院	李璧如
恵州学院	曾志傑
大連外国語大学	沈卓煊
大連外国語大学	胡博文
大連外国語大学	熊　奔
大連外国語大学	孔令倩
泰山学院	叢　容
泰山学院	孟　雨
泰山学院	楊子燊
嶺南師範学院	梁　儀
嶺南師範学院	廖慧婷
嶺南師範学院	滕錦鴻
嶺南師範学院	陳運水
嶺南師範学院	唐　笑
天津外国語大学	郝芸萱
天津外国語大学	余思源
長安大学	王豪傑
長安大学	葉羽佳
贛東学院	于興俊
贛東学院	梁燦燦
贛東学院	何葉清
贛東学院	彭奕琳
贛東学院	曽芷涵
贛東学院	劉　林
贛東学院	于　然
贛東学院	張暁桜
南京田家炳高級中学	孫瀚慈
南京田家炳高級中学	王沢基
南京田家炳高級中学	劉益含
南京田家炳高級中学	張純熙
南京田家炳高級中学	孔希冉
南京田家炳高級中学	滕　艾
南京田家炳高級中学	胡孟陽
南京林業大学	高婷楠
延安大学	張宇欣
南京郵電大学	陶鐿菡
南京郵電大学	周　琪
南京郵電大学	鐘沅彤
南京郵電大学	顧宇萌
南京郵電大学	蔡佳儀
浙江樹人学院	茆欣怡
浙江樹人学院	王一星

浙江樹人学院　銭　彬
貴州民族大学　呉健智
西北大学　閻　威
海口経済学院　肖宇軒
長春理工大学　施浩然
長春理工大学　金語浩
長春理工大学　楊作越
長春理工大学　李詩雨
長春理工大学　黄羽彤
長春理工大学　沈軼苗
江西財経大学　孫風旺
通化師範学院　張明楽
電子科技大学　楊俊傑
ハルビン工業大学　李晨雨
広州軟件学院　林恩に
広州軟件学院　于嘉穎
湖南文理学院　孔昕然
湖南文理学院　鄒莎燕

大連民族大学　李　鉄
大連民族大学　董佳欣
大連民族大学　姜佳怡
大連民族大学　何英男
大連民族大学　蘇　勇
大連民族大学　沙吉娜
景徳鎮芸術職業大学　袁盧神
景徳鎮芸術職業大学　譚紫萱
景徳鎮芸術職業大学　袁　薇
大連芸術学院　仏騁昊
大連芸術学院　田弘臻
中国人民大学　高明祺
中国人民大学　陳コン
中国人民大学　張　寧
中国人民大学　雷雨霏
中国人民大学　陳暁冬
中国人民大学　陳新宇
南京信息工程大学　陳嘉儀

山東大学（威海）　羅智煕
山東大学（威海）　張耘寧
温州大学　彭　潤
温州大学　蔣　卓
温州大学　連振鵬
温州大学　陳佳穎
温州大学　張園園
湖州師範学院　胡迪亜希
湖州師範学院　宋雨菲
広東外語外貿大学南国商学院　秦倩如
広東外語外貿大学南国商学院　黄建華
広東外語外貿大学南国商学院　劉彤威
広東外語外貿大学南国商学院　梁静雯
広東外語外貿大学南国商学院　温　曦
広東外語外貿大学南国商学院　熊澤昊
北京師範大学　張怡欣
北京師範大学　王俊煕
北京師範大学　王子涵

西安交通大学　王漢塬
山西大学　閆翻翻
山西大学　胡美旺
山西大学　王亦農
山西大学　張思怡
上海交通大学　陳贇昊
上海交通大学　薛　越
南陽師範学院　朱明星
南陽師範学院　朱秋爽
南陽師範学院　竇伊蕊
南陽師範学院　劉萌萌
南陽師範学院　李笑怡
北京科技大学　史文欣
南京暁荘学院　符每成
広州南方学院　姚嘉祺
広州南方学院　陳子英
広州南方学院　黄煒傑
広州南方学院　楊玉旺

広州南方学院　顔妙純
南京工業大学　袁　源
南京工業大学　陳雨濤
南京工業大学　李香香
南京工業大学　張唯佳
南京工業大学　孟宣妍
南京工業大学　褚新雨
東北大学秦皇島分校　朴静雅
東北育才外国語学校　金韓瑞
四川工商学院　陳　艾
浙江師範大学　曾雨欣
浙江師範大学　寧佳瑤
浙江師範大学　楊天宇
浙江師範大学　朱晶瑩
河北工業大学　趙芸帆
河北工業大学　脱亜婷
河北工業大学　黄宏鈺
河北工業大学　高文慧

西南交通大学　余美娜
広東財経大学　鍾麗蓉
広東財経大学　張　琳
広東財経大学　余希欣
武漢理工大学　劉立可
武漢理工大学　呉沢愷
武漢理工大学　孫飛揚
武漢理工大学　馬鑫雲
武漢理工大学　孫仕婧
武漢理工大学　胡得璽
武漢理工大学　王家旺
武漢理工大学　蒋　利
武漢理工大学　徐陳詳
武漢理工大学　高鑫行
武漢理工大学　孫嘉雯
江西農業大学南昌商学院　李　傲
江西農業大学南昌商学院　樊聖琳
江西農業大学南昌商学院　潘　煒

江西農業大学南昌商学院　李迎傑
江西農業大学南昌商学院　田紫瑜
安徽外国語学院　許明皓
安徽外国語学院　周桓宇
寧波工程学院　余国豪
寧波工程学院　姚麗婷
寧波工程学院　周　渝
寧波工程学院　朱張寒
華南師範大学　易　韜
華南師範大学　李佳憶
南通大学　丁涵凝
大連理工大学　許書欣
天津科技大学　于安琪
天津科技大学　劉婷婷
大連楓葉職業技術学院　斉凱明
大連楓葉職業技術学院　陳政沢
大連楓葉職業技術学院　秦俊輝
大連楓葉職業技術学院　梁亜東

安陽師範学院　銭思宇
福州大学　鐘雨欣
華東師範大学　史欣樾
上海外国語大学賢達経済人文学院　王海容
東華大学　楊明暢
東華大学　唐雨清
東華大学　任賓鑌
東華大学　王子媛
楽山師範学院　王　晗
楽山師範学院　張志慧
華中師範大学　楊　諾
華中師範大学　沈柯彤
海口経済学院　程雨濛
海口経済学院　林書歆
海口経済学院　厳雨萌
海口経済学院　劉　苗
浙江外国語学院　瀋逾越

玉林師範学院　藍秋嬋
玉林師範学院　譚雯文
三江学院　余米朶
大連理工大学城市学院　張津碩
大連理工大学城市学院　朱杰宇
大連理工大学城市学院　李炳顥
大連工業大学　趙佳彤
大連工業大学　石雨璇
大連工業大学　卜暁瑞
広州工商学院　張永行
広州工商学院　饒紅霞
広州工商学院　李恵嫻
吉林大学　易星悦
安徽師範大学　梁　超
湖南農業大学　李　倩
湖南農業大学　趙俊偉

第二十回 優秀指導教師賞 受賞者名簿

「優秀指導教師賞」は、中国で日本語を学ぶ学生たちに日本語や日本文化を熱心に教えておられる中国人教師ならびに日本人教師の日ごろの努力とその成果をたたえ、三等賞以上の受賞者を育てた日本語教師に授与する賞です。

大連外国語大学	小野寺潤、川内浩一、張黎、永田隼也、中村例
中国人民大学	曽根さやか、永嶋洋一
復旦大学	艾菁、山川秋美
吉林大学	永岡友和
天津外国語大学	北田奈央、倉持りえ、杜武媛
清華大学	日下部龍太
西安外国語大学	香月玲子
四川外国語大学	村瀬隆之
北京第二外国語学院	進藤優子
陝西師範大学	玉岡敦
南京師範大学	林敏潔
湖南大学	張佩霞
長春理工大学	周海寧、神津莉香
華東師範大学	石岡洋子
西安電子科技大学	崔広紅、大原信正
海南師範大学	湯伊心
浙大城市学院	斉藤順子、李珏

中央民族大学　吉田理華
湖北文理学院　劉東
大連海事大学　服部宏美
恵州学院　宍倉正也
嶺南師範学院　王海波
長安大学　郭亜軍、岩下伸
贛東学院　高良和麻、何海瑩
南京田家炳高級中学　白宇、星野尚由
南京郵電大学　小椋学
通化師範学院　鈴木朗、権玉華
広州軟件学院　佐藤克也
大連民族大学　金谷真綾
南京信息工程大学　山田ゆき枝、曲佰玲
広東外語外貿大学南国商学院　鄒宇
西安交通大学　久川充雄
山西大学　清原健
上海交通大学　渡邉良平

南陽師範学院　五十嵐一孝
広州南方学院　王偉
南京工業大学　大川常
浙江師範大学　魚澄眞穂、李坤
河北工業大学　前川友太
武漢理工大学　神田英敬
江西農業大学南昌商学院　張周華
寧波工程学院　田中信子
華南師範大学　馬木浩二
大連楓葉職業技術学院　張迪嘉
東華大学　羽毛友里恵
楽山師範学院　西岡誠剛
浙江外国語学院　水野洋子
玉林師範学院　蘇維
大連理工大学城市学院　閻萍、趙暁杰

第二十回 園丁賞 受賞校一覧

「園丁賞」は、学生の日本語能力向上に貢献された功績をたたえるため、学生の作文指導に実績のある学校及び日本語教師を表彰する賞で、「園丁」とは中国語で教師のことを意味しています。対象となるのは、応募校一校につき団体応募数が五十本を超えた学校です。

学　校　名	応募数
武漢理工大学	107
魯東大学	94
長春理工大学	93
贛東学院	92
嶺南師範学院	85
江西農業大学南昌商学院	71
大連民族大学	67
南京工業大学	66
南京田家柄高級中学	63
大連理工大学城市学院	63
広州南方学院	61
広東外語外貿大学南国商学院	60
景徳鎮芸術職業大学	57
大連楓葉職業技術学院	57
恵州学院	56
南京郵電大学	56
南陽師範学院	56
河北工業大学	54
寧波工程学院	53
湖南農業大学	50
湖北文理学院	50
山西大学	50
東華大学	50

第二十回　開催報告と謝辞

日本僑報社・日中交流研究所 所長　段　躍中

第二十回「中国人の日本語作文コンクール」のポスター

主催　日本僑報社・日中交流研究所

協賛　株式会社パン・パシフィック・インターナショナルホールディングス、公益財団法人東芝国際交流財団

メディアパートナー　朝日新聞社

奨学金支援　公益財団法人安田奨学財団

後援　在中国日本国大使館、（公社）日本中国友好協会、日本国際貿易促進協会、（一財）日本中国文化交流協会、日中友好議員連盟、（一財）日中経済協会、（一社）日中協会、（公財）日中友好会館、日中関係学会、（一社）アジア調査会、中国日本商会、北京日本倶楽部（順不同）

協力　致遠教育塾、（公財）日中国際教育交流協会

開催報告

概要

日本僑報社・日中交流研究所が主催する「中国人の日本語作文コンクール」は、日本と中国の文化交流と相互理解の促進をめざして二〇〇五年にスタートし、今年二〇二四年で第二十回目の節目を迎えました。

中国の学校で日本語を学ぶ中国人学生を対象として、この十九年で中国全土の四百校を超える大学や大学院、専門学校、高校、中学校などから、累計六万九百十一名の応募がありました。中国国内で規模が最も大きく、知名度の高い日本語作文コンクールへと成長を遂げています。日本語を勉強する中国の若者にその成果を発表する舞台を提供し、中国における日本語の普及と日本文化への理解を深めることにより、日中両国の親善友好に貢献することを目指しています。

第一回から刊行し続けてきた受賞作品集シリーズは、中国の若者たちが直接日本語で綴ったリアルな「生の声」であり、その時々の日中関係や歴史的な出来事を反映し、貴重な世論として両国の関心を集めています。今年は『AI時代の日中交流』をシリーズの第二十巻として刊行いたしました。

応募状況

中国の大学や大学院、専門学校、高校など百八十二校から二千六百八十六本もの作品が寄せられたことがわかりました。

地域（行政区）別では、二十五省市自治区から応募がありました。特筆すべき点としては、昨年に続き中学校、高校および専門学校が二十校を超えことに加え、今回初めてマカオの大学生からご応募をいただいたことで、これはコンクール史上初めてのことです。そして今回のマカオの大学生参加によって、コンクール二十年において中国全ての行政地域からご応募をいただいたということになります。

今回のテーマのコンセプトは、コンクール二十周年を記念し、日中相互理解促進の新たな可能性への期待を込めて、「AI時代の日中交流」としました。そして、それに沿ってテーマを（一）AI時代の日中交流―プラットフォームの構築を考える　(二)先輩に学び、日本語学習を頑張る　(三)私を変えた日本語教師―先生への感謝状――の三つとしました。テーマ別では、(一)千三百九十九本、(二)四百七十八本、(三)八百九本と、(一)が最多となりました。

審査の経過

第一次審査員（五十音順・敬称略）

五十嵐武、岩楯嘉之、大谷みどり、佐藤則次、白井純、田中敏裕、高橋文行、高柳義美、寺沢重法、時實達枝、中山孝蔵、藤原秀人、松嶋忠信、森英昌、吉村有弘

第二次審査員（五十音順・敬称略）

赤岡直人　(公財)日本中国国際教育交流協会　業務執行理事
岩楯嘉之　日中青年交流の会理事
佐藤則次　元日本語教師
高橋文行　日本経済大学教授
塚越　誠　書家、日中文化交流の会日本代表
西村大輔　朝日新聞GLOBE編集長(前中国総局長)
林　千野　日中関係学会副会長
菱田雅晴　法政大学名誉教授
藤原秀人　ジャーナリスト
和田　宏　前NHKグローバルメディアサービス専門委員、神奈川県日中友好協会会員

第一次審査は、あらかじめ募集要項の規定文字数に満たない、あるいは超過している作品を審査対象外とした上で、各規定をクリアした作品について採点しました。なお、審査の公平性確保のため、在中国の現任教師は除いています。

第二次審査は、公正を期するために応募者の氏名と大学名、受付番号を伏せた対象作文を各審査員に採点していただく形で実施しました。

第三次審査は、二次審査による合計得点の高かった学生に対し、スマートフォンの音声通話アプリでそれぞれ直接通話をし、口述審査を行いました（審査員・佐藤則次氏、段躍中、記録担当事務員一名）。その上で、新た

に日本語による短い感想文を即日提出してもらい、審査基準に加えました。

最終審査は、二次審査と三次審査の合計点により選出した一等賞以上の候補者計六名の作品を北京の日本大使館あてに送付し、大使ご自身による審査で最優秀賞となる「日本大使賞」を決定していただきました。

各審査員による厳正な審査の結果、最優秀賞・日本大使賞一名、一等賞五名、二等賞十五名、三等賞四十名、佳作賞二百五十八名となりました。

また、園丁賞は二十三校、優秀指導教師賞六十八名となりました。各賞の詳細は本書の一四五～一四七ページをご参照ください。

受賞者の皆様、誠におめでとうございます。

作品集について

本書『ＡＩ時代の日中交流』は、たくさんの応募作品の中から優秀作品を収めた受賞作品集シリーズの最新刊です。

中華人民共和国成立七十五周年、そしてコンクール二十周年となる今年、三つのテーマに沿って、中国の若者たちによって書かれた作文は、日中の交流の歴史における先人たちの努力、ＡＩ時代における日中交流についてのバリエーション豊かな提言、日本語を教えてくれた先生への感謝の思いなど、どれも生き生きと語られています。

読者の皆様には、本書を通じて中国の若者たちの「生の声」に耳を傾け、よりよい日中関係のあり方や日中交流に思いを致していただければ幸いです。

本シリーズは大変ご好評をいただき、朝日新聞をはじめとして、ＮＨＫ、日本テレビ、テレビ朝日、ＴＢＳテレビ、フジテレビ、共同通信、時事通信、読売新聞、毎日新聞、日本経済新聞、産経新聞、東京新聞、西日本新聞、中国新聞、北海道新聞、沖縄タイムス、公明新聞、聖教新聞、しんぶん赤旗、週刊朝日、サンデー毎日、日経ビジネス、週刊東洋経済、旅行読売、日中友好新聞、日中文化交流、日本と中国、国際貿易、観光経済新聞、季刊中国、新文化、日中新聞、アジア時報、週刊読書人、トーハン週報、リベラルタイム、ジャパンジャーナル、レコードチャイナなどの日本メディア、在中国日本国大使館HP、また、公益社団法人日本中国友好協会、公益財団法人日本中国国際教育交流協会などの団体の機関紙（誌）や会報、新華社、人民日報、中国新聞社、人民網、チャイナネット、人民中国などの中国メディアで多数紹介されました。

日本各地の大学や自治体の図書館、研究機関などに収蔵されており、中国でも各地の大学や研究機関などに収蔵されております。

謝辞

第二十回「中国人の日本語作文コンクール」を無事開催することができました。ご支援、ご協力いただいた全ての皆様に心より感謝申し上げます。

在中国日本国大使館には第一回からご後援をいただいております。第四回からは最優秀賞に当たる「日本大使賞」を設け、歴代大使の宮本雄二、丹羽宇一郎、木寺昌人、横井裕、垂秀夫、および現任大使の金杉憲治の各氏にはご多忙の中、直々に大使賞の審査をしていただきました。ここで改めて、歴代大使をはじめ大使館関係者の皆様に、心より御礼を申し上げます。

表彰式開催日の本日は、谷野作太郎元駐中国大使は昨年に続き、はるばる東京から北京の表彰式会場にお越しくださり、若者への温かいメッセージを頂いたこと、そして、本書に推薦の言葉を寄せて頂いたこと、改めて御礼を申し上げます。谷野大使のお陰で、全日空の芝田浩一社長から今回の一等賞以上の六名に航空券をご提供頂きましたこと、併せて御礼を申し上げます。

ご協賛をいただいている株式会社パン・パシフィック・インターナショナルホールディングスのご支援に深く御礼申し上げます。創業会長兼最高顧問、公益財団法人安田奨学財団理事長の安田隆夫氏には、外国人留学生向けの奨学金制度を通して、本コンクールで三等賞以上を受賞した学生に奨学生の選考の機会を与えていただくなど、多大なご支援を賜りました。これは中国で日本語を学ぶ学生たちにとって大きな励みと目標になるものです。ここに心より感謝を申し上げます。

公益財団法人東芝国際交流財団からは、本活動にご理解とご協賛をいただき、深く御礼を申し上げます。

朝日新聞社には、第七回からご協賛をいただき、第十回からはメディアパートナーとしてご協力いただいております。中村史郎社長や、坂尻信義氏、古谷浩一氏、西村大輔氏、林望氏ら歴代の中国総局長をはじめ記者の皆さんが毎年、表彰式や受賞者について熱心かつ丁寧に取材され、その模様を大きく日本に伝えてくださっています。それは日中関係がぎくしゃくした時期であっても、日本人が中国に対してより客観的に向き合うことのできる一助になったことでしょう。同社のご支援とご協力に心より感謝の意を表します。

ＡＮＡホールディングス株式会社代表取締役社長の芝田浩二氏から、本コンクールへのご支援をいただきました。厚く御礼申し上げます。

長年にわたりご後援をいただいている日中友好七団体、ならびに各後援・協力団体の皆さまに、深く感謝申し上げます。

第二回から第六回までご支援いただきました日本財団の笹川陽平会長、尾形武寿理事長の本コンクールへのご理解と変わらぬご厚誼にも深く感謝を申し上げます。

国際交流研究所の大森和夫・弘子ご夫妻、さらにこれまで多大なご協力をいただきながら、ここにお名前を挙げることができなかった各団体、支援者の皆様にも感謝を申し上げます。

長年コンクールにご協力いただき、今年ご逝去された作家の石川好氏に、この場をお借りして、哀悼の意と感謝の念を捧げます。誠にありがとうございました。

また、マスコミ各社の皆様には、それぞれのメディアを通じて本コンクールの模様や作品集の内容を丁寧にご紹介いただきました。そして日中民間交流の重要性や、日中関係の改善と発展のためにも意義深い中国の若者の声を、広く伝えていただきました。改めて御礼を申し上げます。

各審査員の皆様にも深く感謝を申し上げます。皆様には多大なるご支援とご協力を賜り、改めて厚く御礼申し上げます。

中国各地で日本語教育に従事されている先生方に対しましても、その温かなご支援とご協力に感謝を申し上げます。

本活動は、先輩から後輩へ脈々と受け継がれてきたおかげで、いまや中国の日本語学習者の間で大きな影響力を持つまでに至りました。開始当初からの応募者や受賞者ら多くの参加者が、現在、日中両国の各分野でご活躍されています。そして皆さまが本コンクールへの参加をきっかけにして、日本への関心をいっそう深め、日本語学習を誇りとしていることを、大変うれしく思います。

日中関係が困難な時だからこそ、中国で日本語を学び、日本人や日本文化に理解を示してくださる若者たちが中国に数多く存在していることは、両国にとって大きな財産であるといえるでしょう。

「中国人の日本語作文コンクール」は今年、二十周年の節目を迎えました。日本と中国の文化交流と相互理解の促進、ウィンウィン関係の構築に貢献することを願い、次の二十年、そしてそれ以降もこの歩みを着実に進めていけるよう、今後の持続的な活動について考えていきたいと思っています。

引き続き、ご支援、ご協力のほどよろしくお願い申し上げます。

二〇二四年十月吉日

特別収録　私の日本語作文指導法

現場の日本語教師の体験手記　私の日本語作文指導法

第11回（2015年）から現在までの「中国人の日本語作文コンクール」HPもしくは受賞作品集に掲載された体験手記の一覧を掲載しています。　※教師名は敬称略

	教師	所属	タイトル
第11回(2015)	宮山昌治	同済大学	〈面白み〉のある作文を
	木村憲史	重慶大学	作文と論文のはざまで
	寺田昌代	対外経済貿易大学	時間がない！
	入江雅之	広東省東莞市理工学院	わたしの作文指導
	河崎みゆき	上海交通大学	「私」でなければ書けないことを大切に
	堀川英嗣	山西大学	書いたものには責任を持つ
	照屋慶子	嘉興学院	学生と私の感想
	松下和幸	北京科技大学	思いや考えを表現する手段を身につけさせる作文指導
	松下和幸	北京科技大学	中国人学習者の生の声よ、届け！
	劉　敬者	河北師範大学	パソコンで作成した学生の文章指導体験
	金澤正大	元西南交通大学	作文指導の基本
	若林一弘	四川理工学院	短期集中マンツーマン講座
	大内規行	元南京信息工程大学	「書いてよかった」と達成感が得られる作文を
	雨宮雄一	北京第二外国語学院	より良い作文指導を目指して
	閻　萍	大連理工大学城市学院	力をつける作文指導法
	半場憲二	武昌理工学院	私の日本語作文指導法
第12回(2016)	藤田炎二	山東政法学院	この難しい作文をどう書くか
	半場憲二	武昌理工学院	私の日本語作文指導法（2）
	池嶋多津江	同済大学	書くことは「考える」こと
	瀬口　誠	運城学院	【特別寄稿】審査員のあとがき
第13回(2017)	瀬口　誠	湖南大学	【特別寄稿】審査員のあとがき
	郭　麗	上海理工大学	オリジナリティのある面白い作文を目指して
	賈　臨宇	浙江工商大学	文中での出会い
	中村紀子	中南財経政法大学	感動はここからはじまる～授業外活動からの作文指導アプローチ～
	高良和麻	河北工業大学	読みたくなる作文とは
	張科　蕾	青島大学	日本語作文に辞書を活用しよう
	濱田亮輔	東北大学	私の日本語作文指導法
第14回(2018)	半場憲二	武昌理工学院	作文指導で生じている三つの問題点――私の日本語作文指導法(3)
	田中哲治	大連海事大学	私の作文指導の実践紹介
	古田島和美	常州大学	作文指導を通して思うこと―中国人学生の体験や思いを日本人に届けたい―
	徐　秋平	西南民族大学	作文指導とともに成長を遂げて
第15回(2019)	半場憲二	広東外語外貿大学南国商学院	国際化と個の時代重要性を増す作文指導――私の日本語作文指導法(4)
	高柳義美	元日本語教師	大連通い
	伏見博美	広東東軟学院	中国で暮らして感じたこと
第16回(2020)	小椋　学	南京郵電大学外国語学院	写真を撮るように作文を書く ―作文を書くヒント―
	郭　献尹	淮陰師範学院	忘れがたい貴重な作文の指導経験
	丸山雅美	福州外語外貿学院	日本語作文が書けるようになるまでのプロセス
	半場憲二	四川大学錦江学院	誤用訂正・回避の指導力――私の日本語作文指導法(5)
	川内浩一	大連外国語大学日本語学院	作文コンクールに応募しようと思っている学生のみなさんへ
第17回(2021)	小椋　学	南京郵電大学外国語学院	読者を意識して書く ―作文を書くコツ―
	金戸幸子	大連外国語大学	私の日本語作文指導法 ―私の指導方針と学生のみなさんに伝えたいこと―
第20回(2024)	小野寺潤	大連外国語大学	心を見つめて　―作文の喜び―
	川内浩一	大連外国語大学	私の作文指導法
	艾　菁	復旦大学	基礎日本語教育における作文指導 実践と思考
	五十嵐一孝	南陽師範学院	一人でも多くの学生に応募させる意義～中国人学生による「外交白書」
	永岡友和	吉林大学	「作文指導について考える」ことについて考える

心を見つめて

―作文の喜び―

大連外国語大学　小野寺潤

中国の大学で日本語を教え始めてから、毎学期のように作文の授業を担当し、作文コンクールに参加する学生の指導もしてきました。しかし、授業であれ、個別指導であれ、私は一度も作文をうまく教えられたと思ったことはありません。ですから、作文指導に日々奮闘されている先生方に対しても、一生懸命日本語を学び作文に取り組んでいる学生さんたちに対しても、私は作文指導や作文執筆の実践的な技術について何も有益なことをお話しすることはできないと思います。

第十九回「中国人の日本語作文コンクール」で一等賞を受賞した肖晶晶さんは、私が以前作文の授業で教えた学生の一人でした。大阪で留学生活を始めたばかりの肖さんから思いがけずこのコンクールに参加したいという連絡があり、一緒に作文に取り組むことになりました。肖さんが授業のときに書いた作文にはある特徴がありました。それは物事を自分自身の視点から見ているということと、自分自身の心情を細やかに描いているという点です。その特徴は受賞した作文にも十分に表れていると思います。

作文で自分自身の心情を細やかに描写するためには、自分の心を静かに見つめることが必要です。しかし実際には、自分の心ほど見ようとしても見えない、わからないものはないと思います。わからないものをわかろう、わかろうとする。自分自身と対話して、心の中の絡まった糸をほどいていき、そして文字に書き留めていく。これは、時間とともに流れては消えていってしまう自分の人生の瞬間、瞬間を、大きな物語の中に意味づけていく作業だとも言えます。また、肖さんが作文に向き合う中で自らの失敗を見つめ直したことは、一つの癒しであり、自分を許す内省の時間でもあったのだと思います。

以前、友人と哲学者であるその友人のお父様が「哲学カフェ」を開催するのをお手伝いしたことがありました。いつもお世話になっていた居心地のいいカフェを会場として使わせてもらって、おいしいコーヒーを飲みながら哲学のテキストを読み、語り合う会でした。これは私にとって、哲学とはすでにできあがった思想をただ学び、受け取ることではなく、今まさにこの私が筋道立った方法で言葉を紡ぎ、自分自身や他者と対話することに他ならないということを身をもって知る機会となりました。哲学とは、「哲学」という名詞、つまり、すでにある「哲学」という対象を学ぶのではではなく、「哲学する」という動詞で表したほうがいい営みであると思います。

もし哲学がこのように定義できるとするなら、わからない自分の心をわかろう、わかろうとし、なんとか自分自身や他者と対話しようとする中で真摯に言葉を紡いでいくという営みである作文も、哲学することと変わらないのではないでしょうか。むしろ、作文とはまさに「哲学する」ことであるとさえ言えるのではないでしょうか。

肖さんが辿った「哲学の道筋」である原稿を受け取っては、自分を作文の中に潜り込ませ、肖さんの経験や思考や感情を追体験する。そして、添削やコメントという形で返事をしては、また新たな哲学の足跡が付いた原稿を受け取る。このような作業を繰り返しながら肖さんの自分自身との対話に付き添うことが、そのときの肖さんと私の作文の時間であったと思っています。

そんなことができたとき、私は人間の心に少しでも近づけたような気がして、心から喜びを感じます。学生さんにも、絡まった糸をほどくように自分自身の心と対話して作文を書くとき、そして、それを誰かと分かち合えたとき、喜びを感じてほしいと願っています。そんな喜びを書き手である学生も読み手である私も感じられるときが、一度でも、一瞬でもあれば、実は成功だと私は思っています。そしてできれば、そんな喜びの一瞬が、たとえはっきりとした形を取らなくても、長い人生の中での「何かいいもの」として、心の片隅に温かく残ってほしいと思います。

実際には、作文のアイディアの出し方、文章の構成、日本語の表現についての指導など、ごく普通の作文の授業を私はしています。学生のみなさんも、紋切り型の心が見えない作文を書いてしまうこともあります。しかし、一学期の中でたった一本の作文でも、作文の中の一段落でも、一文でも、自分の心を見つめて生み出された言葉を、じっと待って大切に受け取る読み手でありたい、理解者でありたいと望んでいます。

縁あって中国の学生のみなさんと共に学ぶことになったことは、私にとって大きな喜びです。これからも、学生さんたちと日本語での作文を通じて心を通わせ、その喜びを静かにしみじみと感じる瞬間が少しでも多いことを願っています。そして、このように誠実に言葉を紡いでは受け取り、自分自身や他者の心をわかろうとする態度こそが、また、言葉を通じて自分自身や他者の心に近づけたという喜びこそが、人と人の間の友情、国と国の間の友好の基礎ともなると信じています。

小野寺 潤（おのでらじゅん）
大連外国語大学日本語学院外籍教師。学習院大学文学部史学科及び英米文学科卒。同大学院人文科学研究科博士前期課程修了、博士後期課程単位取得満期退学。マレーシア・マラヤ大学言語学部博士課程留学。「日語演講与弁論」「日語写作」などの日本語科目に加え、選択科目としてアイヌ語の授業を担当。

私の作文指導法

大連外国語大学　川内浩一

はじめに

私は二〇一二年から大連外国語大学で働いている。それ以前は日本で二十五年間、高校の国語教師をしていた。原稿用紙に向かって赤ボールペンで添削するというのが、長年の私の作文の指導方法だった。しかし、二〇二〇年、コロナウイルスが大流行し、オンライン授業が始まり、私の作文指導にも大きな変化があった。

コロナの時期の経験

二〇二〇年二月、コロナウイルスの大流行で大学はオンライン授業を実施することになった。私の大学でも、オンライン授業で必要な「釘釘」「智慧樹」「雨課堂」「ZOOM」「テンセント会議」などのネット上のプラットフォームについての研修が行われた。当時、中国の大学では、パワーポイントのスライドを使って授業をすることが一般的になっていたのでオンライン授業への移行は比較的スムーズに行われたようだ。私も一か月ぐらいで、パワーポイントを使用し、電子版の課題を添削し、ライブ授業の他に、ショートビデオを送って学習してもらうなどのオンライン授業の方法に慣れて行った。

私が使用したのは「テンセント会議」と「智慧樹」と「ウイチャット」である。オンライン会議システム「テンセント会議」を使って、パワーポイント見せながら授業をした。ネット上の教育プラットフォーム「智慧樹」は主に学生の宿題の管理に使用した。クラスの一人一人の宿題を個別に管理することができるので作文指導には非常に有効であった。学生が電子版の作文をプラットフォームに提出し、私はそれをダウンロードして添削し、アップロードして学生に返却した。「ウイチャットグループ」は連絡や緊急の課題配布等に使用した。

現在の授業での作文指導

現在の作文の授業でも、オンラインとオフラインを合わせた授業をしている。作文に必要な文法事項等はビデオ、ＰＤＦなどを作成し「智慧樹」に送って学習してもらう。作文の作成では、授業でウオーミングアップの活動、アウトラインの作成、下書きを行う。下書き用の原稿用紙を配布し、完成した下書きを学生同士ペアで赤ペンを使って修正してもらう。そして、清書は宿題にする。学生は「智慧樹」から、専用の用紙をダウンロードし、修正した下書きをパソコンで入力していく。この時には「原稿用紙」の設定は使用しない。普通のワードの文章ファイルの方が後で添削しやすいからである。学生は作文が完成したら「智慧樹」の宿題にアップロードする。

私が「智慧樹」からクラス全員分の作文をダウンロードすると、数秒で一人ずつのファイルが作成される。パソコンで学生が入力した作文を開き、まず、ワードの上の部分の「校閲」の「変更履歴の記録」のボタンを押す。ボタンを押すと灰色になり機能が使えるようになる。ボタンの横の欄から「全ての変更履歴／コメント」を選ぶ。これで、文字の入力と削除を行うと、それがすべて記録され、私も学生もその修正が見られるようになるのだ。コメントを書きたい場合には上の部分の「コメント」から「新しいコメント」を選ぶと、文章の右側にコメント欄が挿入され、注意点等を学生に伝えることができる。作文の添削が終了したら、「智慧樹」の宿題の部分にアップロードする。アップロード後、その学生の宿題に点数と、コメントを記入する。点数は「智慧樹」に保存され、学期末に利用できる。

学生は「智慧樹」から作文をダウンロードして、ワードの「校閲」の「全ての変更履歴／コメント」を選択し、「承諾」のボタンを押しながら私の修正を確認する。最後まで見たら、コメント欄を削除して、作文の完成である。

学生は完成した作文を次の週の「智慧樹」の宿題で提出する。その宿題の用紙にはクラスメートに感想を書いてもらう欄がついているので、学生は自分で印刷して紙版も提出する。授業で、私がそれを配布してお互いに感想を書く。学期の最初や最後にはクラス全員分の作文の電子ファイルを整理してＰＤＦ版のクラス文集を作成することもある。

作文大会に参加する場合の作文指導

作文大会に興味がある多くの学生を対象に、テンセント会議を使用して説明会を開き、「智慧樹」の作文大会用のクラスに入ってもらう。これで、ネット上で学生と一対一の対応が可能になり、その後の作業は作文の授業と同様に行う。ただし、授業とコンクールの作文の指導の相違点は私と学生が「コメント」を多く使用することである。一回目の修正に基づいて、直した原稿を学生は「智慧樹」の二回目の宿題に提出する。この作業を四回以上繰り返し、学生が満足できる作文が完成したら指導は終了である。

おわりに

ワードの校閲機能は非常に便利で添削の効率も高いので、原稿用紙に書いた作文を赤ボールペンで修正するということはとても少なくなった。但し、よい作文を完成させるためには学生と私の話し合い、アイディアのキャッチボールが大切だという点は、昔も今も全く変わっていないと思う。

川内浩一（かわうち こういち）
一九八七年早稲田大学教育学部卒業後、神奈川県県立高校教師となる。二〇一二年より大連外国語大学に勤務。趣味は中国のテレビドラマを見ること。

基礎日本語教育における作文指導　実践と思考

復旦大学　艾　菁

第一学期： 写真４枚に12のセンテンス 1.国慶節の一日 2.私の大学生活 3.私の趣味 4.一押しのアプリ 5.続けているスポーツ 6.私の宝物 7.新学期の10のやりたいこと 8.友達に薦めたい授業 9.最近読んだ本 10.新しくできた友達	**第二学期：400文字** 1.好きなテレビ番組 2.結婚したい理由／したくない理由 3.大学生の経済事情 4.私の悩み 5.やりたい仕事 6.受けてみたい授業 7.今学期書いたレポート 8.新しくできた友達 9.＊＊への手紙 10.上海の顔
第三学期：１分トークの録音 1.好きな人 2.好きな本 3.好きな音楽 4.住みたい街 5.選択できるものなら、この性で人生を送りたい 6.故郷の食文化 7.苦手なこと 8.ウイルスの流行が収束したら 9.私にとって体重とは 10.オンラインとオフラインの大学生活	**第四学期： 四級試験過去問題の作文題** 1.旅行の楽しみ 2.好きな季節 3.買い物 4.私の趣味 5.忘れられない一冊 6.携帯電話 7.自然を守ろう 8.忘れならないこと 9.好きな歌 10.日本語学習を振り返って ＊中国人日本語作文コンクール

復旦大学日本語専攻のプログラムでは、三・四年次に日本人専門家が指導する「上級日本語作文（上・下）」と「日本語アカデミックライティング」という作文科目がある。私が担当する「総合日本語Ⅰ（上・下）・Ⅱ（上・下）」は、四学期にわたり日本語の「聞く」「話す」「読む」「書く」「訳す」の基礎を学ぶものであり、「書く」能力の育成において「上級日本語作文」「日本語アカデミックライティング」のプレコースと位置付けられる。専攻四級試験が導入された後、日本語専攻の学生は二年次後期までに試験で要求される四百字作文の能力と、また三年次から交換留学で日本の大学で学ぶ学生は、ある程度のアカデミックライティングの能力を身につける必要がある。それを目標に、日本語能力とともに、学習者の日本語をベースにした観察力、思考力、感受性、表現力を育成するために、「総合日本語Ⅰ・Ⅱ」において作文指導を展開している。基礎教育段階の四学期に、隔週に一本の頻度で課題を出し、作文指導を総合日本語教育に織り込んでいる。上の表は、その指導の実施例である。

作文指導は内容面と日本語表現面を中心に行う。内容面では、学生の主体的な思考、感性、探究心を尊重し、表現面では、日本語の学習段階を考慮し、語彙、文型、文章構成などの面で正確で自然な言葉遣いを目指している。大学生は精神と心理面においては成熟期に近いが、日本語での表現力は母語での表現力よりはるかに低いため、作文で自分の考えや気持ちを表現することに限界があるという矛盾を抱えている。作文のテーマ設計は、初期段階は生活に密着した具体的なテーマを選ぶことに重点を置き、学習者の日本語レベルに合った、地に足のついた文体で書くように指導している。

入門段階に当たる一学期の作文は、四枚の写真に十二のセンテンスを添えるという形を取り、言葉だけで表現することへのプレッシャーを軽減し、学習者が自分の考えをよりイメージ化しやすいようにしている。

学生が構文の学習をほぼ完了した二学期の作文課題では、読解材料との関連性を重視した話題を選択し、

読解（インプット）— 要約（消化）—
思考（内在化）— 作文（アウトプット）

の学習ループにする。

三学期の作文課題は、形式を文章から口頭発表に変え、テーマを学生たちに決めてもらい、一分間のトークを録音という形で提出してもらう。授業の時は、クラスでお互いの作品を聴き合い、通訳し、評価し合い、皆の投票で「今週の佳作」を選出する。学習活動の中で、日本語で自分の意見を伝え、相手の視点から自分の文章を見つめ直す感覚を養う。

四級試験を控える第四学期には、過去問題の作文題を書かせ、正確性・規範性を重視した指導を行う。そして、作文の基礎段階の総括として、日本語の作文コンクールの題で書かせる。千五百文字の長めの作文なので、よりまとまった意見を述べることが可能になる。そのため、作文を書く前にクラスでテーマをめぐってディスカッションを行い、視角をより豊富にしたうえで、それぞれの考えを深めるようにしてもらう。

日本語作文の学習をする中で、学生たちは中国語と日本語による文章の発想の違いに気づく。中国語の文章は「ある問題に対する人々の見方」をまとめるアプローチを取ることが多く、全体的な見方や社会的な側面を重視するが、日本語の文章は「この問題に対する私の見方」

を整理していくアプローチを取ることが多く、このような考えに至るまでの経験や思考経路を重視する。表現の面では、中国文はレトリックと文章の勢いを重視し、日本文は緻密さと読み手の共感を重視する。このような意識は、学習者がより高いレベルのリーディングやライティングにおいて、文章に対する洞察や、自分の考えや感情に対する内省を深め、異文化コミュニケーション能力育成の土台を築くことにつながる。

艾 菁（がい せい）
復旦大学外文学院専任講師。復旦大学外文学院日本文学学部 研究科文学修士（二〇〇三年）、復旦大学国際関係学部研究科博士後期課程修了（二〇一六年）。『新高考日語 教程1－3』（二〇二三年、上海交通大学出版社）、『日語中級口訳教程』（二〇二二年、華東理工大学出版社）などの教材、『久石譲音楽手記』（二〇一八年、上海交通大学出版社）、『京都工芸・尋訪20家伝統工芸品牌』（二〇二三年、上海交通大学出版社）、『谷崎潤一郎情書集』（二〇一九年、重慶出版社）などの訳書を出版。

一人でも多くの学生に応募させる意義

～中国人学生による「外交白書」

南陽師範学院　五十嵐一孝

中国人学生による作文コンクールは日本の企業や各種団体主催のものもあり、中国でも人民中国を中心に政府主催のコンクールなどこれらは全て日本語教育のレベルアップに大いに貢献している。しかし、私はこの日本僑報社による作文コンクールが一番意義のあるコンクールだと確信している。なぜならばこの作文コンクールだけが二十年もの間一貫して「日中友好の懸け橋となること」をテーマにしているからだ。

当校からは昨年二クラス五十八名が全員応募、そして今年も二クラス四十九名全員が応募し、うち七名が二本書いたので合計五十六本となり二年続けて園丁賞をいただいた。また二年とも三等賞入賞一名と佳作賞五名を出すことができたが、私にとっては園丁賞の方がはるかに価値があるものだと思っている。それは一人でも多くの中国人学生が作文を書くことで将来の「日中友好の懸け橋」の逸材となることが確実だからだ。オリンピックのように参加（応募）することに意義があると学生たちにいつも説いている。即ち「中国人学生が日本語で作文を書くこと」自体が最大の意義であり、このコンクールは「作文力を競う」のではなく、「日中友好の懸け橋」となる中国人学生をいかに一人でも増やしていくことではないのか。一年間をかけてクラス全体で日中の将来に真摯に向き合う授業を続け、最終的にクラス全員が応募する。その間皆がお互いの作文を読み合い、意見交換をする。だから私にとっては数人の優秀な学生を入賞に導くというのは応募の目的ではない。だからこそ、毎年百名以上の応募を続けておられる武漢理工大学、長春理工大や寧波工程学院の三大学の先生方を始めとする園丁賞受賞校並びにその大学で指導されている先生方こそがこの作文コンクールの最大の功労者だと思っている。

私の一年間の作文の授業は新学期の九月から始まる。この九月というのは作文を教えるには最高のタイミングである。九月十八日の柳条湖事件は「国恥の日」、そして二十九日の「日中共同声明」。この二つの大きな歴史上の出来事を当然授業で扱う。腫れ物に触るような十八日の授業。歴史を淡々と話す。学生たちの表情は当然固い。そしてこの日の授業は最後に「だからこそ、私たちはこれから未来を一緒に築いていきましょう。皆さんが日本語を選んでくれて感謝しています。」という言葉で締めくくる。その十日後に今度は日中共同声明の日の授業。これは当時の写真やビデオを見せて調印式を再現する授業を続けている。学生には周恩来総理の役となり田中角栄総理役の私に言葉をかけてもらう。「飲水思源。言必信行心果。」という学生の言葉に私は「信為万事之本。」と返す。一人一人と教壇で固く握手を交わす。彼らの手を強く握りながら、感謝の気持ちでいつも涙ぐんでしまう。五十二年前、田中首相は上海空港の機上で五千人の市民に送られた。その時の上海市民の大歓声と同じように「中日両国人民の友好万歳」とクラス全員で張り裂けんばかりの声を出して私の授業は終わる。

彼らに日中友好の将来について作文を書いてもらうことは、国の外交政策の一環として認識されるべきではないだろうか。私は常々授業で「みなさん一人一人が外交官ですよ。」と言っている。この作文集は中国人学生による民間の「外交白書」と言っても過言ではない。それくらい価値のある作品集である。

深圳での日本人児童が被害者となった痛ましい事件後、これからの日中関係は一層の厳しさが予想される。そして、昨今のSNSによる誹謗中傷は放置できない大問題であることは事実だ。しかし、両国の政府がいくら情報管理をして投稿を削除しても本当の友好には繋がらない。そんな誹謗中傷やデマが自然と消えていく環境をお互いに作り上げていくことこそが時間はかかろうとも本来の筋ではないのか。

先日テレビニュースで二国間の友好度の調査結果が出ていた。反中指数は九十二%、そして反日指数は六十二%だった。三十八%の親日指数の中には間違いなく二十年間作文を書いてきた中国人学生が含まれている。そしてその親日中国人を一人でも多く増やしてくことが作文を書く意義であることを中国の大学で教壇に立っておられる先生方全てに理解していただきたい。この作品集は日中共同声明後の申し子として中国の大学で日本語を学ぶ学生たちが書き上げたバイブルでもある。一人でも多くの日本人、特に全国会議員に読んでいただくことを切望している。

日中共同声明後に周恩来総理がより強固な中日友好交流のため、中国全土の大学に日本語学科を設置せよとの大号令がなければ我々日本人教師は今教壇に立っていることはない。その友好の精神を歴代指導者が五十二年間絶えることなく保持してきたのだ。この国家としての大意を理解せず、事あるごとに政府による反日教育だと弾劾している風潮に対して、私たちができること、それは一人でも多くの学生にこの「外交白書」を書いてもらうことではないだろうか。

五十嵐一孝（いがらし かずたか）東洋大学法学部卒。外資系ホテル総支配人を長く務め、海外就労は現在六年目の中国を含めて八か国三十年に及ぶ。その間二〇一四年から一年間はドバイにて経産省AOTS日本語指導員。十九年にホテル業界を早期退職し、河南省南陽理工学院で初めて教壇に立つ。コロナ禍では日本よりオンライン授業を続け、二〇二二年より南陽師範学院に移り現在に至る。年間を通して「日中友好」と「魯迅」をテーマにした授業を行っている。また、運動場でのスポーツ授業や自然な日本語翻訳ができるよう英文和訳を授業に取り入れるなど、日本語を通して国際感覚を持てる学生になって欲しいと願い毎日彼らと向き合っている。

付 録

第1～19回 受賞者名簿

第19回
中国人の日本語作文コンクール受賞者一覧

最優秀賞・日本大使賞
趙志琳　吉林大学

一等賞
李　婧　北京大学
肖晶晶　大連外国語大学
郭夢宇　天津外国語大学
李雨宸　大連外国語大学
王珊珊　四川外国語大学

二等賞
李昕孺　大連外国語大学ソフトウェア学院
袁　傑　天津外国語大学
範楚楚　西安外国語大学
劉　陽　武漢大学
孫乾明　貴州大学
梁奕琪　中国人民大学
林詩琴　海南師範大学
王　旭　南京郵電大学
洪健洋　東華理工大学長江学院
張　芬　天津外国語大学
郭沁坤　西安交通大学
黄嘉瑋　同済大学
金思佳　寧波工程学院
羅鑫婷　華東師範大学
張加其　武漢理工大学

三等賞
劉星雨　北京科技大学
黄紫琴　南京農業大学
王宇琪　北方工業大学
何紫怡　湖南師範大学
姜　錦　大連外国語大学
余紀誼　香港聖瑪加利男女英文中小學
陳牧童　中央民族大学
余　威　湖北文理学院
覃淳昱　大連外国語大学
徐　凱　山東大学
曹湛碩　中国人民大学
赫晨陽　浙江師範大学
王奕文　長安大学
周　芬　江西財経大学
陳暁暁　広州南方学院
姚慧萍　嶺南師範学院
張守信　南京信息工程大学
繆永淇　嘉興学院
高　鵬　西安電子科技大学
羅鴻嘉　電子科技大学
劉明碩　厦門大学嘉庚学院
賈景錕　海口経済学院
李雨萱　華中師範大学
彭　煜　大連民族大学
呂冰洋　南陽師範学院
呂世傲　通化師範学院
段錦珊　長春理工大学
許子文　広東財経大学
張文暁　棗荘学院
孫燁璇　河北工業大学
蔡曉丹　恵州学院
周雨茜　湖州師範学院
曹婉婷　湖南財政経済学院
張聖恩　青島西海岸新区第八高級高校
胡凌鋒　上海交通大学
翟羽佳　淮陰師範学院
鄧雨潔　江西農業大学南昌商学院
楊淇冰　大連工業大学
滝逾越　浙江外国語学院
陳茂佑　南京師範大学

佳作賞
馬博雯　大連大学
王子鳴　吉林外国語大学
劉糸糸　四川外国語大学
袁秋莎　湖南農業大学
李旭博　蘭州理工大学
黄欣語　桂林理工大学
顧哲鑫　蘭州理工大学
林政蓉　福州外語外貿学院
劉亜菲　江蘇大学
吉　妍　陝西師範大学
謝珊珊　四川外国語大学
孫谷俊傑　西安電子科技大学
徐浩泉　東北財経大学
顧燁欣　浙江万里学院
段天然　菏澤学院
李璟洪　四川外国語大学
朱星宇　遼寧対外経貿学院
肖騏遥　大連外国語大学
劉蔚儒　遼寧師範大学
韓　未　四川外国語大学
高伊婷　武漢大学
郏妮庭　浙江萬里學院
那木吉力道爾吉・傲友図　武漢大学
白沙平　北京大学
王惠竹　大連外国語大学
姚嘉祺　吉林大学
李亜辰　吉林大学
趙卓言　遼寧師範大学
常　端　長春理工大学
田海涵　中央民族大学
尹秋艶　湖北文理学院
黄　少　湖北文理学院
蘇文潔　湖北文理学院
曾慶晨瑞　湖北文理学院
王佳怡　大連外国語大学
胡佳怡　大連外国語大学
陳思錦　大連外国語大学
劉雅琪　大連外国語大学
陳姣羽　大連外国語大学
邢篠婭　大連外国語大学
黄文棋　大連外国語大学
劉佳子　大連外国語大学
聶紫昕　貴州大学
岑宛玲　貴州大学
劉洋宸坤　貴州大学
兪璐旼　貴州大学
袁王飛　貴州大学
練晨静　泰山学院
王玉超　泰山学院
韓甜甜　山東大学
徐一凡　山東大学
劉　喜　中国人民大
孫紫瑜　中国人民大学
孫梓軒　中国人民大学
王藝錦　中国人民大学
曹　博　中国人民大学
葉韻雯　中国人民大学
唐孝瑄　海南師範大学
李　玲　南京郵電大学
許欽程　南京郵電大学
孫博恒　南京郵電大学
劉　暢　南京郵電大学
顧文静　南京郵電大学
叢　雯　大連東軟信息学院
閻旭鑫　大連東軟信息学院
趙慧聡　浙江師範大学
左慧玲　浙江師範大学
王雨涵　広州城市理工学院
周佳睿　福建師範大学
馬儀怡　長安大学
張欣然　長安大学
伍　妍　江西財経大学
時　寧　江西財経大学
張舒涵　江西財経大学
方駿飛　江西財経大学
何澤林　広州南方学院
邱雯琪　広州南方学院
王仕林　広州南方学院
呉　昊　広州南方学院
頼瑜濤　東華理工大学長江学院
譚林峰　東華理工大学長江学院
廖浩楠　贛東学院
鄧敦宇　贛東学院
顔瑋明　贛東学院
韓竺霖　贛東学院
劉　雪　西北大学
向　怡　西北大学
盧煒怡　嶺南師範学院
劉国鋒　嶺南師範学院
劉　玉　湖南文理学院
姚李璇　嘉興学院
楊忠振　嘉興学院
王鴻雁　嘉興学院

張嘉玉　嘉興学院
劉芳菲　雲南民族大学
麻訳文　西安電子科技大学
魏　征　西安電子科技大学
肖思洋　天津工業大学
王　燦　電子科技大学
王馨露　厦門大学嘉庚学院
王紳瀚　海口経済学院
孔一葦　安徽外国語学院
尚禎哲　天津外国語大学
李雪晴　天津外国語大学
黄友丞　天津外国語大学
陳健聡　天津外国語大学
汪嘉軒　天津外国語大学
劉宇傑　天津外国語大学
李謝康祺　天津外国語大学
李禹澄　天津外国語大学
林家琪　天津外国語大学
鄭徳滙　天津外国語大学
林　婧　天津外国語大学
岳緒東　天津外国語大学
高賽威　天津外国語大学
邵聖博　上海外国語大学
張宇帆　西南交通大学
何怡張妍　西南交通大学
趙鮮鳳　西南交通大学
杜佳欣　華中師範大学
曾暁琪　東華理工大学
陳婧怡　東北大学秦皇島分校
曹佳寧　大連民族大学
何欣怡　大連民族大学
徐新惠　大連民族大学
肖仲瑶　大連民族大学
魏　巍　大連民族大学
金賢美　大連民族大学
曾　銘　南陽師範学院
鄭明琛　南陽師範学院
林雨婷　南陽師範学院
陳暁陽　南陽師範学院
盛暁星　南陽師範学院
孫旭雅　南陽師範学院
李広楽　西安交通大学
姚晨雨　西安交通大学
林全美　通化師範学院
朱海栄　通化師範学院
孫舒悦　南京工業大学
陳雨濤　南京工業大学
徐詩饒　大連芸術学院
姜賀丹　大連芸術学院
管小西　大連海事大学
趙熊康　同済大学
張欣雨　同済大学
包　容　同済大学
孫嘉琰　同済大学
胡佳保　同済大学
曾良春　同済大学
李　敏　同済大学
袁雪喆　ハルビン工業大学
周　南　長春理工大学
陳壹媛　長春理工大学
呉楠楠　長春理工大学
劉艾亭　長春理工大学
孫言諾　長春理工大学
陳宝毅　長春理工大学
祝　宸　長春理工大学
姜　雨　長春理工大学
閻靖雨　大連理工大学
周俊哲　大連理工大学
張楽揚　安徽師範大学
鐘広彬　広東白雲学院
潘彩珍　広東財経大学
李海此　広州軟件学院
張凌雲　江漢大学
馬文浩　棗荘学院
関　飛　棗荘学院
盛鈺棋　棗荘学院
鄭逸然　棗荘学院
馬玉迪　棗荘学院
李詩韵　寧波工程学院
郭芝虹　寧波工程学院
顧菁菁　寧波工程学院
劉舒雅　寧波工程学院
黄　彬　寧波工程学院
許潘怡　寧波工程学院
馬鍇元　寧波工程学院
王小一　寧波工程学院
朱益敏　寧波工程学院
林懿鵬　寧波工程学院
陳叶凡　青島幼児師範高等専科学校
叢聖力　大連櫻華高校
劉一楽　河北工業大学
詹舒銘　恵州学院
陳建君　恵州学院
陳俊宇　恵州学院
殷　杰　恵州学院
周世杰　恵州学院
林禄雯　恵州学院
葉俊傑　恵州学院
鍾栄昌　恵州学院
王玉潔　恵州学院
陳璐丹　湖州師範学院
劉玉珠　北京科技大学
房巧兮　南京外国語学校
王子楽　西南政法大学
尹敏晶　大連大学
李　甲　大連大学
宋暁妍　湖南財政経済学院
丁子桐　青島西海岸新区第八高級高校
王　琨　青島西海岸新区第八高級高校
肖保豊　青島西海岸新区第八高級高校
王佳茹　青島西海岸新区第八高級高校
陳春燕　玉林師範学院
農粤世　玉林師範学院
王璐児　上海交通大学
陳宣宇　華東師範大学
呉嘉欣　華東師範大学
黄可児　華東師範大学
王殿夫　華東師範大学
陸姝怡　華東師範大学
袁氷心　華東師範大学
鄭水清　華中師範大学
崔瓏皓　東北育才学校
孫皓涵　東北育才外国語学校
黄暁瑩　上海師範大学天華学院
石　碩　楽山師範学院
劉春芳　淮陰師範学院
馮　想　淮陰師範学院
劉　玺　淮陰師範学院
伏俊豪　江西農業大學南昌商學院
郭鑫池　江西農業大學南昌商學院
高立煒　江西農業大学南昌商学院
呂皓佳　南通大学
楊佳鑫　南通大学
王思琪　大連工業大学
王寵斌　大連工業大学
隋汶延　大連工業大学
李鑫涛　大連工業大学
王晨璐　浙江外国語学院
黄伊諾　浙江外国語学院
鐘国有　浙江外国語学院
傅星奕　浙江外国語学院
張振宇　浙江外国語学院
曹馨予　浙江外国語学院
蔡俊丞　浙江外国語学院
楊婉婷　広東培正学院
邱　毅　広東培正学院
胡新潮　広東培正学院
劉文松　武漢理工大学
鄭　穎　武漢理工大学
葉衛康　武漢理工大学
潘　錚　武漢理工大学
阮宣穎　武漢理工大学
胡　潔　武漢理工大学
楊紫慧　武漢理工大学
文　傑　武漢理工大学
張文力　武漢理工大学
羅禹潤　武漢理工大学
李鑫宇　武漢理工大学
包欣怡　寧波大学科学技術学院
朱興達　寧波大学科学技術学院
張順卿　寧波大学科学技術学院
高暁慶　南京師範大学
肖伊凱　南京師範大学
謝　逸　南京師範大学
方紅鑫　南京師範大学
仲　珊　南京師範大学
祁　郁　上海外国語大学附属外国語学校
魏　雅　安陽師範学院
呉曉月　安陽師範学院
胡嘉儀　吉林大学
代琦琦　湖南農業大学
陳　珊　湖南農業大学
周金成　湖南農業大学
麦婷詩　広州工商学院
陳錫泰　広州工商学院
張芸成　広州工商学院
袁　翊　広州工商学院
王　剛　桂林理工大学
張　婷　蘇州科学技術大学天平学院
李駿麒　北京師範大学
肖開顔　北京師範大学
崔睦晨　北京師範大学

第18回
中国人の日本語作文コンクール受賞者一覧

最優秀賞・日本大使賞
李　月　西北大学

一等賞
郭夢宇　天津外国語大学
周美彤　広東理工学院
張紀龍　北京第二外国語学院
繆名媛　中央民族大学
厳穆雪　西安交通大学

二等賞
覃　越　西安外国語大学
朱　瑩　西安外国語大学
楊睿倫　ハルビン工業大学
王　博　大連大学
鄭昀茜　天津外国語大学
胡佳怡　大連外国語大学
李旻玥　大連外国語大学
黎芷妍　復旦大学
唐孝瑄　海南師範大学
潘新馨　湖南大学
張嘉偉　東華理工大学長江学院
王晨璐　浙江外国語学院
李　楊　南京師範大学
呂世傲　通化師範学院
沈可心　清華大学

三等賞
戴志衡　広州南方学院
賀思婷　広東外語外貿大学
楊芸嘉　貴州大学
王玉珠　青島職業技術学院
周　穎　上海外国語大学賢達経済人文学院
向依純　華東師範大学
陳　韓　中国人民大学
何家思　江西農業大学南昌商学院
孫桐薪　大連東軟信息学院
趙珮月　青島大学
楊宇昕　南京郵電大学
許朧月　北京師範大学
張銘書　大連民族大学
李溪桐　福州大学
盧一平　南京農業大学
常　端　長春理工大学
姚徳良　恵州学院
周佩然　遼寧対外経貿学院
王慧雯　湖州師範学院
劉　陽　武漢大学
郭軼凡　大連理工大学
許以諾　上海交通大学
張培瑜　山東農業大学
来琳飛　寧波工程学院
孫清清　淮陰師範学院
郭文超　南陽理工学院
鞠文婷　遼寧師範大学
呉思桐　武漢理工大学
蘇文君　南通大学
袁　輝　西安文理学院
沈佳健　南京工業大学
張洛陽　四川外国語大学
王盼盼　天津理工大学
崔珂萱　山東理工大学
王奕丹　天津師範大学
袁逸婷　福州外語外貿学院
鄒清楊　復旦大学附属中学
張馨方　江南大学
張辰浩　山西師範大学
趙志琳　吉林大学

佳作賞
柳亜男　対外経済貿易大学
李　飛　天津工業大学
趙　鑫　泰山学院
関　鍵　泰山学院
黄　容　広州南方学院
林　洋　広州南方学院
張心鈺　広州南方学院
陳月林　広州南方学院
林洪威　広州南方学院
李炎春　広東外語外貿大学
黄涵婧　広東外語外貿大学
曾慶禧　広東外語外貿大学
張雅寧　温州医科大学仁済学院
呂雪浩　温州医科大学仁済学院
陸文琦　温州医科大学仁済学院
韓青娥　中央民族大学
金海晶　中央民族大学
劉雨桐　貴州大学
敬卓越　貴州大学
劉　毅　貴州大学
王誉璇　貴州大学
李　娉　貴州大学
鄒欣航　貴州大学
毛倩玉　貴州大学
鄭茗陽　上海建橋学院
董舒雅　西安外国語大学
楊俊涛　西安外国語大学
張莞真　東北育才外国語学校
孫秀雲　大連大学
王春陽　大連大学
金黴儒　西安外国語大学
肖　可　湖北文理学院
向　波　湖北文理学院
呉　倩　湖北文理学院
殷小山　湖北文理学院
尚雨婷　湖北文理学院
丁子涵　天津外国語大学
高　妍　天津外国語大学
張可悦　天津外国語大学
黄曼琳　天津外国語大学
李嘉棋　天津外国語大学
廖穎恬　天津外国語大学
張秀雲　天津外国語大学
張胤祥　天津外国語大学
徐　暢　天津外国語大学
俞森雯　天津外国語大学
李　楊　華東師範大学
王懿慧　中国人民大学
孫梓軒　中国人民大学
葉韻雯　中国人民大学
孔繁昊　江西農業大学南昌商学院
雷祉鈺　江西農業大学南昌商学院
程少婕　江西農業大学南昌商学院
李　穎　大連東軟信息学院
王奕飛　大連東軟信息学院
宮　磊　大連東軟信息学院
王　可　大連東軟信息学院
許晨龍　大連東軟信息学院
李七建　大連東軟信息学院
辛金盈　大連外国語大学
関　欣　大連外国語大学
馬婧芸　大連外国語大学
郭桂丹　大連外国語大学
姜晴微　大連外国語大学
金宇航　大連外国語大学
汪禹彤　大連外国語大学
裴軼涵　大連外国語大学
方　瑩　大連外国語大学
鄭錦涛　広東財経大学
王　斯　西北大学
李鑫燁　西南交通大学
頼小可　西南交通大学
陸衍伶　西南交通大学
韓希晨　西南交通大学
李皎瑩　西南交通大学
申雅婷　復旦大学
孫　童　復旦大学
王諾誠　揚州大学
梁宝怡　広東白雲学院
宋宸葶　電子科技大学
張楽揚　安徽師範大学
孫璇涛　安徽師範大学
王　丹　安徽師範大学
張欣然　長安大学
温志瑶　長安大学
周曉藝　南京郵電大学
蘇瑞琪　南京郵電大学
王　楷　南京郵電大学
申思行　南京郵電大学
蒋　卓　南京郵電大学
譚雅文　嶺南師範学院
梁志亮　嶺南師範学院
林恵娥　嶺南師範学院
蘇揚婷　嶺南師範学院
蘇泳妍　嶺南師範学院
曾勝香　嶺南師範学院
黄婉晴　嶺南師範学院
程嘉怡　北京師範大学
桂嘉雨　北京師範大学
黄心蕊　北京師範大学
許鑫媛　福州外国語学校
張　玥　福州外国語学校
許　璐　南京信息工程大学
趙思琪　南京信息工程大学
徐佳銘　大連民族大学
蔡森鑫　大連民族大学
梅靜婷　大連民族大学
于沐可　大連民族大学
曹恵茜　大連民族大学
蒋　媛　大連民族大学
周梓凝　大連民族大学
賈好林　大連民族大学
劉桐旭　大連民族大学
肖　蕊　大連民族大学
盧欣語　大連民族大学
李佳洺　大連民族大学
金志炫　大連民族大学
何長青　湖南大学
楊子慧　湖南大学
紀　香　湖南大学
顔忻怡　湖南大学
顔　榕　湖南大学
王晨辰　浙江師範大学
林文紅　福州大学
張鑫鈺　江西師範大学科学技術学院
呉楠楠　長春理工大学
安桂霆　長春理工大学
李　穎　長春理工大學
陳曉悦　長春理工大学

第1～19回　受賞者名簿

陳淑婷	長春理工大学
李一諾	雲南民族大学
姚徳良	恵州学院
黄潔桐	恵州学院
魏嘉諾	恵州学院
聞小晴	恵州学院
呉婉虹	恵州学院
王寶瑩	恵州学院
羅嘉樂	恵州学院
陳建君	恵州学院
周世傑	恵州学院
陽舞雪	恵州学院
戴淑静	遼寧対外経貿学院
孟君朔	遼寧対外経貿学院
何佳雯	遼寧対外経貿学院
王思翰	遼寧対外経貿学院
王金爍	遼寧対外経貿学院
荀　曦	遼寧対外経貿学院
姚暁宇	遼寧対外経貿学院
李泰運	遼寧対外経貿学院
王　楽	西安外事学院
何　曄	厦門大学嘉庚学院
李詩文	厦門大学嘉庚学院
余佳壕	四川師範大学
詹志偉	四川師範大学
張思琪	四川師範大学
王鑫偉	山東大学（威海）
張雯宇	山東大学（威海）
宮　赫	山東大学（威海）
周　洋	重慶外語外事学院
彭薪睿	重慶外語外事学院
袁　迪	重慶外語外事学院
唐哲豪	上海理工大学
狄　峰	武漢大学
李　璐	武漢大学
羅　穎	武漢大学
夏霄龍	武漢大学
賈家琛	武漢大学
李潤楠	東華理工大学長江学院
王建美	東華理工大学長江学院
何夢傑	東華理工大学長江学院
鄧春燕	東華理工大学長江学院
頼嬿羽	東華理工大学長江学院
呂　昊	同済大学
傅奕宸	大連桜華高級中学
姜伝宇	大連桜華高級中学
聞敏慧	大連桜華高級中学
趙夢琳	安徽大学
鳳君奇	安徽大学
黄雪妍	上海交通大学
王璐儿	上海交通大学
閻　冬	上海交通大学
孔昕然	湖南文理学院
文覃姮	湖南文理学院芙蓉学院
馬文浩	棗荘学院
曲雅茹	棗荘学院
李維駿	楽山師範学院
朱家朋	楽山師範学院
張　玉	青島幼児師範高等専科学校
李健聡	恵州経済職業技術学院
黄祺芯	恵州経済職業技術学院
李晨茜	武漢城市学院
靳晴晴	安徽外国語学院
李　宇	山東農業大学
夏　潔	山東農業大学
孫芸嘉	山東農業大学
許昊辰	山東農業大学
陸　杜	広州城市理工学院
頼思敏	広州城市理工学院
張芸凡	東北大学秦皇島分校
劉松寧	東北大学秦皇島分校
史可聞	東北大学秦皇島分校
費子寧	東北大学秦皇島分校
朴俐穎	大連外国語大学
于馥榕	大連外国語大学
盧楚鴻	広東培正学院
朱学林	広東培正学院
劉　旭	大連海事大学
肖文瑶	大連海事大学
頼茗雨	大連海事大学
李　翩	広州工商学院
黄露漩	広州工商学院
覃尓杰	広州工商学院
鄭盛華	寧波工程学院
潘汶蔚	寧波工程学院
顧晴宇	寧波工程学院
屈凱歌	寧波工程学院
陳佳穎	寧波工程学院
李佳錦	寧波工程学院
董加鋼	寧波工程学院
王　鵬	寧波工程学院
金思怡	淮陰師範学院
陳佳鈺	淮陰師範学院
王珊珊	淮陰師範学院
張静燕	淮陰師範学院
李怡然	大連芸術学院
劉力暢	遼寧師範大学
張宇寧	遼寧師範大学
邱雨歆	天津科技大学
袁佳韵	天津科技大学
陳佳毅	天津科技大学
張暁萌	天津科技大学
羅昊強	武漢理工大学
詹為軒	武漢理工大学
王欣宇	武漢理工大学
于亜波	武漢理工大学
陳子怡	武漢理工大学
劉璐璐	武漢理工大学
李褘宸	武漢理工大学
張文力	武漢理工大学
鄭　宇	武漢理工大学
黄　筱	武漢理工大学
羅禹潤	武漢理工大学
ナミラ・スマイ	武漢理工大学
陳子軒	武漢理工大学
王　穎	安陽師範学院
張詩樺	嘉興学院
銭興平	嘉興学院
高　添	嘉興学院
劉佳佳	嘉興学院
湯煜楠	嘉興学院
黄世元	西安培華学院
許　諾	吉林外国語大学
張婷靖嵐	浙江外国語学院
応　蘇	浙江外国語学院
王嘉寧	浙江外国語学院
唐曼暢	浙江外国語学院
李典蔚	浙江外国語学院
李雪婷	浙江外国語学院
黄思捷	浙江外国語学院
袁詩淇	南通大学
史双月	南通大学
劉凡凡	南通大学
趙　倩	南通大学
王佐霖	南通大学
範　穎	南通大学
胡瑀珊	西安交通大学
呉映霏	西安交通大学
楊睿儀	西安交通大学
周俊言	西安交通大学
史欣雨	西安交通大学
冉暁琳	西安交通大学
劉褘然	蘭州大学
胡耘瑋	蘭州大学
李　禾	蘭州大学
鄧伊鈴	蘭州大学
侯暁琳	蘭州大学
張瑞雪	蘭州大学
李嘉琦	大連理工大学城市学院
王天瑶	大連理工大学城市学院
周宇軒	大連理工大学城市学院
章年海	大連理工大学城市学院
周子祺	大連理工大学城市学院
方駿宇	上海外国語大学附属外国語学校
張可欣	南京師範大学
蘭茵子	南京師範大学
高暁慶	南京師範大学
関晟萱	南京師範大学
張方捷	南京師範大学
陸玉潔	南京工業大学
韋蔔文	南京工業大学
楊　蘭	南京工業大学
趙瑞琪	南京工業大学
陳燕怡	韶関学院
彭欣瑋	西安電子科技大学
範鈺婧	西安電子科技大学
張潤沢	西安電子科技大学
劉洺麟	大連工業大学
李金輝	大連工業大学
王弈龍	嘉興南湖学院
沈炯韜	嘉興南湖学院
江晨陽	嘉興南湖学院
孫佳琪	嘉興南湖学院
兪佳陽	嘉興南湖学院
鄧宇晴	華中師範大学
陳葉凡	青島幼児師範高等専門学校
張如宏	天津理工大学
劉朝陽	対外経済貿易大学
孫安頔	青島大学
胡韋雅	河北北方学院
宋　悦	四川大学
陳非余	蘭州理工大学
石　天	長江大学
黄義婷	蘇州科技大学天平学院
劉茜如	鞍山師範学院
唐雪倩	華中師範大学
馮　貞	西安電子科技大学
楊子琪	天津理工大学
馮佩思	山西師範大学
殷櫻菲児	青島科技大学
胡　嘉	南京暁荘学院
李暁寒	煙台大学
史高捷	河北北方学院
彭茗琪	煙台大学
于国澳	蘭州理工大学
江浩塵	西南民族大学
張凱妮	北京市第二外国語学院
王舒可	蘭州理工大学
王欣晨	清華大学
張瑋澤	景徳鎮陶磁大学
張沢軍	湖南外国語職業学院
張欣然	南京大学
崔嘉儀	江西財経大学
馮何辰	上海市海事大学
李　郡	蘭州理工大学
廖華玉	嘉興南湖学院
于韵姿	北京外国語大学附属中学校

第17回
中国人の日本語作文コンクール受賞者一覧

最優秀賞・日本大使賞
潘暁琦　復旦大学

一等賞
張瀟涵　大連外国語大学
欧華慶　天津外国語大学
李佳鈺　西北大学
張偉莉　大連外国語大学
馬礼謙　西安交通大学

二等賞
楊晨煊　寧波工程学院
王　兵　河北工業大学
于国澳　蘭州理工大学
呉雨鑫　杭州師範大学
朱　敏　山西師範大学
趙　鈺　上海交通大学
張欣然　南京工業大学
黄宇婷　蘇州大学
傅嘉惠　中国人民大学
王夢妍　大連外国語大学
鄭嘉慧　南京信息工程大学
朱雅蘭　上海大学
鍾月云　中南林業科技大学
孫　立　上海理工大学
黄舒晨　浙江外国語学院

三等賞
趙玥龙　ハルビン工業大学
付睿敏　西南交通大学
周添文　東華理工大学長江学院
雷宇彤　大連東軟信息学院
王雅捷　北京第二外国語学院
肖　培　江西財経大学
周　淼　貴州大学
張可悦　天津外国語大学
崔鈺穎　泰山学院
李彦潼　浙江師範大学
何鑫淼　大連外国語大学ソフトウェア学院
何　琛　大連外国語大学
顧　駿　上海市徐匯区董恒甫高級中学
楊彬彬　南京郵電大学
趙雪嬈　青島大学
張馨雨　長安大学
李本曦　山東大学（威海）
陳傲雪　湖北大学
楊笑格　南陽理工学院
呉　憂　北京科技大学
潘路路　湖南大学
林飛燕　中国人民大学、延安大学
郝祥怡　四川師範大学
劉鹿宸　同済大学
頼海燕　恵州学院
銭文潔　通化師範学院
厳雲昀　電子科技大学
楊海燕　大連民族大学
王子琳　大連外国語大学
鄭可心　淮陰師範学院
楊偉奇　嘉興学院
馬俊宇　瀋陽航空航天大学
陳子怡　武漢理工大学
梁子丹　広東外語外貿大学南国商学院
孫博洋　安徽師範大学
陳思汗　天津科技大学
陳政営　東北財経大学
呂艶青　大連海事大学
宋　偉　河南師範大学
羅　丞　湖北文理学院

佳作賞
劉汐瑾　上海建橋学院
陳　蕾　上海建橋学院
李寶潔　南京理工大学
姜　敏　浙江工商大学
馮偉春　江西農業大学南昌商学院
胡明宇　西南交通大学
王　宇　西北大学
程正芳　東華理工大学長江学院
張小宇　東華理工大学長江学院
占来弟　東華理工大学長江学院
何婉章　大連東軟信息学院
常雨哲　大連東軟信息学院
李卓璇　広州南方学院
曽鈺渟　広州南方学院
張智綺　蘇州大学文正学院
黄雪苗　蘇州大学文正学院
陳莉婷　寧波工程学院
楊澤俊　寧波工程学院
孫嘉懿　寧波工程学院
厲惠予　寧波工程学院
滕径軒　ハルビン工業大学
田文奇　ハルビン工業大学
陳燕紅　哈爾浜師範大学
武鈺旻　西安電子科技大学
王国凰　西安電子科技大学
付　瑜　貴州大学
張玲梓　貴州大学
孫友鳳　貴州大学
徐　暢　天津外国語大学
王心懿　天津外国語大学
張宜麟　泰山学院
陳　韻　杭州師範大学
趙欣茹　浙江師範大学
張桂萍　浙江師範大学
戦暁璇　大連外国語大学ソフトウェア学院
何　進　大連外国語大学ソフトウェア学院
張澤実　大連外国語大学ソフトウェア学院
周子依　広西大学
安宇雯　大連外国語大学
賈子含　河北工業大学
蘇芸璇　河北工業大学
黄嘉琪　広東財経大学
林依玫　広東財経大学
陳浣沅　広東財経大学
黄雄文　湖北大学
郝一菲　山西師範大学
周芷煊　南京航空航天大学
梁佳淇　天津理工大学
黄瑜瑩　中国海洋大学
李思怡　温州医科大学仁済学院
李明洋　海南師範大学
趙姣姣　海南師範大学
劉心語　南京郵電大学
申思行　南京郵電大学
劉　琛　南京郵電大学
蒋　卓　南京郵電大学
胡　洋　南京郵電大学
李欣桐　湖北大学
冷佩衡　海口経済学院
鄧江婷　重慶外語外事学院
陳嘉韻　長安大学
張涵晨　長安大学
許以諾　上海交通大学
張雨欣　天津理工大学
朱慧敏　南京工業大学
宋　琦　南京工業大学
王　琳　山東大学（威海）

廖梓良	山東大学（威海）
徐逸雲	揚州大学
趙暁函	湖南農業大学
鍾栄淦	江西農業大学南昌商学院
但家敏	江西農業大学南昌商学院
高倩琳	江蘇師範大学
王俊芳	北京科技大学
段懿入	北京科技大学
周文佳	北京科技大学
徐　爽	北京科技大学
鐘楚清	大連芸術学院
陸相凝	湖南大学
孫　佳	湖南大学
曾倩儀	嶺南師範学院
李錦怡	嶺南師範学院
范羽婷	嶺南師範学院
藍　麗	嶺南師範学院
豊　収	天津理工大学
熊暁宇	中国人民大学
陳　韓	中国人民大学
李瓊垚	四川師範大学
劉　露	大連海洋大学
童兆雄	大連海洋大学
朱暁航	恵州経済職業技術学院
劉博宇	湖州師範学院
張渲若	湖州師範学院
譚莉莉	湖州師範学院
郭子涵	同済大学
袁依慧	南京林業大学
張思卿	南京林業大学
陳漫妮	恵州学院
陳婉純	恵州学院
熊静文	江西農業大学南昌商学院
王瑞馨	通化師範学院
李璟洪	成都理工大学
胡琳烯	電子科技大学
張　妍	電子科技大学
楊蔚彧	華東師範大学
穆尼賽・阿不都艾尼	華東師範大学
張星雨	南京暁荘学院
焦新紀	東北大学秦皇島分校
陳佳美	浙江工業大学
徐可児	浙江工業大学
王桔双	浙江万里学院
余婉琪	浙江万里学院
許淑紅	浙江万里学院
劉　璐	大連外国語大学
牟暁睿	遼寧大学
方宸凌	大連民族大学
周懐森	大連民族大学
趙政宏	大連民族大学
侯嘉偉	大連民族大学
任遠博	大連民族大学
呉松楠	大連民族大学
陳怡君	大連外国語大学
舒文俊	大連外国語大学
王　萌	大連外国語大学
袁　琦	大連外国語大学
姜晴溦	大連外国語大学
銭楚華	嘉興南湖学院
楼倩倩	嘉興南湖学院
皇甫菁菁	上海外国語大学賢達経済人文学院
李方蝶	南陽理工学院
陳　涵	南陽理工学院
沈嘉楽	淮陰師範学院
駱偉燕	淮陰師範学院
李若琳	淮陰師範学院
趙慧玲	南京信息工程大学
朱倩容	南京信息工程大学
朱偉俊	南京信息工程大学
楊　光	南京信息工程大学
蘭　天	天津工業大学
張浩宇	天津工業大学
葉涵丹	温州医科大学仁済学院
黄思淇	嘉興学院
劉賢錦	嘉興学院
郭宇陽	武漢理工大学
史欣鷺	武漢理工大学
白爾娜	武漢理工大学
張辰浩	山西師範大学
王可怡	魯東大学
何紹斌	福州大学
呉冰瓊	大連外国語大学
李欣航	大連外国語大学
劉燕君	廣東外語外貿大学南国商学院
王一涵	大連理工大学
馬敏慧	瀋陽建築大学
李珂珂	安徽師範大学
胡文志	青島大学
胡文睿	天津科技大学
羅秋燕	天津科技大学
李文涛	天津科技大学
孟艶艶	天津科技大学
汪躍男	天津科技大学
趙国花	天津科技大学
戚智超	天津科技大学
王　涵	天津科技大学
張天安	東北財経大学
李月琪	大連海事大学
王新月	南通大学
馬夢琦	合肥学院
巫　倩	合肥学院
李　傑	合肥学院
劉　婷	合肥学院
袁　藝	合肥学院
張興磊	桂林理工大学
賈婭娜	西安文理学院
李嘉桐	西安文理学院
馮蔚然	吉林外国語大学
程　龍	大連理工大学
田高寧	大連理工大学
李嘉軒	大連理工大学
王婷婷	安陽師範学院
宋亦文	上海外国語大学附属外国語学校
李帥辰	大連理工大学城市学院
葛　華	大連理工大学城市学院
劉暁佳	大連理工大学城市学院
朱栄柏	大連理工大学城市学院
張宇深	広州工商学院
范偉堅	広州工商学院
楊睿儀	西安交通大学
陳子玉	浙江農林大学
孫雨諾	浙江農林大学
鄭園園	浙江農林大学
張遠遠	南京師範大学
銭　涔	南京師範大学
王鈺清	南京師範大学
董冠麟	南京師範大学
趙一寧	大連工業大學
端英雪	大連工業大學
程　丹	南陽理工学院
欒嘉華	遼寧師範大学
生巴提・吐爾森江	北京科技大学
夏星児	北京科技大学
黄文婕	西安培華学院
徐子麟	上海理工大学
王　暢	首都師範大学
兪哲晟	上海理工大学
唐哲豪	上海理工大学
李旻姝	エディンバラ大学
賈　瑶	桂林旅遊学院
楊晨陽	華東理工大学
黄婧雯	江西財経大学
張　一	上海海洋大学
沈　欣	上海理工大学
張暁玲	中南林業科技大学
韓　梅	華東理工大学
呉　迪	河南師範大学
王茂彬	河南師範大学
石田威	河南師範大学
向朴容	湖北文理学院
王茹夢	江蘇理工学院

第16回
中国人の日本語作文コンクール受賞者一覧

最優秀賞・日本大使賞

萬園華	大連外国語大学

一等賞

李矜矜	安徽師範大学
陳　朝	清華大学
孔夢歌	西安電子科技大学
彭多蘭	東北財経大学
劉　昊	南京師範大学

二等賞

肖蘇揚	中国人民大学
銭楽卿	山西師範大学
柯国豪	恵州学院
劉思琪	南開大学
屠洪超	寧波工程学院
陳　瑶	煙台大学
王子璇	河北工業大学
劉力暢	遼寧師範大学
馮　雨	天津科技大学
張家銘	北京科技大学
張佳穎	西安交通大学
郭恬媛	福州大学
宋佳璇	北京外国語大学
王子尭	大連理工大学
朱雅蘭	上海大学

三等賞

潘芸丹	大連海事大学
楊彬彬	南京郵電大学
尹倩倩	東華理工大学長江学院
王雅捷	北京第二外国語学院
李若凡	湖南大学
呉露露	華中師範大学
栾　霏	東南大学
王華瑩	大連外国語大学
田欣易	西安電子科技大学
朱玲璇	長安大学
熊小嬌	江西農業大学南昌商学院
彭楚鈺	中国人民大学
郭凡辰	上海外国語大学
王瑋綺	蘇州大学
尚楚岳	北京師範大学
万暁婕	上海外国語大学賢達経済人文学院
梁楽玄	嘉興学院
李浩哲	南京信息工程大学
胡琳烯	電子科技大学
肖嘉梁	アモイ大学
程　瑞	山東財経大学
何倩穎	南開大学
劉　通	上海師範大学
張　斉	大連東軟信息学院
馮　静	西安財経大学
謝雨晗	南京理工大学
蒋　霜	四川大学
周潔儀	嶺南師範学院
眭　晴	大連外国語大学
潘　燕	四川大学
丘嘉源	恵州学院
高宇萱	清華大学
余子岩	寧波工程学院
張元昊	ハルビン工業大学
雷　韜	ハルビン工業大学
張九九	河北工業大学
沈子新	四川外国語大学
李潤淇	天津理工大学
宋子璇	華東師範大学
熊安琪	華東師範大学
蔡　格	杭州師範大学
楊偉佳	魯東大学
王鑫鑫	青島大学
李　睿	桂林理工大学
繆蓮梅	天津科技大学
喬十惠	東北財経大学
謝絮才	北京科技大学
張凱妮	浙江農林大学
黄麗貝	浙江師範大学
劉偉婷	南京農業大学
周千榆	東北育才外国語学校
馬文曄	上海交通大学
周嘉雨	上海交通大学
石小異	上海外国語大学付属外国語学校
李亜昀	福州大学
弓金旭	西安翻訳学院
袁江淼	大連理工大学
王芸儒	大連工業大學
姚莉霞	韶関学院
蔣海躍	淮陰師範学院

佳作賞

劉清霞	貴州財経大学
李晨銘	大連海事大学
郭子龍	商丘師範学院
印宏源	南京郵電大学
宋緒泓	南京郵電大学
張媛媛	東華理工大学長江学院
郭宏韜	大連外国語大学
昝林林	湖南大学
王依婷	湖南大学
朱　辰	湖南大学
曹宇欣	湖南大学
鍾子龍	北京言語大学
郭　馨	泰山学院
亓旻涵	泰山学院
李詠月	大連外国語大学
張南南	陽光学院
張玉梅	陽光学院
趙博豪	陽光学院
李文玉	陽光学院
林曼欣	陽光学院
李　静	長安大学
王子烜	南京工業大学
李紀欣	南京工業大学
周書穎	南京工業大学
趙文進	南京工業大学
王沁遥	南京工業大学
張愛佳	大連外国語大学
孫瑞閣	東華大学
章安泰	東華大学
白文娜	北京第二外国語学院
管紋萁	大連外国語大学
王　岩	清華大学
王新賀	福州大学至誠学院
郭夢瑶	福州大学至誠学院
朱諾彤	福州大学至誠学院
杜雨清	西北大学
劉霈祺	西北大学
李逸純	西北大学
張家桐	西北大学
馮　帆	西北大学
余麗霞	江西農業大学南昌商学院
武鈺茜	北京外国語大学
常曦文	雲南民族大学
洪　霞	大連外国語大学
李朋錕	大連外国語大学
王懿崢	清華大学
王虹悦	大連外国語大学
黄　嶢	陽光学院
黄燕雯	恵州経済職業技術学院
張　格	恵州経済職業技術学院
郭雪瑩	嘉興学院
武佳汶	電子科技大学
馬明宇	大連東軟信息学院
王鴻鑫	大連東軟信息学院
呂　凡	南開大学
盧思雅	大連外国語大学

張雨辰	武漢大学
陳　鵬	中国海洋大学
賈　琳	内モンゴル大学
崔　煜	大連外国語大学
謝金秀	四川大学
江南蔵	北京外国語大学
李　舒	山西師範大学
張　浙	南京信息工程大学
呉明琅	蘭州大学
孫若沛	蘭州大学
付　毅	江西財経大学
劉敏莉	江西財経大学
賈文琦	上海建橋学院
王立雪	蘭州理工大学
張賢婷	浙江万里学院
王渙之	浙江万里学院
宋金霞	遼寧何氏医学院
黒湘珺	遼寧何氏医学院
周怡洋	上海師範大学天華学院
曽　敏	嶺南師範学院
彭万里	嶺南師範学院
葉穎怡	嶺南師範学院
崔伯安	大連外国語大学
趙宇航	大連外国語大学
孫夢竹	大連外国語大学
庄鑫洋	大連外国語大学
楊薦刈	貴州大学
周偉儀	恵州学院
林忠玲	恵州学院
李佳児	恵州学院
徐影霞	恵州学院
張汶栾	恵州学院
饒雲芳	恵州学院
庄暁蝶	恵州学院
陳　敏	恵州学院
李東麗	運城学院
易和平	海南師範大学
劉　雪	海南師範大学
李椏蕾	清華大学
幸鋭芳	韶関学院
夏文雅	山東大学（威海）
李　馨	山東大学（威海）
張怡寧	山東大学（威海）
何雨萌	寧波工程学院
黄舒寅	寧波工程学院
黄小楠	寧波工程学院
方　婕	寧波工程学院
李　霞	寧波工程学院
葉禕珺	寧波工程学院
応清源	寧波工程学院
周雪尓	寧波工程学院
潘淑淑	寧波工程学院
肖　霖	福州外語外貿学院
張　婷	西安外事学院
斎欣宇	西安外事学院
楊　爽	大連民族大学
唐煜涵	大連民族大学
任祉燕	大連民族大学
方芸憬	大連民族大学
楊皓然	大連民族大学
姜若男	大連民族大学
劉　楠	大連民族大学
劉玉潔	大連民族大学
王儀瑶	大連民族大学
陳美旭	大連民族大学
程憲涛	大連民族大学
馬博洋	河北工業大学
季子禕	河北工業大学
楊鑫儀	河北工業大学
郭一駒	大連理工大学
龔　穎	広東外語外貿大学南国商学院
林暖霞	広東外語外貿大学南国商学院
張新禹	菏澤学院
李蓮蓮	菏澤学院
李雨豊	山西師範大学
蘭　亭	福州外語外貿学院
周宇豪	華東師範大学
顧佳怡	華東師範大学
袁文甲	華東師範大学
朱欣怡	華東師範大学
劉　行	華東師範大学
趙　迪	天津外国語大学
項陽沐	杭州師範大学
胡文荃	杭州師範大学
楊佳艶	杭州師範大学
隗舒悦	天津工業大学
于暁霖	天津工業大学
烏　瓊	天津工業大学
李龍婧	華南理工大学
侯子玉	青島大学
頼　馨	青島大学
李佳音	大連科技学院
王佳卉	大連科技学院
梁焯妍	桂林理工大学
郭夢飛	四川師範大学
王　娟	四川師範大学
鄭李冠南	四川師範大学
劉文婧	天津科技大学
孔祥宇	天津科技大学
盧強麗	天津科技大学
王　冰	天津科技大学
王宇越	天津科技大学
石春花	東北財経大学
鄭　彬	東北財経大学
畢　愉	東北財経大学
郭子君	東北財経大学
崔成成	海亮実験高校
楊暁姝	北京科技大学
何　寧	北京科技大学
付文佳	北京科技大学
米雪睿	北京科技大学
曽文静	北京科技大学
李新雨	安徽師範大学
童　越	安徽師範大学
鄭紅靨	安徽師範大学
林瀚翀	同済大学
劉陳沛林	同済大学
陶星星	同済大学
葛家昊	北京外国語大学
濬安南	浙江師範大学
周潔楠	浙江師範大学
郭亦晴	瀋陽工業大学
徐盈盈	常州大学
範　昱	武漢理工大学
範昕昕	武漢理工大学
戴兆暉	武漢理工大学
殷松豪	武漢理工大学
何文晶	武漢理工大学
黄奇峰	武漢理工大学
孫莉萍	武漢理工大学
陳穎晟	武漢理工大学
万　娜	黄岡師範学院
陽的航	聊城大学
李唯嘉	山東省聊城大学
何雪松	大連理工大学
王　也	通化師範学院
王宇涵	東北育才外国語学校
康欣宇	東北育才外国語学校
宋玲霞	湖州師範学院
張　莉	湖州師範学院
劉俊勇	吉林外国語大学
林妍廷	吉林外国語大学
何香怡	吉林外国語大学
王京竜	吉林外国語大学
揚子悦	上海交通大学
蒋陸浩	大連理工大学城市学院
李帥辰	大連理工大学城市学院
銭暁芙	大連理工大学城市学院
劉展鵬	天津工業大学
王一飛	南京師範大学
趙雨璐	南京師範大学
李知新	上海外国語大学附属外国語学校
呉　婧	嘉興学院南湖学院
蔡丹琪	嘉興学院南湖学院
梅文琦	西安翻訳学院
張　晶	西南民族大学
何宛珊	清華大学
楊嘉欣	西安外国語大学
陳暁鈺	四川外国語大学
李　慧	淮陰師範学院
朱佳良	淮陰師範学院
高銘陽	重慶三峡学院
熊梓軒	上海海事大学

第15回 中国人の日本語作文コンクール受賞者一覧

最優秀賞・日本大使賞

潘　呈　上海理工大学

一等賞

龔緯延　西安電子科技大学
朱琴剣　西北大学
韓若氷　大連外国語大学
呂天賜　河北工業大学
趙文会　青島農業大学

二等賞

呉雅婷　西安翻訳学院
林　鈺　上海海事大学
李静嫻　合肥学院
劉韻雯　華東師範大学
全暁僑　東北大学秦皇島分校
臧喜来　北京理工大学附属中学
王婧楠　蘭州大学
王　駿　武漢理工大学
劉偉婷　南京農業大学
薛煦尭　南京郵電大学
鐘宏遠　恵州学院
王禹鰻　西華大学
蒯滢羽　大連外国語大学
鄭孝翔　北京第二外国語学院
孫弘毅　中国人民大学

三等賞

陳柯君　常州大学
宋佳璐　湖南大学
劉麗梅　華僑大学
馬　瑞　中南大学
岑湛嶸　広東東軟学院
王立雪　蘭州理工大学
馮卓楠　煙台大学
殷碧唯　ハルビン理工大学
王代望　中国人民大学
方琳婷　中国人民大学
王遠帆　電子科技大学
金祉好　東北育才外国語学校
李依格　上海師範大学
呉寧瑜　江西農業大学南昌商学院
汪雨欣　浙江外国語学院
陳　安　江西農業大学南昌商学院
雲　彤　山西大学
邢梓怡　西北大学
鄒　婕　東華理工大学長江学院
李沂霖　杭州師範大学
王景琳　杭州師範大学
楊創祥　華南農業大学
黄偉源　広東外語外貿大学南国商学院
王夢昀　華東師範大学
郜　珊　大連芸術学院
肖　錦　曲阜師範大学
葛玉婷　曲阜師範大学
趙朱依　上海師範大学天華学院
朱　栄　大連海事大学
陳予希　山東大学
殷佳琳　武漢外国語学校
李沁薷　浙江外国語学院
楊衛娉　北方工業大学
李登宇　河北工業大学
呂鵬堅　恵州学院
冉美薇　浙江師範大学
何仁武　浙江師範大学
肖思佳　浙江師範大学
王子健　大連外国語大学
金智慧　大連外国語大学
武小萱　東北大学秦皇島分校
呉文文　合肥学院
沈　意　湖州師範学院
程　雅　安徽師範大学
孟沪生　安徽師範大学
畢　淼　遼寧大学外国語学院
司天宇　東華大学
孫瑞閣　東華大学
董同罡　東北師範大学
劉紫苑　福州大学
潘鎮華　西安翻訳学院
孫思婧　上海理工大学
劉琛瑜　天津理工大学
王子尭　大連理工大学
呉運恵　桂林理工大学
薛梓霖　西安電子科技大学
趙中孚　西安財経大学
尤藝寧　浙江外国語学院
王　珺　華中師範大学
張晁欽　上海外国語大学附属外国語学校

佳作賞

尹　哲　聊城大学
鐘雨霏　紹興越秀外国語学校
石佳漪　上海財経大学
白　陽　上海財経大学
劉錦錦　南陽理工学院
栗　聡　常州大学
潘一諾　嘉興学院
劉汝霞　東華理工大学長江学院
廖詩穎　東華理工大学長江学院
鐘　君　東華理工大学長江学院
顔澤晨　中南財経政法大学
雷　韜　ハルビン工業大学
孟昕然　南開大学
朱穎琳　広東東軟学院
鍾希富　青島職業技術学院
張崧卓　南開大学
曹芷溦　遼寧対外経貿学院
杜晨嵐　南京郵電大学
張思璇　首都師範大学
鍾子龍　南陽理工学院
莊寓諧　蘇州科技大学
楊宇耀　中国海洋大学
陳芸璇　ハルビン理工大学栄成学院
徐　敏　煙台大学
張若鵬　陽光学院
黄淑華　陽光学院
王鈺婷　陽光学院
陳思凱　陽光学院
何佳東　陽光学院
魯素雲　江西財経大学
黄琳婷　中国人民大学
曹　妍　中国人民大学
王　寧　中国人民大学
孟軒如　中国人民大学
于　翠　中国人民大学
白雅琳　中国人民大学
王璟琨　中国人民大学
付小軒　中国人民大学
楊　諾　中国人民大学
趙世豪　上海建橋学院
段若巍　曲阜師範大学
韋煜翔　武漢大学
張超穎　電子科技大学
張雯雯　貴州大学
陳虹兵　貴州大学
李　穎　大連東軟信息学院
李興宇　大連東軟信息学院
馬明宇　大連東軟信息学院
林傾城　北方工業大学
金恒賢　浙江外国語学院
趙穎琪　広東東軟学院
林　琳　ハルビン師範大学
宋凌逸　華中科技大学
郭雲霞　同済大学
張晨璐　華中科技大学
徐琳琳　華東理工大学
布露露　ハルビン師範大学
郝文佳　山東科技大学
陳心茹　山東財経大学
陳　卓　北京第二外国語大学
丁宇希　山西大学
張家桐　西北大学

毛桂香	西北大学	郭明言	天津外国語大学	李　曄	延辺大学
黄鈺峰	東莞理工学院	呉樹郁	河北工業大学	張淑傑	湖州師範学院
劉嘉慧	東莞理工学院	楊雅婷	五邑大学	陸潔琴	湖州師範学院
潘　明	東莞理工学院	李佳音	大連科技学院	張潔静	湖州師範学院
黄潤萍	海南師範大学	楊　陽	大連科技学院	朱雅雯	湖州師範学院
付　榕	蘭州理工大学	王若瑄	淮陰師範学院	屠冬晴	湖州師範学院
王晨萌	南京信息工程大学	陳　濤	浙江万里学院	王舒嘉	安徽師範大学
朱園園	南京信息工程大学	陳貝思	南京林業大学	劉淑萍	南京理工大学
高鑫賓	杭州師範大学	葉嘉卉	山東大学(威海)東北アジア学院	宋暁蕊	大連外国語大学
韓俊祺	杭州師範大学	杜　烜	上海杉達学院	趙悦彤	吉林外国語大学
周維維	寧波大学	朱　樺	棗荘学院	段　欣	吉林外国語大学
王維宇	湖南大学	袁　傑	棗荘学院	許佳林	吉林外国語大学
兪肖妍	湖南大学	張黙林	蘭州大学	唐　瑩	吉林外国語大学
胡煊赫	湖南大学	張宏瑞	蘭州大学	姜佳玉	吉林外国語大学
楊夢秋	青島理工大学	陳　晨	蘭州大学	田　馳	吉林外国語大学
王晨宇	江漢大学	黄　渤	大連外国語大学	劉旻婕	吉林外国語大学
程　瑞	山東財経大学	梁　越	大連外国語大学	劉彦孜	吉林外国語大学
張程程	集美大学	何冠釗	大連外国語大学	王　鵬	吉林外国語大学
万巨鳳	大連外国語大学	陳亦鑫	常熟理工学院	林小婷	宜賓学院
傅　婷	大連外国語大学	張椿婧	長春理工大学	李　博	大連理工大学
曹佳鑫	大連外国語大学	孟廷威	浙江師範大学	劉智睿	東北大学
張愛佳	大連外国語大学	趙思邈	商丘師範学院	劉子祺	東北大学
孫　瑋	大連民族大学	丁帝淞	福建師範大学	白洺綺	東華大学
周　寧	大連民族大学	周　影	暨南大学	朱柄丞	東華大学
閻正昊	大連民族大学	黄丹琦	暨南大学	余亦沁	東華大学
楊劉莉	広東外語外貿大学南国商学院	呉向陽	江西農業大学南昌商学院	石佑君	東華大学
曽　佳	通化師範学院	張宇鑫	大連外国語大学	呂夢潔	浙江外国語学院
王　也	通化師範学院	鄒運沢	大連外国語大学	李志偉	大連工業大学
唐綉然	華東師範大学	王嘉迪	大連外国語大学	楽伊凡	南京農業大学
張新禹	菏澤学院	段敬渝	大連外国語大学	江　玥	浙江農林大学
殷雪珂	菏澤学院	崔伯安	大連外国語大学	張雨馨	浙江農林大学
張鏵升	四川師範大学	孫正一	大連外国語大学	周　煒	浙江農林大学
朱俊賢	四川師範大学	劉敬怡	山東工商学院	羅　松	江西農業大学外国語学院
趙夢閣	大連芸術学院	劉璐璐	武漢理工大学	邱成哲	江西農業大学外国語学院
桂菀婷	瀋陽工業大学	王嘉穎	武漢理工大学	李嘯寅	江西農業大学外国語学院
簡麗萍	嶺南師範学院	馮　瑶	武漢理工大学	陳暁東	江西農業大学外国語学院
盧巧玲	嶺南師範学院	鄭　欣	武漢理工大学	丁文婷	華東政法大学
雷雅婷	嶺南師範学院	李昊林	武漢理工大学	谷　源	広州工商学院
張　浩	嶺南師範学院	陳珞茜	武漢理工大学	黄欽昀	福州大学
彭万里	嶺南師範学院	劉子傑	武漢理工大学	覃瀅琳	西北師範大学
陳　依	寧波工程学院	鄭　燁	青島大学	陳　楊	浙江外国語学院
潘晫炎	寧波工程学院	陳翔宇	青島大学	金仁鵬	浙江外国語学院
謝青青	韶関学院	周思捷	上海理工大学	張笑妍	魯東大学
何穎芸	韶関学院	朱琦一	西安交通大学	胡金成	広東財経大学
費興元	曲阜師範大学	楊啓航	西安交通大学	鄧婉瑩	広東財経大学
李羽鵬	南京農業大学	張牧雲	西安交通大学	尹凡欣	上海海事大学
邸銘崴	黒龍江東方学院	趙梓伊	西安交通大学	張小暁	長安大学
黄語婕	上海師範大学天華学院	方華妮	五邑大学	王一安	嘉興学院南湖学院
李晨銘	大連海事大学	林　玥	中国海洋大学	王佳蓓	嘉興学院南湖学院
田欣宜	天津科技大学	汪芳芳	合肥学院	王　琳	青島農業大学
何燕飛	五邑大学	張慧怡	大連外国語大学	謝瑞婷	雲南民族大学
王　鋭	山東大学外国語学院	張桂寧	南昌大学	馮李琪	長安大学
黄　萱	山東大学外国語学院	陳　思	安徽外国語学院	劉功鳳	玉林師範学院
呂亦然	吉林大学	陳清泉	浙江外国語学院		
張俊芸	運城学院	陳丹丹	黒龍江外国語学院		
万斐婭	江漢大学	張　栩	南京農業大学		
孫　可	長安大学	呉潤梅	貴州財経大学		

第14回
中国人の日本語作文コンクール受賞者一覧

最優秀賞・日本大使賞
黄安琪　復旦大学

一等賞
邰華静　青島大学
王美娜　中南財経政法大学
王婧瀅　清華大学
劉　玲　華東師範大学
呉曼霞　広東外語外貿大学南国商学院

二等賞
朱　雯　東華大学
周夢琪　江蘇師範大学
郭順鑫　蘭州大学
周凡淑　清華大学
張伝宝　山東政法学院
黄鏡清　上海理工大学
武田真　北京科技大学
王　寧　中国人民大学
陳昕羽　浙江万里学院
倪雲霖　湖州師範学院
由夢迪　黒龍江外国語学院
周義東　東華理工大学長江学院
陳夢嬌　抗州師範大学
周　婕　福建師範大学
何発芹　常州大学

三等賞
鍾子龍　南陽理工学院
王龔苑　浙江工商大学
万興宇　武昌理工学院
高楹楹　杭州師範大学
徐雨晨　西北大学
陳長遠　中国人民大学
路雨倩　中国人民大学
丁嘉楽　常州大学
蒋　心　上海理工大学
張暁利　湖州師範学院
丁雯清　上海理工大学
陳詩雨　華東師範大学
暴青青　天津工業大学
関倩鈺　東北育才外国語学校
楊昊瑜　天津財経大学珠江学院
黄芷萱　天津科技大学
王　晃　大連外国語大学
薛　釗　西安財経大学
趙凱帆　中南財経政法大学
呉　琳　雲南民族大学
李丙垚　青島理工大学
魏思佳　北京林業大学
呂嘉琦　北京第二外国語学院
黄琳婷　中国人民大学
蒋婕儀　常州大学
呉沁霖　同済大学
張奕新　曁南大学
銭　易　杭州師範大学
劉培雅　杭州師範大学
汪頌今　湖州師範学院
許洪寅　青海民族大学
霍一卓　東華大学
岑静雯　天津工業大学
陳佳玲　広東財経大学
王雄凱　西安交通大学
袁思純　南京農業大学
莫麗恩　広東海洋大学
姚子茜　華東政法大学
張安娜　西安財経大学
蔣雨任　復旦大学
王　瑩　江西農業大学南昌商学院
呉希雅　浙江工商大学
顔　坤　斉斉哈爾大学
王　競　江西農業大学南昌商学院
洪　梅　渤海大学
陸恵敏　菏澤学院
賀佳瑶　華中師範大学
鄭瑞瑛　曁南大学
趙玲玲　凱里学院
王明丹　大連海事大学
陳泳琪　広東外語外貿大学南国商学院
杜　湘　湖南大学
韓沢艶　西安電子科技大学
李悦涵　吉林財経大学
尚童雨　西安交通大学
陳　凱　南京農業大学
江嘉怡　広東海洋大学
王之妍　上海杉達学院
雷　妍　吉林華橋外国語学院
劉　錦　中南財経政法大学

佳作賞
周　怡　湖北文理学院
曹　鈺　嘉興学院
余建飛　嘉興学院
徐　歓　嘉興学院
王　丹　上海財経大学
李則盛　上海理工大学
覃維連　湖北民族学院
姫甜夢　浙江工商大学
龍燕青　北京第二外国語学院
王瑞敏　内モンゴル大学
戴嘉琪　首都師範大学
程瑛琪　天津商業大学
施紅莎　浙江理工大学
劉徳満　青島職業技術学院
鄭穎悦　常熟理工学院
劉淑嫚　武昌理工学院
周朦朦　蘇州大学
章懷青　蘇州大学
朱栩瑩　広東外語外貿大学
侯岩松　西安理工大学
陳曉雯　青島農業大学
欧書寧　天津外国語大学濱海外事学院
李斉悦　中原工学院
陳少傑　福建師範大学
張聡恵　集美大学
李依格　上海師範大学
汪雪瑩　上海市甘泉外国語中学校
劉曉璠　青島理工大学
蔡暁彤　西北大学
徐亦微　西北大学
任伊稼　上海外国語大学附属上海外国語学校東校
周　怡　淮陰師範学院
劉　静　広東外語外貿大学南国商学院
陳　晨　淮海工学院
李　雪　貴州大学
韓方超　泰山学院
康雅姿　中南大学
劉紫薇　山東財経大学
馮子凝　山東青年政治学院
金香玲　大連民族大学
譚鳳儀　中国人民大学
周雨萱　中国人民大学
劉樹慧　菏澤学院
韋　彤　菏澤学院
趙祖琛　菏澤学院
郝文佳　山東科技大学
聶　帥　華僑大学
宋　歌　華僑大学
華　瑾　華僑大学
彭暁宏　華僑大学
許迪棋　華僑大学
張雨璇　上海師範大学
劉文静　常州大学
朱新玲　常州大学
徐　穎　常州大学
栗　聡　常州大学
劉馨悦　通化師範学院
鄒春野　通化師範学院

孫艶琦	上海理工大学
劉一陽	黒龍江外国語学院
張家福	運城学院
阿説暁琳	楽山師範学院
余廷蕘	楽山師範学院
孫　赫	山東大学(威海)東北アジア学院
耿芸晨	竜岩学院
廖欣怡	杭州師範大学
李心怡	杭州師範大学
汪　雲	杭州師範大学
酈暁鈺	江西財経大学
果　威	東北大学秦皇島分校
孫文璐	黒龍江東方学院
劉婧穎	大連工業大学
張錦文	杭州師範大学
張詩紅	恵州学院
張　迅	安陽師範学院
斉　淇	大連東軟信息学院
張思鈺	大連東軟信息学院
高子雲	大連東軟情報学院
陳佳欣	大連東軟情報学院
龔佳麗	棗荘学院
賈　彤	棗荘学院
黄雪珍	湖州師範学院
陸奕静	湖州師範学院
石麗瓊	湖州師範学院
丁朔月	湖州師範学院
倪婷莉	湖州師範学院
李淑明	煙台大学
呉　迪	煙台大学
王　琼	広東外語外貿大学南国商学院
ラチンジャ	青海民族大学
オセドルジ	青海民族大学
盧宏廸	杭州師範大学
楊光耀	海南師範大学
周小容	海南師範大学
王雅竹	瀋陽工業大学
呉潮松	瀋陽工業大学
趙思宇	湖南文理学院芙蓉学院
石　聰	華中師範大学
潘贏男	華中師範大学
陳雯雯	山西大学
林風致	山西大学
林　静	山西大学
陳柯君	山西大学
荘達耀	山西大学
鄧文茜	華南師範大学
阮文浩	華南師範大学
梁　婧	湖南大学
羅伊霊	湖南大学
郭煜輝	湖南大学
呂佩佩	湖南大学
李浩宇	湖南大学
呉寧瑜	江西農業大学南昌商学院
藍　昕	江西農業大学南昌商学院
石越越	東華大学
張　悦	東華大学
包婷婷	揚州大学広陵学院
何　煊	揚州大学
金可悦	南京工業大学
陳紫荊	武漢大学
鄧雨春	武漢大学
施昕暉	天津工業大学
邱詩媛	天津工業大学
孫佳琪	天津工業大学
盧雨欣	四川大学
孫倩倩	青島大学
周　丹	青島大学
王倶揚	青島大学
劉　暢	青島大学
呂暁晨	青島大学
王子威	蘭州大学
廉暁慧	東北育才外国語学校
葉曉倩	浙江万里学院
李陳浩	浙江万里学院
秦月涵	浙江万里学院
何　東	首都師範大学
孫嘉文	北京外国語大学
陳露文	上海師範大学
管　潤	湖北師範大学
韓楊菲	恵州経済職業技術学院
劉暁迪	山東財経大学
王憶琳	集美大学
汪　洋	浙江外国語学院
李慧栄	大連芸術学院
徐丹荷	広東外語外貿大学南国商学院
袁　園	西南民族大学
冀嘉璇	西南民族大学
周　明	桂林理工大学
唐明霞	桂林理工大学
周慧佳	桂林理工大学
覃金連	桂林理工大学
李智芝	嘉興学院南湖学院
王佳蓓	嘉興学院南湖学院
馮蕾蕾	天津科技大学
倪薛涵	天津科技大学
石　園	大連理工大学
潘　呈	上海理工大学
鄭景雯	国際関係学院
張旭鑫	文華学院
孟　旦	文華学院
周紫儀	南京師範大学附属高等学校
金昕叡	大連外国語大学
李嘉楽	大連外国語大学
王　康	大連外国語大学
王怡璇	大連外国語大学
呉　尽	大連外国語大学
張光輝	寧波工程学院
管心湘	寧波工程学院
梅方燕	陝西理工大学
余嘉軒	武漢理工大学
王　婧	武漢理工大学
韋宇城	武漢理工大学
胡瀟晗	武漢理工大学
徐豪澤	ハルビン工業大学
黄旭雯	ハルビン工業大学
王嘉鴻	ハルビン工業大学
陳暁研	上海交通大学
徐寧江	上海交通大学
唐雨静	華東政法大学
劉浩暉	韶関学院
丁　宇	広東嶺南職業技術学院
趙中孚	西安財経大学
侯　婷	西安財経大学
李博軒	西安財経大学
江　慧	吉林華橋外国語学院
王志浩	吉林華橋外国語学院
範禹岐	吉林華橋外国語学院
劉星佐	吉林華橋外国語学院
劉天航	吉林華橋外国語学院
楊　哲	吉林華橋外国語学院
陳暁傑	吉林華橋外国語学院
郁文全	吉林華橋外国語学院
袁　満	吉林華橋外国語学院
王一汀	吉林華橋外国語学院
范金淼	中南林業科技大学
王　暢	中南林業科技大学
何秀慧	江蘇理工学院
翁惠娟	江蘇理工学院
陳　穎	中南財経政法大学
林宣佑	中南財経政法大学
孫文麒	中南財経政法大学
王　鈺	中南財経政法大学
唐　然	中南財経政法大学
余　莞	中南財経政法大学
朱迪妮	復旦大学
李奕珂	四川大学錦城学院
潘　静	集美大学
李佳瑩	西安理工大学
王敏瑋	外交学院
連　通	玉林師範学院
張篠顔	上海外国語大学
王洪苗	河北工業大学
鄭家彤	河北工業大学
潘天璐	杭州師範大学
王羽晴	中山大学
楊潔容	成都東軟学院
胡煥碟	合肥学院
呉文文	合肥学院
倪悦韜	上海建橋学院
方　彬	上海建橋学院
任　静	蘭州理工大学
馮夢熒	浙江外国語学院

第13回
中国人の日本語作文コンクール受賞者一覧

最優秀賞・日本大使賞
宋　妍　河北工業大学

一等賞
邱　吉　浙江工商大学
張君恵　中南財経政法大学
王　麗　青島大学
黄鏡清　上海理工大学
林雪婷　東北大学秦皇島分校

二等賞
王曽芝　青島大学
劉偉婷　南京農業大学
孫夢瑩　青島農業大学
汝嘉納　同済大学
王静昀　中国人民大学
余催山　国際関係学院
李思萌　天津科技大学
李師漢　大連東軟信息学院
劉淑嫚　武昌理工学院
賀文慧　武昌理工学院
杜玟君　ハルビン工業大学
王智群　江西財経大学
趙景帥　青島職業技術学院
欧嘉文　華僑大学
陳　艶　上海交通大学

三等賞
呂暁晨　青島大学
陳　群　中南財経政法大学
陳月園　杭州師範大学
王婧瀅　清華大学
劉思曼　長春師範大学
葉奕恵　恵州学院
陳妍宇　電子科技大学
傅麗霞　華僑大学
李夢倩　浙江農林大学
李婉逸　中南財経政法大学
陳馨雷　中南財経政法大学
宗振宇　青島農業大学
高　潤　西南民族大学
鄭秋燕　菏澤学院
郭　禕　河北大学
史藝濤　上海市晋元高級中学
孫婧一　東華大学
王澤一　寧波外国語学校
蔡方方　許昌学院
劉海鵬　許昌学院
楊　悦　大連海事大学
楊晴茹　山東財経大学
顧　徐　上海海洋大学
劉　通　上海杉達学院
玉　海　中南民族大学
胡茂森　湖南大学
蘇暁倫　広東外語外貿大学
梅瑞荷　信陽師範学院
馬瀅哲　嘉興学院
張天航　武漢理工大学
劉小芹　東華大学
葉忠慧　広東海洋大学
王偉秋　天津工業大学
胡芷媛　大連東軟信息学院
郭　鵬　西南交通大学
周　湾　東華理工大学
呉夢露　江西農業大学南昌商学院
張少東　海南師範大学
成悦平　中国人民大学
徐雨婷　同済大学
史　蕊　淮陰師範学院
姚文姫　東莞理工学院
陸　湘　華僑大学
劉雅婷　天津科技大学
鍾一棚　大連大学
潘君艶　寧波工程学院
王　炎　大連工業大学
牟雨晗　浙江農林大学
張　婧　吉林華橋外国語学院
鄭　凱　青島農業大学
姚子茜　華東政法大学
丁昊天　中国海洋大学
張　典　大連外国語大学
陳　研　常州大学
張宇航　山西大学
張家福　運城学院
竇金穎　楽山師範学院
呉　凡　南京信息工程大学
馬　瑞　山西大学
劉　琴　安徽大学

佳作賞
林雨桐　広東外語外貿大学
馮彩勤　安徽大学
呉雲観　浙江理工大学
郝皓宇　チベット民族大学
周盛寧　嘉興学院応用技術学院
殷子旭　天津外国語大学
姚　瑶　中南民族大学
呉桂花　貴州大学
邱怡婷　塩城工学院
成暁倩　塩城工学院
徐子芹　四川外国語大学成都学院
周　怡　淮陰師範学院
朱夢雅　淮陰師範学院
郭燦裕　広東機電職業技術学校
郭夢林　常州大学
趙淑婷　嘉興学院
張革春　江西財経大学
陳麗菁　東華理工大学長江学院
袁　丹　西華師範大学
薛亜男　青島職業技術学院
陳佳敏　青島職業技術学院
趙妮雪　青島大学
洪斌鋭　恵州学院
白鳳玲　湖北民族学院
殷若宜　集美大学
鞠文婷　大連外国語大学ソフトウェア学院
李素娜　東莞理工学院
姚　悦　大慶師範学院
劉麗雲　湖南大学
呉仕婭　湖南大学
呂　程　湖南大学
葛宇翔　安徽外国語学院
任禹龍　海南師範大学
黄鎮清　海南師範大学
趙玉瑩　渤海大学
王敏敏　渤海大学
脱康寧　華僑大学
呉宏茵　華僑大学
周　琳　瀋陽工業大学
袁青青　浙江大学寧波理工学院
游介邦　大連外国語大学
趙君儒　大連外国語大学
蔚　盼　西北大学
孫錦茜　揚州大学
王楚萱　揚州大学
張佳寧　揚州大学
李　琳　江西農業大学南昌商学院
黄　琪　江西農業大学南昌商学院
謝璟玥　黄岡師範学院
王大為　北京第二外国語学院
太敬媛　北京第二外国語学院
鄭　静　武漢工程大学
朱徳泉　安陽師範学院

余夢娜	安陽師範学院	田　雪	泰山学院	単金萍	浙江農林大学
周駱駱	南京大学金陵学院	彭慧霞	泰山学院	陸怡雯	浙江農林大学
趙珊珊	電子科技大学	張夏青	泰山学院	劉　婕	合肥学院
李　平	東華理工大学	鐘葉娟	広東海洋大学	胡煥碟	合肥学院
曽明玉	東華理工大学	陳聖傑	大連海洋大学	王芸儒	大連工業大学
李　婷	東華理工大学	潘　瑞	大連海洋大学	宋婷玉	大連工業大学
付巧芸	東華理工大学	劉　娟	大連海洋大学	李　越	大連工業大学
張麗虹	広東技術師範学院	茹　壮	大連海洋大学	孫雯雯	東北財経大学
桂媛媛	北京科技大学	潘慧寧	大連海洋大学	許　暢	東北財経大学
朱潔銀	浙江財経大学東方学院	陸　婷	大連海洋大学	張　妍	太原理工大学
張嘉慧	吉林大学珠海学院	王　朋	山西大学	賀　珍	寧波工程学院
汪紅霞	浙江万里学院	韋倩雯	山西大学	銭　蜜	寧波工程学院
孔夢婕	浙江万里学院	楊　綺	山西大学	金美好	寧波工程学院
馬　李	浙江万里学院	呉氷潔	東華大学	李　婷	寧波工程学院
王瑾瓏	浙江万里学院	沈千匯	東華大学	王玲平	湖州師範学院
陳鯨娜	暨南大学	李享珍	東華大学	陳予捷	湖州師範学院
李嘉棋	広東外語芸術職業学院	劉淑蕓	東華大学	鐘　琳	湖州師範学院
任盛雨	天津商務職業学院	楊　珊	南京理工大学	袁暁露	湖州師範学院
鄭　茜	楽山師範学院	丁剣鋒	南京工業大学	汪頌今	湖州師範学院
徐明慧	遼寧大学	盧珊珊	南京工業大学	蘭　黎	成都東軟学院
龍佳琪	西南交通大学	梁亞曼	魯東大学	厳　浩	成都東軟学院
楊春麗	西南交通大学	左玉潔	魯東大学	張書徳	大連大学
靳　琳	西南交通大学	範丹鈺	浙江師範大学	朱守静	大連大学
軒轅雲暁	山東青年政治学院	彭　楨	浙江師範大学	胡　芸	武漢大学
侯炳彰	ハルビン工業大学	呉非凡	浙江師範大学	杜軼楠	武漢大学
龍学佳	南京郵電大学	張羽冉	華東政法大学	呉欣君	上海理工大学
洪熙恵	煙台大学	趙嘉華	華東政法大学	陶志璐	遼寧師範大学
鄒澐釗	吉林財経大学	高敏訥	華東政法大学	孫　頴	遼寧師範大学
張殷瑜	中国海洋大学	朱　瑛	華東政法大学	張　錦	遼寧師範大学大学院
侯羽庭	中国海洋大学	呉致芹	青島農業大学	王卓琳	遼寧師範大学大学院
劉　畑	中国海洋大学	徐一琳	青島農業大学	尤子瑞	西安電子科技大学
王暁暁	山東大学威海分校翻訳学院	魏　婕	青島農業大学	李書輝	南京農業大学
史小玉	長安大学	梁慧梅	嶺南師範学院	羅雯雪	雲南民族大学
張童堯	大連東軟情報学院	盧冬梅	嶺南師範学院	童　莎	西安財経学院
曽鈺萍	大連東軟情報学院	許穎晴	嶺南師範学院	楊子璇	南京師範大学
何　陽	大連東軟信息学院	陳景蓉	済南大学	劉明達	南京師範大学
温麗穎	大連東軟情報学院	葉　歓	武漢理工大学	彭淼琳	南京師範大学
譚　森	重慶三峡学院	張鉦浩	武漢理工大学	李春輝	遼寧対外経貿学院
李麗芳	長春工業大学	趙　晗	武漢理工大学	程蕾彧	西安外国語大学
李寒寒	長春工業大学	陳加興	武漢理工大学	劉雲嘉	黒龍江外国語学院
王淑婷	青島理工大学	郭天翼	吉林華橋外国語学院	唐銀梅	江蘇大学
梁一爽	天津工業大学	章夢婷	吉林華橋外国語学院	于佳雯	江蘇大学
馬沢遠	天津工業大学	陳　彤	吉林華橋外国語学院	仇昊寧	南京工業職業技術学院
王　雨	東北大学秦皇島分校	殷雨晨	吉林華橋外国語学院	唐　瀾	菏澤学院
馮如雪	許昌学院	汪笑笑	嘉興学院南湖学院	徐　傑	菏澤学院
宮　倩	華東師範大学	沈雯婷	嘉興学院南湖学院	劉樹慧	菏澤学院
ガットブジャ	青海民族大学	劉　錦	中南財経政法大学	金娜延	大連民族大学
徐彤彤	通化師範学院	唐　然	中南財経政法大学	任　静	蘭州理工大学
周丹羚	福建師範大学	王　鈺	中南財経政法大学	蒋　瑩	天津科技大学
丁沁文	福建師範大学	丁　楠	大連理工大学城市学院	張　睿	天津科技大学
涂智強	江西外語外貿職業学院	賈会君	大連理工大学城市学院	董魏丹	天津科技大学
張志豪	江西外語外貿職業学院	李芸璇	大連理工大学城市学院	黄靖智	天津科技大学
郝亜蕾	泰山学院	張津津	大連理工大学城市学院		

第12回
中国人の日本語作文コンクール受賞者一覧

最優秀賞・日本大使賞

白　宇　蘭州理工大学

一等賞

郭可純　中国人民大学
張　凡　合肥優享学外語培訓学校
張君恵　中南財経政法大学
張彩玲　南京農業大学
金昭延　中国人民大学

二等賞

羅雯雪　雲南民族大学
肖思岑　湖南文理学院
王君琴　長安大学
王晨陽　国際関係学院
靳雨桐　中国人民大学
舒　篠　黒龍江外国語学院
王亜瓊　中南財経政法大学
朱翊慇　東莞理工学院
葉書辰　北京科技大学
張春岩　青島職業技術学院
徐　娜　恵州学院
張文輝　大連外国語大学
劉　安　山東政法学院
曽　珍　大連大学
王亜楠　山西大学

三等賞

肖年健　大連外国語大学
喬志遠　国際関係学院
謝　林　東華大学
余鴻燕　同済大学
郭　帥　青島農業大学
蔣易珈　南京農業大学
馬茜瀅　北京科技大学
梅錦秀　長江大学
林　璐　大連外国語大学
郭瀟穎　同済大学
洪　貞　上海理工大学
顧　誠　南京師範大学
李　聡　浙江農林大学
佟　徳　青海民族大学
李　倩　菏澤学院
劉嘉慧　江西農業大学南昌商学院
張靖婕　外交学院
高璟秀　合肥学院
陳倩瑶　吉林華橋外国語学院
王　婷　常州大学
王　弘　楽山師範学院
仲思嵐　揚州大学
劉権彬　東莞理工学院
郭建斌　運城学院
闞洪蘭　煙台大学
蔡偉麗　浙江農林大学
陳　怡　浙江農林大学
李慧玲　東北大学秦皇島分校
羅亜妮　南京理工大学
李琳玲　嘉興学院
李　達　大連外国語大学
劉小芹　東華大学
甘睿霖　揚州大学
周彤彦　南京郵電大学
李　氷　瀋陽師範大学
彭　俊　遼寧師範大学海華学院
陳　麗　天津科技大学
羅夢晨　南京師範大学
劉雨佳　瀋陽工業大学
許楚翹　常州大学
廖珊珊　東華理工大学
譚　翔　青島職業技術学院
李家輝　広東省外国語芸術職業学院
王沁怡　四川外国語大学
曹伊狄　遼寧対外経貿学院
李偉浜　南京工業大学
楊茹願　西安財経学院
朱杭珈　嘉興学院
陳子航　東華理工大学
戴俊男　東華大学
呉佩遙　同済大学
時　瑶　遼寧大学外国語学院
董鳳懿　大連工業大学
黄潔貞　五邑大学
施静雅　大連東軟情報学院
馮倩倩　安陽師範学院
付子梅　山東科技大学
鄭玉蓮　武漢理工大学
施金暁　寧波工程学院
丁　明　長春理工大学

佳作賞

周俊峰　江漢大学
張林璇　蘇州大学
楊晏睿　蘇州大学文正学院
祁麗敏　対外経済貿易大学
殷　静　重慶三峡学院
劉先会　天津財経大学
李睿禕　山東農業大学
黄国媛　曲阜師範大学
王建華　吉林建築大学城建学院
楊夢倩　華東理工大学
何思韻　広東外語外貿大学
黄　晨　南京大学金陵学院
陳静姝　長春理工大学
呂　月　淮陰師範学院
史　蕊　淮陰師範学院
張　悦　淮陰師範学院
陳維晶　北京郵電大学
黄少連　広東省技術師範学院
丁　一　渤海大学
王一平　重慶師範大学
陳蓓蓓　貴州大学
柏在傑　貴州大学
樊偉璇　貴州大学
袁静文　華僑大学
李方方　華僑大学
袁冬梅　華僑大学
蔡舒怡　華僑大学
金慧貞　華僑大学
李翔宇　華僑大学
任昀娟　青島大学
趙　芮　青島大学
王光紅　青島大学
丁夢雪　青島大学
李　明　青島大学
常暁怡　青島大学
閆　陽　青島大学
陳暁雲　華南理工大学
霍雨佳　海南師範大学
劉　曌　海南師範大学
楼金璐　四川外国語大学
王暁琳　吉林財経大学
方穎穎　泰山学院
熊萍萍　井岡山大学
高何鎧　浙江万里学院
宋躍林　嘉興学院平湖校区
謝子傑　嘉興学院平湖校区
張　彤　西南交通大学
鐘　璨　電子科技大学
王喩霞　煙台大学
蔡苗苗　東華理工大学
曽明玉　東華理工大学
張　琪　楽山師範学院
王　潔　楽山師範学院
蔡　楽　渭南師範学院
李天琪　西南民族大学
呉夏萍　吉林大学

潘衛峰	浙江万里学院
陳鋭煒	江西財経大学
劉英迪	江西財経大学
呉明賓	江西財経大学
曽冉芸	上海交通大学
徐　冲	大慶師範学院
李佳鈺	東北師範大学
斉夢一	北方工業大学
鄭燕燕	浙江師範大学
戴可晨	浙江師範大学
唐亜潔	吉林華橋外国語学院
湯承晨	吉林華橋外国語学院
于　蕾	菏澤学院
王沢洋	東北大学
周艶芳	集美大学
林麗磊	集美大学
甘　瑶	新疆師範大学
葉　璇	南京理工大学
張玉蓮	西南民族大学
徐明慧	遼寧大学
張媛媛	嘉興学院
劉　玉	西北大学
陳思伊	福州大学至誠学院
趙戈穎	中国海洋大学
李祖明	中国海洋大学
王沢源	山西大学
曹　帆	山西大学
陳　周	山西大学
鐘宇丹	広東外語外貿大学
陳嘉慧	広東外語外貿大学
王　蕙	北京科技大学
ト明梁	大連外国語大学
董博文	大連外国語大学
高　明	大連外国語大学
金　菲	大連外国語大学
藍　玉	大連外国語大学
李佳沢	大連外国語大学
劉　迪	大連外国語大学
馬　駸	大連外国語大学
馬　蓉	大連外国語大学
王海晴	大連外国語大学
鄭皓予	大連外国語大学
樊翠翠	山東師範大学
盧静陽	山東師範大学
王暁暁	山東大学(威海)翻訳学院
王小芳	山東大学(威海)翻訳学院
厳晨義	嘉興学院
于華銀	遼寧軽工職業学院
黄媛熙	新疆師範大学
顔夢達	上海師範大学
王若雯	広東省外国語芸術職業学院
徐楽瑤	長春外国語学校
王　瑞	西安交通大学
唐　鈺	西安交通大学
張永芳	山東理工大学

徐　文	山東理工大学
霍暁丹	黒龍江外国語学院
張　淼	黒龍江外国語学院
于暁佳	黒龍江外国語学院
龐　迪	黒龍江外国語学院
李文靜	黒龍江外国語学院
金淑敏	黒龍江外国語学院
霍曉丹	黒龍江外国語学院
劉正道	東華大学
張啓帆	東華大学
侯金妮	東華大学
高　寧	東華大学
符詩伊	東華大学
何悦寧	同済大学
陳穎潔	同済大学
于凡迪	同済大学
毛彩麗	魯東大学
張玉玉	魯東大学
解慧宇	魯東大学
李　浩	魯東大学
苟淑毅	魯東大学
陳　錚	天津外国語大学
徐嘉偉	天津外国語大学
高夢露	天津外国語大学
陳　靖	天津外国語大学
朱　珊	天津外国語大学
周姍姍	天津外国語大学
康為浩	天津商務職業学院
任盛雨	天津商務職業学院
張之凡	中南大学
凌沢玉	大連東軟情報学院
劉智洵	揚州大学
李婉媚	嶺南師範学院
朱藹欣	嶺南師範学院
呉玉儀	嶺南師範学院
田海媚	南京郵電大学
沈嘉倩	南京郵電大学
龍学佳	南京郵電大学
謝豊蔚	南京郵電大学
徐永林	南京郵電大学
劉　群	ハルビン工業大学
呉璐莹	浙江大学城市学院
李鳳婷	南京信息工程大学
韓　丹	上海師範大学天華学院
梁一爽	天津工業大学
王雨帆	天津工業大学
徐文諱	湖州師範学院
馮金娜	湖州師範学院
閔金麗	湖州師範学院
王潔宇	山東科技大学
穆小娜	山東科技大学
張仁彦	山東科技大学
劉偉娟	山東科技大学
劉姝珺	四川外国語大学成都学院
趙紫涵	四川外国語大学成都学院

廖　琦	武昌理工学院
田漢博	武昌理工学院
王沙沙	武昌理工学院
李煜菲	武昌理工学院
劉思敏	武昌理工学院
裴　慶	武昌理工学院
柳宇鳴	武昌理工学院
唐一鳴	武昌理工学院
劉淑嫚	武昌理工学院
雷景堯	大連大学
路志苑	運城学院
曹海青	黄岡師範学院
謝沅蓉	北京第二外国語学院
劉　雅	北京第二外国語学院
張芸馨	東北財経大学
沈茜茜	東北財経大学
奚丹鳳	嘉興学院南湖学院
田　葉	嘉興学院南湖学院
張銀玉	山東財経大学
高　雅	安徽師範大学
王雅婧	安徽師範大学
林青霞	天津科技大学
王春蕾	天津科技大学
陳維任	天津科技大学
于汨鑫	山東大学
李海川	玉林師範学院
李虹慧	玉林師範学院
刁金星	大連民族大学
李笑林	寧波工程学院
王卓琳	大連理工大学城市学院
蔣蘊豊	大連理工大学城市学院
趙瑾軒	青島農業大学
許夢琪	青島農業大学
周克琴	中南財経政法大学
胡　健	中南財経政法大学
陳馨雷	中南財経政法大学
黄橙紫	中南財経政法大学
董知儀	武漢理工大学
魏　甜	武漢理工大学
呉夢思	武漢理工大学
李福琴	武漢理工大学
張夢婧	武漢理工大学
孟　晴	太原理工大学
方沢紅	浙江農林大学
戚夢婷	浙江農林大学
李延妮	大連工業大学
于　晨	大連工業大学
王彩雲	大連工業大学
蘇　翎	北京外国語大学
季孟嬌	青島大学
張雪倩	常州工学院
肖宛璐	瀋陽薬科大学
範松梅	瀋陽工業大学

第11回
中国人の日本語作文コンクール受賞者一覧

最優秀賞・日本大使賞

張晨雨　山東政法学院

一等賞

雷雲恵　東北大学秦皇島分校
莫泊因　華南理工大学
張戈裕　嶺南師範学院
翁暁暁　江西農業大学南昌商学院
陳静璐　常州大学

二等賞

陳星竹　西安交通大学
孟　瑶　山東大学(威海)翻訳学院
王　林　武漢理工大学
羅暁蘭　国際関係学院
任　静　山西大学
王　弘　楽山師範学院
于　潔　揚州大学
郭可純　中国人民大学
劉世欣　南京理工大学
霍暁丹　黒竜江外国語学院
馮楚婷　広東外語外貿大学
周佳鳳　江西科技師範大学
王昱博　遼寧大学
許芸瀟　同済大学
鄒潔儀　吉林華橋外国語学院

三等賞

王羽迪　天津科技大学
張　敏　青島農業大学
趙盼盼　山東財経大学
金慧晶　北方工業大学
劉世奇　重慶大学
李思琦　山東大学(威海)翻訳学院
蒋雲芸　山東科技大学
蘇芸鳴　広東海洋大学
朱磊磊　鄭州大学
譚文英　南京農業大学
楊　力　瀋陽薬科大学
万瑪才旦　青海民族大学
宋文妍　四川外国語大学
梁　露　運城学院
張哲琛　東華大学
穀　柳　合肥学院
曹亜曼　南京師範大学
陳　婷　長春工業大学
祁儀娜　上海海事大学
夏葉城　遼寧対外経貿学院
張雅晴　ハルビン工業大学
閔子潔　北京師範大学
文家豪　雲南民族大学
牛雅格　長安大学
謝東鳳　中南民族大学
万　健　西南民族大学
陳蓓蓓　貴州大学
周　標　海南師範大学
田天縁　天津工業大学
白　露　長春理工大学
陳嘉敏　東莞理工学院
江　琼　江西財経大学
譚雯婧　広東海洋大学
陳維益　東北財経大学
王瀟瀟　南京大学金陵学院
李　珍　吉林大学
顧宇豪　浙江大学城市学院
王詣斐　西北大学
王超文　北京郵電大学
蔡　超　韶関学院
孫秀琳　煙台大学
李如意　外交学院
蒙秋霞　西南科技大学
牛宝倫　嘉興学院
範紫瑞　北京科技大学
畢　奇　太原理工大学
劉秋艶　大連外国語大学
楊慧穎　南京師範大学

佳作賞

李夢婷　天津財経大学
馮馨儀　天津財経大学
楊　珩　天津財経大学
馬雲芳　天津外国語大学
宋啓超　吉林大学
王曉依　浙江大学城市学院
曹　丹　青島大学
丁夢雪　青島大学
郝　敏　青島大学
楊　建　青島大学
葉雨菲　青島大学
成　愷　西南交通大学
俞　叶　西南交通大学
王　暢　西南交通大学
但俊健　西南交通大学
劉曉慶　西南交通大学
聶　琪　山東科技大学
張雪寒　吉林大学珠海学院
方　嘯　嘉興学院
陳子軒　嘉興学院
霍思静　嘉興学院
朱杭珈　嘉興学院
戴蓓蓓　嘉興学院
李　静　貴州大学
範　露　貴州大学
成　艶　貴州大学
趙慧敏　淮陰師範学院
付　雪　淮陰師範学院
劉樊艶　淮陰師範学院
陳　聡　淮陰師範学院
呉芸飛　淮陰師範学院
顧夢霞　淮陰師範学院
牛　雪　淮陰師範学院
李　艶　湘潭大学
夏英天　遼寧師範大学海華学院
白　洋　華僑大学
袁静文　華僑大学
曽宇宸　華僑大学
鄭貴嬰　華僑大学
徐鳳女　華僑大学
蔡舒怡　華僑大学
袁晨晨　浙江万里学院
唐佳麗　浙江万里学院
趙　琳　浙江万里学院
朱暁麗　浙江万里学院
王斐丹　浙江万里学院
胡佳峰　浙江万里学院
胡佳峰　浙江万里学院
宣方園　浙江万里学院
林嫺慧　浙江万里学院
趙浩辰　長春理工大学
余梓瑄　南京信息工程大学
劉　璐　南京信息工程大学

姜景美	東北師範大学
郭　城	大連外国語大学
何璐璇	大連外国語大学
隋和慧	大連外国語大学
賴麗傑	大連外国語大学
馮佳誉	大連外国語大学
李欣陽	大連外国語大学
李佳沢	大連外国語大学
李嘉欣	大連外国語大学
艾雪驕	大連外国語大学
呂紋語	大連外国語大学
蘇靖雯	大連外国語大学
呉昱含	大連外国語大学
張曦冉	大連外国語大学
張暁晴	大連外国語大学
高　原	大連外国語大学
姚佳文	大連外国語大学
于　淼	大連外国語大学
陳　暢	大連外国語大学
韓　慧	大連外国語大学
蘇日那	大連外国語大学
蘇星煌	大連外国語大学
羅晶月	大連外国語大学
叶桑妍	大連外国語大学
張楽楽	大連外国語大学
張　瑜	東華大学
郎　玥	東華大学
姚儷瑾	東華大学
蘇日那	大連外国語大学
蘇星煌	大連外国語大学
羅晶月	大連外国語大学
叶桑妍	大連外国語大学
張楽楽	大連外国語大学
張　瑜	東華大学
郎　玥	東華大学
姚儷瑾	東華大学
楊嘉佳	東華大学
黎世穏	嶺南師範学院
劉煒琪	嶺南師範学院
林小愉	嶺南師範学院
朱靄欣	嶺南師範学院
金美慧	大連民族大学
李霊霊	大連民族大学
周明月	大連民族大学
劉晨科	山東交通学院
徐　力	山東交通学院
権芸芸	対外経済貿易大学
劉孟花	山西大学
張殷瑜	山西大学
李　媛	惠州学院
張艾琳	惠州学院
洪毅洋	惠州学院
張　鈺	揚州大学
唐順婷	四川理工学院
李新雪	長江大学
楊欣儀	長江大学
鄭　巧	長江大学
陳　豪	長江大学
池夢婷	長江大学
鄖甚佳	黄岡師範学院
段　瑩	北京科技大学
董揚帆	北京科技大学
馬新艶	南京師範大学
夏君妍	南京師範大学中北学院
楊馥毓	浙江農林大学東湖校区
陳　怡	浙江農林大学東湖校区
李　毅	浙江農林大学東湖校区
孔増楽	浙江農林大学東湖校区
沈夏艶	浙江農林大学東湖校区
潘　呈	浙江農林大学東湖校区
李　楽	太原理工大学
李一菲	太原理工大学
孫甜甜	大連理工大学城市学院
韓　玲	大連理工大学城市学院
胡　硯	大連理工大学城市学院
李　婷	大連理工大学城市学院
姜　楠	ハルビン工業大学
陳　倩	長沙学院
王　翎	東北財経大学
鄧　婧	海南師範大学
冷　敏	海南師範大学
檀　靖	嘉興学院南湖学院
趙　莉	湘潭大学
何　丹	大連工業大学
宋　娟	大連工業大学
靳宗爽	大慶師範学院
陳　暁	大慶師範学院
夏丹霞	武漢理工大学
馬永君	武漢理工大学
林華欽	武漢理工大学
曹婷婷	武漢理工大学
孫　葳	武漢理工大学
曹　文	大連理工大学
閻　玥	大連大学
江　楠	大連大学
郭　莉	青島農業大学
王佳怡	寧波工程学院
費詩思	寧波工程学院
陳　聰	寧波工程学院
金静静	寧波工程学院
馮茹茹	寧波工程学院
兪夏琛	寧波工程学院
張　薇	遼寧師範大学
金智欣	遼寧師範大学
黄倩倩	合肥学院
龐嘉美	北京第二外国語大学
張雅楠	北京第二外国語大学
孫　肖	北京第二外国語大学
金静和	北京第二外国語大学
甘　瑶	新疆師範大学
張佳琦	上海交通大学
張雅鑫	天津工業大学
孫　帆	中南大学
彭暁慧	湘潭大学
史苑蓉	福建師範大学
林心怡	福建師範大学
張暁芸	福建師範大学
高建宇	吉林財経大学
劉建華	東南大学
陸君妍	湖州師範学院
鄭　娜	湖州師範学院
李双彤	湖州師範学院
瀋淼琴	湖州師範学院
李夢丹	中南財経政法大学南湖校区
馬　沙	中南財経政法大学南湖校区
秦小聡	中南財経政法大学南湖校区
袁暁寧	中南財経政法大学南湖校区
康恵敏	中南財経政法大学南湖校区
黄鍇宇	大連理工大学
王　進	大連理工大学
金憶蘭	浙江師範大学
王依如	浙江師範大学
鄭　卓	浙江師範大学
方　園	南京郵電大学
姚　野	長春工業大学
李　月	運城学院
徐　捷	運城学院
謝　林	運城学院
吉　甜	天津師範大学
王佳歓	常州大学
李若晨	武昌理工学院
鄭詩琪	武昌理工学院
王志芳	武昌理工学院
黄佳楽	武昌理工学院
張　婭	武昌理工学院
李宝玲	天津科技大学
黄燕婷	東莞理工学院
張玉珠	南京農業大学
陳雪蓮	山東大学

第10回
中国人の日本語作文コンクール受賞者一覧

最優秀賞・日本大使賞

姚儷瑾　　東華大学

一等賞

張　玥　　重慶師範大学
汪　婷　　南京農業大学）
姚紫丹　　嶺南師範学院外国語学院
向　穎　　西安交通大学外国語学院
陳　謙　　山東財経大学

二等賞

王淑園　　瀋陽薬科大学
楊　彦　　同済大学
姚月秋　　南京信息工程大学
陳霄迪　　上海外国語大学人文経済賢達学院
王雨舟　　北京外国語大学
徐　曼　　南通大学杏林学院
陳梅雲　　浙江財経大学東方学院
黄　亜　　東北大学秦皇島分校
陳林傑　　浙江大学寧波理工学院
呉　迪　　大連東軟情報学院
呉柳艶　　山東大学威海翻訳学院
孟文森　　大連大学日本言語文化学院
趙含嫣　　淮陰師範学院
郭　倩　　中南大学
王　弘　　楽山師範学院

三等賞

徐聞鳴　　同済大学
洪若檳　　厦門大学嘉庚学院
姚怡然　　山東財経大学
李　恵　　中南財経政法大学
尤政雪　　対外経済貿易大学
謝　林　　運城学院
黄子倩　　西南民族大学
万　運　　湘潭大学
丁亭伊　　厦門理工学院
梁泳恩　　東莞理工学院
王秋月　　河北師範大学匯華学院
孫丹平　　東北師範大学
伊　丹　　西安外国語大学
郝苗苗　　大連大学日本言語文化学院
徐　霞　　南京大学金陵学院
季杏華　　揚州大学
李　楊　　浙江万里学院
劉国豪　　淮陰師範学院
金夢瑩　　嘉興学院
鄢沐明　　華僑大学
陳　韵　　甘泉外国語中学
孫晟韜　　東北大学軟件学院
楊　珺　　北京科技大学
劉慧珍　　長沙明照日本語専修学院
林　婷　　五邑大学
申　皓　　山東財経大学
宋　婷　　長春理工大学
許　莉　　安陽師範学院
余立君　　江西財経大学
李　淼　　大連工業大学
馮其紅　　山東大学（威海）翻訳学院
陳　舸　　浙江工業大学之江学院
黄倩榕　　北京第二外国語大学
沈夏艶　　浙江農林大学
曹金芳　　東華大学
黎　蕾　　吉林華橋外国語学院
任　静　　山西大学
陳静逸　　吉林華橋外国語学院
徐夢嬌　　湖州師範学院
馮楚婷　　広東外語外貿大学

佳作賞

楊米婷　　天津財経大学
喬宇航　　石家庄外国語学校
林景霞　　浙江万里学院
王亜瓊　　中南財経政法大学
浦春燕　　浙江万里学院
黄斐斐　　上海海洋大学
戴舒蓉　　浙江万里学院
李瑶卓　　運城学院
程　月　　長春工業大学
来　風　　運城学院
瞿春芳　　長春中医薬大学
路志苑　　運城学院
伍錦艶　　吉首大学

楊　茜　曲阜師範大学
徐嘉熠　北京理工大学
周　熠　北京理工大学珠海学院
魯雪萍　黄岡師範学院
陳　洪　四川外国語大学成都学院
陳　穎　西南交通大学
陳　茹　中国医科大学
梁小傑　西南交通大学
陳　晨　大連大学日本言語文化学院
王思雨　長安大学
華雪峡　大連大学日本言語文化学院
袁慶新　聊城大学
勾宇威　北京師範大学
于聖聖　長春理工大学
孫麗麗　山東大学
賈海姗　大連東軟情報学院
文胎玉　湖北民族学院
李官臻　大連東軟情報学院
楊錦楓　揚州大学
賈少華　大連東軟情報学院
孫暁宇　揚州大学
馬小燕　西北大学
孟維維　淮陰師範学院
潘秋杏　惠州学院
謝夢佳　淮陰師範学院
魏麗君　惠州学院
王正妮　河南理工大学
鄭暁佳　吉林大学珠海学院
金　珠　遼寧軽工職業学院
徐逍綺　上海師範大学天華学院
唐淑雲　華僑大学
牛愛玲　山東交通学院
戴惠嬌　華僑大学
李　玲　山東交通学院
文暁萍　広東外語外貿大学
張　楠　山東交通学院
陳明霞　中南大学
呉家鑫　山東交通学院
蔡海媚　広州鉄路職業技術学院
方　荃　天津職業技術師範大学
孫小斐　山東理工大学
張丹蓉　北京第二外国語大学
孫　漪　哈爾浜理工大学栄成学院
曾　瑩　嶺南師範学院外国語学院
林　霞　青島農業大学
張暁坤　嶺南師範学院外国語学院
鄭芳潔　青島農業大学
陳玉珊　嶺南師範学院外国語学院
張静琳　長江大学
劉暁芳　青島大学
向　沁　湖南大学
崔倩芸　青島大学
張　偉　遼寧大学外国語学院
温殊慧　山西大学
陶穎南　通大学杏林学院
張蓓蓓　山西大学
姜光曦　哈爾浜工業大学
任家蓉　山西大学
王　芬　浙江工業大学之江学院
余姣姣　南京林業大学
金　鑫　浙江工業大学之江学院
李　希　南京林業大学
章佳敏　合肥学院
唐　雪　湖州師範学院
林先慧　合肥学院
李　慧　琳湖州師範学院
張雅琴　寧波工程学院
曾　光　遼寧対外経貿学院
馮茹茹　寧波工程学院
瞿　蘭　浙江師範大学
王　静　浙江農林大学
李　欣　航長春外国語学校
潘　呈　浙江農林大学
陸楊楊　上海交通大學
廖美英　集美大学
王　耀　華山東外貿技術学院
李甜甜　集美大学
黄篠芙　東北育才外国語学校
雷紅艶　湘潭大学
郭　欣　東北育才外国語学校
皮益南　湘潭大学
王茹輝　天津工業大学

第9回
中国人の日本語作文コンクール受賞者一覧

最優秀賞・日本大使賞

李　敏　国際関係学院

一等賞

李渓源　中国医科大学
趙思蒙　首都師範大学
毛暁霞　南京大学金陵学院
李佳南　華僑大学
張佳茹　西安外国語大学

二等賞

李　彤　中国医科大学
沈　泱　国立中山大学
張　偉　長春理工大学
何金雍　長春理工大学
葛憶秋　上海海洋大学
王柯佳　大連東軟信息学院
王雲花　江西財経大学
李　靈　上海師範大学天華学院
王楷林　華南理工大学
鄭曄高　仲愷農業工程学院
朱樹文　華東師範大学
斉　氷　河北工業大学
厳芸楠　浙江農林大学
熊　芳　湘潭大学
杜洋洋　大連大学日本言語文化学院

三等賞

羅玉婷　深圳大学
崔黎萍　北京外国语大学日研中心
孫愛琳　大連外国語大学
顧思骐　長春理工大学
遊文娟　中南財経政法大学
張　玥　重慶師範大学
張　眉　青島大学
林奇卿　江西農業大学南昌商学院
田　園　浙江万里学院
馬名陽　長春工業大学
尹婕然　大連東軟信息学院
王　涵　大連東軟信息学院
蒋文娟　東北大学秦皇島分校
李思銘　江西財経大学
梁　勁　五邑大学
馬　倩　淮陰師範学院
陳林杰　江大学寧波理工学院
崔舒淵　東北育才外国語学校
劉素芹　嘉応大学
邵亜男　山東交通学院
周文弢　遼寧大学遼陽校
虞希希　吉林師範大学博達学院
彭　暢　華僑大学
尹思源　華南理工大学
郭　偉　遼寧大学
魏冬梅　安陽師範学院
楊　娟　浙江農林大学
牛　玲　吉林華橋外国語学院
馬源営　北京大学
高麗陽　吉林華橋外国語学院
宋　偉　蘇州国際外語学校
劉垂瀚　広東外語外貿大学
唐　雪　湖州師範学院
呼敏娜　西安外国語大学
李媛媛　河北師範大学匯華学院
梁　婷　山西大学
呂凱健　国際関係学院
黄金玉　大連大学日本言語文化学院
黎秋芳　青島農業大学
劉　丹　大連工業大学

佳作賞

達　菲　浙江工商大学
蔡麗娟　福建師範大学
褚　蓄　長春理工大学
陳全渠　長春理工大学
朱姝璇　湘潭大学
劉潁怡　華南理工大学
付莉莉　中南財経政法大学
王明虎　青島大学
邵　文　東北育才学校
馬麗娜　浙江万里学院
趙一倩　浙江万里学院
黄立志　長春工業大学
沈　一　長春工業大学
熊　茜　大連東軟信息学院
曹　静　大連東軟信息学院
薛　婷　大連東軟信息学院
鄭莉莉　東北大学秦皇島分校
侯暁同　江西財経大学
雷敏欣　五邑大学
葉伊寧　浙江大学寧波理工学院
陳　芳　楽山師範学院
趙倩文　吉林華橋外国語学院
田　園　東師範大学
梁　瑩　山東大学
張可欣　黒竜江大学
馬　駸　華僑大学
梁建城　華南理工大学
高振家　中国医科大学
張玉珠　南京農業大学
李暁傑　遼寧大学
陳聞怡　上海海洋大学
孫君君　安陽師範学院
張　悦　連外国語大学
楊雪芬　江農林大学
周琳琳　遼寧師範大学
郭会敏　山東大学(威海)翻訳学院日本語学部
王　碩　ハルビン工業大学
曽　麗　長沙明照日本語専修学院
喬薪羽　吉林師範大学
方雨琦　合肥学院
章　芸　湘潭大学
金紅艶　遼寧対外経貿学院
包倩艶　湖州師範学院
陳　婷　湖州師範学院
郭家斉　国際関係学院
張　娟　山西大学
王菊力慧　大連大学日本言語文化学院
龍俊汝　湖南農業大学外国語学院
李婷婷　青島農業大学
李　淼　大連工業大学

第8回
中国人の日本語作文コンクール受賞者一覧

最優秀賞・日本大使賞
李欣晨　湖北大学

一等賞
兪妍驕　湖州師範学院
周夢雪　大連東軟情報学院
張鶴達　吉林華橋外国語学院
黄志翔　四川外語学院成都学院
王　威　浙江大学寧波理工学院

二等賞
銭　添　華東師範大学
張　燕　長沙明照日本語専修学院
馮金津　大連東軟情報学院
魏　娜　煙台大学外国語学院
張君君　大連大学
羅　浩　江西財経大学
葉楠梅　紹興文理学院
周小慶　華東師範大学
施娜娜　浙江農林大学
高雅婷　浙江外国語学院
韓　璐　大連工業大学
潘梅萍　江西財経大学
李雪松　上海海洋大学
李　傑　東北大学
于　添　西安交通大学

三等賞
劉　珉　華東師範大学
呉智慧　青島農業大学
李暁珍　黒竜江大学
孫明朗　長春理工大学
王傑傑　合肥学院
周　雲　上海師範大学天華学院
黄慧婷　長春工業大学
楊　香　山東交通学院
洪雅琳　西安交通大学
王洪宜　成都外国語学校
張　瀚　浙江万里学院
馬雯雯　中国海洋大学
周亜平　大連交通大学
張　蕊　吉林華橋外国語学院
王　璐　青島科技大学
鄭玉蘭　延辺大学
王晨蔚　浙江大学寧波理工学院
邱春恵　浙江万里学院
張　妍　華僑大学
楊天鷺　大連東軟情報学院
郝美満　山西大学
李書琪　大連交通大学
李艶蕊　山東大学威海分校
王翠萍　湖州師範学院
許正東　寧波工程学院
張　歓　吉林華橋外国語学院
楊彬彬　浙江大学城市学院
薛思思　山西大学
趙丹陽　中国海洋大学
楊　潔　西安交通大学
李文静　五邑大学
劉庁庁　長春工業大学
佟　佳　延辺大学
劉宏威　江西財経大学
牟　穎　大連大学
石　岩　黒竜江大学
郭思捷　浙江大学寧波理工学院
傅亜娟　湘潭大学
周亜亮　蕪湖職業技術学院
胡季静　華東師範大学

佳作賞
趙　月　首都師範大学
閻　涵　河南農業大学
楊世霞　桂林理工大学
蒋華群　井岡山大学
王暁華　山東外国語職業学院
呉望舒　北京語言大学
何楚紅　湖南農業大学東方科技学院
耿暁慧　山東省科技大学
郭映明　韶関大学
馬棟萍　聊城大学
曹　妍　北京師範大学珠海分校
張　晨　山東交通学院
范暁輝　山東工商学院
李　崢　北京外国語大学
藍祥茹　福建対外経済貿易職業技術学院
魏　衡　西安外国語大学
陳　婷　上海外国語大学賢達経済人文学院
唐　英　東北大学
逄　磊　吉林師範大学
朱　林　温州医学院
熊　芳　湘潭大学
王亜欣　湖北第二師範学院
王穏娜　南京郵電大学
梁慶雲　広州鉄路職業技術学院
孫　瑞　遼寧工業大学
柳康毅　西安交通大学城市学院
趙瀚雲　中国伝媒大学
林　玲　海南大学
李冰倩　浙江理工大学
劉夢嬌　北京科技大学
呂　揚　広州第六高等学校
郭　君　江西農業大学
黄嘉穎　華南師範大学
張麗珍　菏澤学院
胡　桑　湖南大学
呉佳琪　大連外国語学院
蘇永儀　広東培正学院
侯培渝　中山大学
陳絢妮　江西師範大学
袁麗娜　吉首大学張家界学院
劉　莎　中南大学
段小娟　湖南工業大学
許穎穎　福建師範大学
劉艶龍　国際関係学院
張曼琪　北京郵電大学
任　爽　重慶師範大学
李競一　中国人民大学
井惟麗　曲阜師範大学
張文宏　恵州学院
劉依蒙　東北育才学校
韓　娜　東北大学秦皇島分校
王　歓　東北大学秦皇島分校

第7回
中国人の日本語作文コンクール受賞者一覧

最優秀賞・日本大使賞

胡万程	国際関係学院

一等賞

顧　威	中山大学
崔黎萍	河南師範大学
曹　珍	西安外国語大学
何洋洋	蘭州理工大学
劉　念	南京郵電大学

二等賞

程　丹	福建師範大学
沈婷婷	浙江外国語学院
李　爽	長春理工大学
李桃莉	暨南大学
李　胤	上海外国語大学
李　竑	上海海洋大学
李炆軒	南京郵電大学
王　亜	中国海洋大学
徐瀾境	済南外国語学校
李　哲	西安外国語大学
陳宋婷	集美大学
楊　萍	浙江理工大学
陳怡倩	湘潭大学
趙　萌	大連大学
陳凱静	湘潭大学

三等賞

劉　偉	河南師範大学
王鍶嘉	山東大学威海分校
冉露雲	重慶師範大学
李　娜	南京郵電大学
黄斯麗	江西財経大学
章亜鳳	浙江農林大学
張雅妍	暨南大学
王　玥	北京外国語大学
趙雪妍	山東大学威海分校
李金星	北京林業大学
羅詩蕾	東北育才外国語学校
莫倩雯	北京外国語大学
趙安琪	北京科技大学
欧陽文俊	国際関係学院
孫培培	青島農業大学
郭　海	暨南大学
孫　慧	湘潭大学
張徐琦	湖州師範学院
黄瑜玲	湘潭大学
楊恒悦	上海海洋大学
王吉彤	西南交通大学
任　娜	北京郵電大学
鄒　敏	曲阜師範大学
徐芸妹	福建師範大学
全　程	南京外国語学校
鄭方鋭	長安大学
秦丹丹	吉林華橋外国語学院
張臻園	黒竜江大学
任　爽	重慶師範大学
宋　麗	黒竜江大学
宣佳春	浙江越秀外国語学院
唐　敏	南京郵電大学
李玉栄	山東工商学院
陳　開	浙江越秀外国語学院
皮錦燕	江西農業大学
呉秀蓉	湖州師範学院
殷林華	東北大学秦皇島分校
黄　婷	浙江万里学院
雷　平	吉林華橋外国語学院
李嘉豪	華僑大学

佳作賞

範夢婕	江西財経大学
馮春苗	西安外国語大学
路剣虹	東北大学秦皇島分校
関麗嫦	五邑大学
何　琼	天津工業大学
趙佳莉	浙江外国語学院
崔松林	中山大学
王　菁	太原市外国語学校
馬聞嘒	同済大学
馬暁晨	大連交通大学
蔡暁静	福建師範大学
金艶萍	吉林華橋外国語学院
付可慰	蘭州理工大学
阮浩杰	河南師範大学
黄明婧	四川外語学院成都学院
高錐穎	四川外語学院成都学院
童　何	四川外語学院成都学院
李雅彤	山東大学威海分校
聶南南	中国海洋大学
王　瀾	長春理工大学
王媛媛	長春理工大学
朴太虹	延辺大学
張イン	延辺大学
呂　謙	東北師範大学人文学院
車曉曉	浙江大学城市学院
梁　穎	河北工業大学
李逸婷	上海市甘泉外国語中学
朱奕欣	上海市甘泉外国語中学
靳小其	河南科技大学
阮宗俊	常州工学院
呉灿灿	南京郵電大学
張　婷	大連大学
趙世震	大連大学
周辰溦	上海外国語学校
周　舫	湘潭大学
華　瑶	湘潭大学
霍小林	山西大学
文　羲	長沙明照日本語専修学院
王　星	杭州第二高等学校
李伊頔	武漢実験外国語学校
王　瑾	上海海洋大学
孙婧雯	浙江理工大学
童　薇	浙江理工大学
諸夢霞	湖州師範学院
林　棟	湖州師範学院
林爱萍	嘉興学院平湖校区
張媛媛	青島農業大学
顔依娜	浙江越秀外国語学院
王丹婷	浙江農林大学
陳婷婷	浙江大学寧波理工学院

第6回
中国人の日本語作文コンクール受賞者一覧

【学生の部】

最優秀賞・日本大使賞

関　欣　　西安交通大学

一等賞

劉美麟　　長春理工大学
陳　昭　　中国伝媒大学
李欣昱　　北京外国語大学
碩　騰　　東北育才学校

二等賞

熊夢夢　　長春理工大学
徐小玲　　北京第二外国語大学大学院
鐘自鳴　　重慶師範大学
華　萍　　南通大学
郭　蒓　　北京語言大学
王帥鋒　　湖州師範学院
薄文超　　黒竜江大学
彭　婧　　湘潭大学
盧夢霏　　華東師範大学
袁倩倩　　延辺大学
周　朝　　広東外語外貿大学
蒋暁萌　　青島農業大学
周榕榕　　浙江理工大学
王　黎　　天津工業大学
陳　娟　　湘潭大学

三等賞

樊昕怡　　南通大学
呉文静　　青島農業大学
潘琳娜　　湖州師範学院
楊怡璇　　西安外国語大学
王海豹　　無錫科技職業学院
侯　姣　　西安外国語大学
陸　婷　　浙江理工大学
張郁晨　　済南市外国語学校　高校部
張芙村　　天津工業大学
呉亜楠　　北京第二外国語大学大学院
沈　燕　　山東交通学院
張　聡　　延辺大学
許嬌蛟　　山西大学
張　進　　山東大学威海分校
方　蕾　　大連大学
林心泰　　北京第二外国語大学大学院
鐘　婷　　浙江農林大学
王瑶函　　揚州大学
甘芳芳　　浙江農林大学
王　媚　　安徽師範大学
杜紹春　　大連交通大学
金銀玉　　延辺大学
周新春　　湖州師範学院
趙久傑　　大連外国語学院
文　羲　　長沙明照日本語専修学院
林萍萍　　浙江万里学院
高　翔　　青島農業大学
李億林　　翔飛日本進学塾
馬暁晨　　大連交通大学
呂星縁　　大連外国語学院
任一璨　　東北大学秦皇島分校

【社会人の部】

一等賞

安容実　　上海大和衡器有限会社

二等賞

黄海萍　　長沙明照日本語専修学院
宋春婷　　浙江盛美有限会社

三等賞

胡新祥　　河南省許昌学院外国語学院
蒙明超　　長沙明照日本語専修学院
楊福梅　　昆明バイオジェニック株式会社
洪　燕　　Infosys Technologies(China)Co Ltd
唐　丹　　長沙明照日本語専修学院
王冬莉　　蘇州工業園区サービスアウトソーシング職業学院
桂　鈞　　中化国際
唐　旭　　常州職業技術学院

第5回
中国人の日本語作文コンクール受賞者一覧

【学生の部】

最優秀賞・日本大使賞

郭文娟　青島大学

一等賞

張　妍　西安外国語大学
宋春婷　浙江林学院
段容鋒　吉首大学
繆婷婷　南京師範大学

二等賞

呉嘉禾　浙江万里学院
鄧　規　長沙明照日本語専修学院
劉　圓　青島農業大学
楊潔君　西安交通大学
戴唯燁　上海外国語大学
呉　玥　洛陽外国語学院
朴占玉　延辺大学
李国玲　西安交通大学
劉婷婷　天津工業大学
武若琳　南京師範大学
衣婧文　青島農業大学

三等賞

居雲瑩　南京師範大学
姚　遠　南京師範大学
程美玲　南京師範大学
孫　穎　山東大学
呉蓓玉　嘉興学院
邵明琪　山東大学威海分校
張紅梅　河北大学
陳　彪　華東師範大学
鮑　俏　東北電力大学
曹培培　中国海洋大学
龍斌鈺　北京語言大学
和娟娟　北京林業大学
涂堯木　上海外国語大学
王篠晗　湖州師範学院
魏夕然　長春理工大学
高　潔　嘉興学院
劉思邈　西安外国語大学
李世梅　湘潭大学
李麗梅　大連大学
謝夢影　曁南大学
馮艶妮　四川外国語学院
金麗花　大連民族学院
丁　浩　済南外国語学校
張　那　山東財政学院
姜　茁　中国海洋大学
韓若氷　山東大学威海分校
陳　雨　北京市工業大学
楊燕芳　厦門理工学院
閆　冬　ハルビン理工大学
朱　妍　西安交通大学
張姝娴　中国伝媒大学
範　敏　聊城大学
沈釗立　上海師範大学天華学院
俞　婷　浙江大学寧波理工学院
胡晶坤　同済大学
温嘉盈　青島大学

【社会人の部】

一等賞

黄海萍　長沙明照日本語専修学院

二等賞

陳方正　西安NEC無線通信設備有限公司
徐程成　青島農業大学

三等賞

鄭家明　上海建江冷凍冷気工程公司
王　暉　アルバイト
翟　君　華鼎電子有限公司
張　科　常州朗鋭東洋伝動技術有限公司
単双玲　天津富士通天電子有限公司
李　明　私立華聯学院
胡旻穎　中国図書進出口上海公司

第4回
中国人の日本語作文コンクール受賞者一覧

【学生の部】

最優秀賞・日本大使賞

徐　蓓　北京大学

一等賞

楊志偉　青島農業大学
馬曉曉　湘潭大学
欧陽展鳴　広東工業大学

二等賞

張若童　集美大学
葉麗麗　華中師範大学
張　傑　山東大学威海分校
宋春婷　浙江林学院
叢　晶　北京郵電大学
袁少玲　暨南大学
賀逢申　上海師範大学
賀俊斌　西安外国語大学
呉　珺　対外経済貿易大学
周麗萍　浙江林学院

三等賞

王建升　外交学院
許　慧　上海師範大学
龔　怡　湖北民族学院
範　静　威海職業技術学院
趙　婧　西南交通大学
顧静燕　上海師範大学天華学院
牛江偉　北京郵電大学
陳露穎　西南交通大学
馬向思　河北大学
鐘　倩　西安外国語大学
王　海　華中師範大学
許海濱　武漢大学
劉学菲　蘭州理工大学
顧小逸　三江学院
黄哲慧　浙江万里学院
蘆　会　西安外国語大学
陳雯文　湖州師範学院
金　美　延辺大学
陳美英　福建師範大学
金麗花　大連民族学院

【社会人の部】

最優秀賞

張桐赫　湘潭大学外国語学院

一等賞

葛　寧　花旗数据処理（上海）有限公司大連分公司
李　榛　青島日本人学校
胡　波　無錫相川鉄龍電子有限公司

二等賞

袁　珺　国際協力機構JICA成都事務所
張　羽　北京培黎職業学院
李　明　私立華聯学院
陳嫻婷　上海郡是新塑材有限公司

三等賞

楊鄒利　主婦
肖鳳超　無職

特別賞

周西榕　定年退職

第3回
中国人の日本語作文コンクール受賞者一覧

【学生の部】

最優秀賞

陳歆馨　暨南大学

一等賞

何美娜　河北大学
徐一竹　哈尔濱理工大学
劉良策　吉林大学

二等賞

廖孟婷　集美大学
任麗潔　大連理工大学
黄　敏　北師範大学
張　旭　遼寧師範大学
金美子　西安外国語大学
賴麗苹　哈尔濱理工大学
史明洲　山東大学
姜　燕　長春大学
謝娉彦　西安外国語大学
銭　程　哈尔濱理工大学

三等賞

黄　昱　北京師範大学
張　晶　上海交通大学
呉　瑩　華東師範大学
蔡葭俍　華東師範大学
曹　英　華東師範大学
楊小萍　南開大学
于璐璐　大連一中
徐　蕾　遼寧師範大学
陸　璐　遼寧師範大学
黄　聡　大連大学
劉　暢　吉林大学
張　惠　吉林大学
鄧瑞娟　吉林大学
劉瑞利　吉林大学
劉　闖　山東大学
胡嬌龍　威海職業技術学院
石　磊　山東大学威海分校
林　杰　山東大学威海分校
叶根源　山東大学威海分校
殷曉谷　哈尔濱理工大学
劉舒景　哈尔濱理工大学
劉雪潔　河北経貿大学
尹　鈺　河北経貿大学
張文娜　河北師範大学
付婷婷　西南交通大学
張小柯　河南師範大学
張　麗　河南師範大学
文威入　洛陽外国語学院
王　琳　西安外国語大学
趙　婷　西安外国語大学
許　多　西安外国語大学
田　甜　安徽大学
朱麗亞　寧波大学
劉子奇　廈門大学
朱嘉韵　廈門大学
胡　岸　南京農業大学
張卓蓮　三江学院
代小艶　西北大学

【社会人の部】

一等賞

章羽紅　中南民族大学外国語学部

二等賞

張　浩　中船重工集団公司第七一二研究所
張　妍　東軟集団有限公司

三等賞

陳暁翔　桐郷市科学技術協会
厳立君　中国海洋大学青島学院
李　明　瀋陽出版社
陳莉莉　富士膠片（中国）投資有限公司広州分公司
朱湘英　珠海天下浙商帳篷有限公司

第2回
中国人の日本語作文コンクール受賞者一覧

最優秀賞

付暁璇　吉林大学

一等賞

陳　楠　集美大学
雷　蕾　北京師範大学
石金花　洛陽外国語学院

二等賞

陳　茜　江西財経大学
周熠琳　上海交通大学
庄　恒　山東大学威海分校
劉　麗　遼寧師範大学
王　瑩　遼寧師範大学
王荧艶　蘭州理工大学
張　嵬　瀋陽師範大学
張光新　洛陽外国語学院
王虹娜　厦門大学
許　峰　対外経済貿易大学

三等賞

曹文佳　天津外国語学院
陳　晨　河南師範大学
陳燕青　福建師範大学
成　慧　洛陽外国語学院
崔英才　延辺大学
付　瑶　遼寧師範大学
何　倩　威海職業技術学院
侯　雋　吉林大学
黄丹蓉　厦門大学
黄燕華　中国海洋大学
季　静　遼寧大学
江　艶　寧波工程学院
姜紅蕾　山東大学威海分校
金春香　延辺大学
金明淑　大連民族学院
李建川　西南交通大学
李　艶　東北師範大学
李一菡　上海交通大学
林茹敏　哈尔濱理工大学
劉忱忱　吉林大学
劉　音　電子科技大学
劉玉君　東北師範大学
龍　雋　電子科技大学
陸暁鳴　遼寧師範大学
羅雪梅　延辺大学
銭潔霞　上海交通大学
任麗潔　大連理工大学
沈娟華　首都師範大学
沈　陽　遼寧師範大学
蘇　琦　遼寧師範大学
譚仁岸　広東外語外貿大学
王　博　威海職業技術学院
王月婷　遼寧師範大学
王　超　南京航空航天大学
韋　佳　首都師範大学
肖　威　洛陽外国語学院
謝程程　西安交通大学
徐　蕾　遼寧師範大学
厳孝翠　天津外国語学院
閻暁坤　内蒙古民族大学
楊　暁　威海職業技術学院
姚　希　洛陽外国語学院
于菲菲　山東大学威海分校
于　琦　中国海洋大学
于暁艶　遼寧師範大学
張　瑾　洛陽外国語学院
張　恵　吉林大学
張　艶　哈尔濱理工大学
張　剣　洛陽外国語学院
周彩華　西安交通大学

第1回
中国人の日本語作文コンクール受賞者一覧

特賞・大森和夫賞

石金花　洛陽外国語学院

一等賞

高　静	南京大学
王　強	吉林大学
崔英才	延辺大学

二等賞

楊　琳	洛陽外国語学院
王健蕾	北京語言大学
李暁霞	哈爾濱工業大学
楽　馨	北京師範大学
徐　美	天津外国語学院
唐英林	山東大学威海校翻訳学院
梁　佳	青島大学
陶　金	遼寧師範大学
徐怡珺	上海師範大学
龍麗莉	北京日本学研究センター

三等賞

孫勝広	吉林大学
丁兆鳳	哈爾濱工業大学
李　晶	天津外国語学院
厳春英	北京師範大学
丁夏萍	上海師範大学
盛　青	上海師範大学
白重健	哈爾濱工業大学
何藹怡	人民大学
洪　穎	北京第二外国語学院
任麗潔	大連理工大学
于　亮	遼寧師範大学
汪水蓮	河南科技大学
高　峰	遼寧師範大学
李志峰	北京第二外国語学院
陳新妍	遼寧師範大学
姜舯羽	東北師範大学
孫英英	山西財経大学
夏学微	中南大学
許偉偉	外交学院
姜麗偉	中国海洋大学
呉艶娟	蘇州大学
蘇徳容	大連理工大学
孟祥秋	哈爾濱理工大学
李松雪	東北師範大学
楊松梅	清華大学
金蓮実	黒竜江東方学院
陳錦彬	福建師範大学
李燕傑	哈爾濱理工大学
潘　寧	中山大学
楊可立	華南師範大学
陳文君	寧波大学
李芬慧	大連民族学院
尹聖愛	哈爾濱工業大学
付大鵬	北京語言大学
趙玲玲	大連理工大学
李　艶	東北師範大学
魯　強	大連理工大学
蘇江麗	北京郵電大学
姚軍鋒	三江学院
宋　文	大連理工大学
張翠翠	黒竜江東方学院
崔京玉	延辺大学
裴保力	寧師範大学
鄧　莫	遼寧師範大学
田洪涛	哈爾濱理工大学
劉　琳	寧波大学
王　暉	青島大学
李　勁	大連理工大学
劉　麗	遼寧師範大学
武　艶	東北師範大学

中国人の日本語作文コンクール

メディア報道セレクト

日中両国のメディア各社などによる本コンクールへのご理解と精力的な報道に厚く御礼申し上げます。

紙面の都合上、一部ではありますが報道記事を掲載し、コンクールの歩みを振り返りたいと思います。

日中の未来 希望を込めて

第19回「中国人の日本語作文コンクール」

今年は日中平和友好条約の締結から45周年。コロナ禍による往来の途絶がなくなった今、日本語を学ぶ中国の学生たちは徐々に回復し始めた対面交流にどんな希望を抱いているのか。第19回「中国人の日本語作文コンクール」の上位入賞者たちの思いを紹介する。（北京＝畑宗太郎）

対面交流こそ「神の一手」

最優秀賞に輝いた趙思琳さん

最優秀賞（日本大使賞）に輝いた吉林大の趙思琳さん(21)は囲碁を題材に、ポストコロナ時代の両国の交流のあるべき姿をつづった。

きっかけは人気漫画「ヒカルの碁」。2020年、中国で公開された実写ドラマにひかれ、SNS上で同じ作品のファンの日本人と友人になった。しかし、時はコロナ禍。オンラインでのやりとりが続いた。

昨冬、中国でも厳しいコロナ対策が終わり、行き来が可能に。友人と上海で会えることになり、初めて対面で碁盤を挟んで向かい合った。「負けたけど、うれし涙を流した」。そして、「手筋」や「大局観」といった囲碁の言葉について話に花を咲かせたという。

こうした体験をもとに、対面交流こそ「心に触れるものだ」と訴えた。

中国には、全体のもとで各部分が互いに協調し合って一つの対局を織りなす様子を表現した「一盤碁」という言葉がある。

趙さんは日中関係をその「一盤碁」に重ね、両国は「対立する敵の関係ではなく、平和発展のために戦う友軍」であるべきだと訴え、対面交流を通じて信頼できる仲になることこそ「神の一手」だと結んだ。

今後の目標は日本への留学。韓国語もマスターしており、将来は「東アジアの国際関係に関わる仕事がしたい」と意気込んでいる。

李雨萱さん

大連外国語大の李雨萱さん(21)は、小学4年生のときの「人生を変えた事件」を紹介した。

湖南省で観光ツアーに参加したときのこと。同じツアーのおばあさんが日本人客を見て、「きっと悪いやつらだ」と言った。しかし、李さんが日本人客に声をかけてみると、ガイドの通訳でおしゃべりが始まり、皆が仲良くなった。

そのとき日本人にもらったお菓子は「両国の人を近づけるきっかけになれたかも」という満足感で、とてもおいしかったと振り返る。専攻に日本語を選んだのも「もう一回、あのお菓子を食べてみたい」という気持ちがあったからだ。

日本語学ぶのは「運命だ！」■力の貸し合い 箸のよう

郭夢宇さん

日本語を学ぶことになった人生を「運命だ！」とつづったのは、天津外国語大の郭夢宇さん(21)だ。

当初、日本語を学び始めた動機を尋ねられると「偶然」と答えてきた。受験の結果、「たまたま日本語学部に振り分けられた」。

だが、恩師の趙先生は「母」のように熱心に指導してくれた。ある日、「日本の大学で博士を中途退学したことが一生の心残り」と打ち明けられた。郭さんは先生の期待に応えようと努力し、日本語能力試験に合格して留学資格も得た。

日本語を学んだため、自分の運命を変えた恩師に出会った。いま、動機を尋ねられたら、「運命」と答えたいとつづった。

肖晶晶さん

「一歩、また一歩」。大連外国語大の肖晶晶さん(20)は、京都の大学で友人ができるまでの道のりをつづった。

新学期はじめの懇親会ではすぐにみんなと打ち解けたのに、その後は一転、誰も話しかけてくれなくなった。自分が「相手のことに関心をもっていなかった」と気付き、連絡先を交換した人のSNSを見返して、美術館めぐりという共通の趣味をもつ人に勇気を出して声を掛けた――。表彰式では日中両国も「一歩一歩、歩みを進めて誤解を減らせば、いい関係が築ける」と語った。

李婧さん

北京大の李婧さん(20)は「はし」をテーマに、日本と中国の関係を考えた。

ある日、寮で使っていた箸の片方がなくなり、日本人留学生の友人からお土産にもらった箸を使うことに。そして、考えた。

箸は片方が欠けると使い物にならない。「中国と日本も片方の箸のようで、互いに力を貸し合っている」

また、日本の箸は中国より短いが、両国は古くから箸を使ってきたという共通点がある。「小異を残して大同を求め、双方に利益のある未来を目指すべきだ」

王瑞瑞さん

奨励賞を取ったのは、四川外国語大の王瑞瑞さん(21)だ。実体験も生かしつつ、日本に興味をもつ学生が集まる大学のサークル活動を物語として描いた。

アニメや茶道、読書会などをするサークルは日本に行くツアーを企画するが、ネットで「そこまで日本が好きなら中国から出て行け」と中傷を受ける――。

そんな物語の中で、日中両国は「まず（過去の）わだかまりを捨てるところから」とつづった。「学んだ日本語を生かして中国の良さを広め、日本の良さに学びながら、日中交流に尽くしたい」と話した。

記念撮影する中国人の日本語作文コンクールの入賞者たち＝10日、北京、畑宗太郎撮影

中国人の日本語作文コンクール

日中間の相互理解促進を目的に2005年に始まった。日本僑報社が主催し、朝日新聞がメディアパートナー。今年は中国各地の計155校から2376本の応募があり、北京で10日に開かれた表彰式はコロナ禍が明けて4年ぶりの対面開催となった。詳しくは同社関連サイト（http://duan.jp/jp/index.htm）で。

若者にエネルギーと自信を

主催の日本僑報社・段躍中代表

2005年以来、コンクールを開いてきた日本僑報社が在北京日本大使館から在外公館長表彰を受けた。同社の段躍中代表(65)に聞いた。

始めたころは作文はみんな手書きでしたので、オフィスには応募作品の入った段ボール箱がいくつも積み上がりました。今はすべてメールですから、それだけ見ても時代は変わりました。日本語教育が格段に高まっているのを感じます。その分、審査もどんどん難しくなっています。

歴代の応募者は5万8千人、入賞者だけでも3700人を超えます。多くの人たちが日本企業や中国の政府や大学など様々な分野で両国をつないでいます。

両国関係は難しい時もあり、日本を学ぶ学生は傷つくこともある。今年は一部の大学で許可がもらえず、表彰式に出られなかった学生がいました。若者の夢を断つようなことが起きたのは本当に悲しい。

今後も若者たちの交流のプラットフォームを提供し、彼らにプラスのエネルギーと自信を与えられたらと思っています。

（聞き手・林望）

朝日新聞

2023年11月24日

朝日新聞 DIGITAL 2023年11月10日

日本語作文コンクール、北京で表彰式
中国各地から応募2300本

第19回中国人の日本語作文コンクールで最優秀賞に輝いた吉林大の趙志琳さん=2023年11月10日、北京

第19回「中国人の日本語作文コンクール」（主催・日本僑報社、メディアパートナー・朝日新聞）の表彰式と受賞者のスピーチ大会が10日、北京であった。日中平和友好条約締結45周年の節目に当たる今年は、中国各地の155校から2376本の応募があった。

最優秀賞（日本大使賞）には吉林大の趙志琳さん（21）が輝いた。コロナ禍の間に囲碁を通じて親しくなった日本人の友人との交流についてつづった。趙さんは「本当の交流は、顔を突き合わせ、心に触れるものです」と語った。

2005年からコンクールを続けてきた日本僑報社には、日中友好促進への貢献をたたえて垂秀夫大使から表彰状が贈られ、段景子社長が受け取った。（北京=畑宗太郎）

日本と中国 第2288号 2024年5月1日 （第3種郵便物認可） (12)

友好訪問

太宰治『人間失格』に魅了
囲碁の知恵 交流に生かす

第19回中国人の日本語作文コンクール日本大使賞受賞

吉林大学日本語学部四年 趙《ちょう》 志《し》琳《りん》さん

第19回「中国人の日本語作文コンクール」最優秀賞（日本大使賞）受賞者である、吉林大学四年生の趙志琳さんが、副賞の「日本一週間招待」を受け、2月26日～3月3日まで東京を訪問した。滞在期間中、福田康夫・鳩山由紀夫両元首相を表敬訪問したほか、外務大臣政務官ら現役国会議員4人とも交流し、教育シンポジウムで報告し、NHKの番組に出演し、朝日新聞の取材を受けた。趙さんはこれらの交流や取材を全て流暢な日本語で行い、各界から高く評価された。日本語勉強を始めてわずか四年の学生が、なぜそんなに高いレベルに達することができたのか。ご本人に話を伺った。（段躍中）

日本語との縁

私と日本語の縁は中学時代にさかのぼります。ある日、友達のテーブルに太宰治の『人間失格』が置かれているのを目にしました。その本は中国語版でしたが、太宰治のくずおれた死の美学に魅了されました。

中国人がいつも円満、幸福を求めようとするのと違って、なぜ日本の作品や伝統文化のメインカラーは幽玄や哀傷なのでしょうか。そんな疑問を抱きながら、日本文学の古典である『源氏物語』や『雪国』などを読み、さらに五十音図を独学で学びました。大学入試が終わり、厳格な学風で有名な吉林大学日本語学科を選びました。

作文コンクールに応募

最初に「中国人の日本語作文コンクール」を知ったのは、大学一年生の担任の先生からでした。当時、多くの先輩が様々なコンクールに参加し、優れた成績を取ってきました。うらやましかったですが、低学年の自分にはまだ科学的で合理的な論文を書く能力が足りませんでした。そして偶然、孫勝広先生が中国人の日本語作文コンクールの第1回目の受賞者であることを知り、孫先生に指導していただくことになりました。二年生の時に初めて第18回コンクールに参加し、光栄にも三等賞を受賞しました。第19回コンクールでは「囲碁の知恵とポストコロナ時代の中日交流」という作文を完成させ、最優秀賞・日本大使賞を受賞しました。

訪日の感想

今回の訪日で一番印象的だったのは、立教大学共生社会研究センターを訪問したことです。そこには、20世紀から現在に至るまで在日華僑が発行した新聞などの資料がすべて収蔵されています。私は第19回コンクールの日本大使賞受賞作に、「故人はすでに亡くなっていますが、中日友好交流の貴重な経験を時間の経過とともに風化させるのではなく、古人の知恵の証である囲碁のように扱い、その醍醐味を味わい、新しい時代の交流に生かすことができると確信しております」と書きましたが、思えば、新聞も囲碁のように媒介物の役割を果たしていると思います。前世紀からの新聞の一部が、私と当時の先輩たちをつなぐ通路になってくれました。これらの新聞は先人たちが中日友好のために努力してきた証なのではないでしょうか。学術研究の初心者として、このような一次資料を目にした私は、とても感動し、言葉にできない気持ちでした。

今後も歴史研究の道において、初心を忘れず、中日交流研究に揺るぎなく取り組んでまいります。

【プロフィール】
2002年1月中国吉林省長白朝鮮族自治県に生まれ、現在吉林大学日本語学部四年生。第18回中国人の日本語作文コンクール三等賞。第19回中国人の日本語作文コンクール最優秀賞(日本大使賞)受賞。趣味は読書。

趙さんの受賞作が掲載されている、第19回中国人の日本語作文コンクール受賞作品集『囲碁の知恵を日中交流に生かそう』は、日本僑報社から好評発売中。

朝日新聞 2022年12月24日

コロナ禍でもつながる日中

中国人の日本語作文コンクール

今年で18回目を迎えた「中国人の日本語作文コンクール」（主催・日本僑報社、後援・在中国日本大使館など、メディアパートナー・朝日新聞）の表彰式がこのほど、オンライン形式で行われた。コロナ禍に負けず、ネットなどを通じて日本の友人と結びつきながら力強く夢を追う若者たちの姿が浮かび上がった。

2005年に始まり、中国で日本語を学ぶ若者の力試しの場として定着。今年は中国各地の205の大学、専門学校、高校などから3362点の応募があった。新型コロナの影響で表彰式は2年連続オンライン形式となり、最優秀賞、1等賞の計6人が日本語でスピーチした。詳細は日本僑報社のサイト（http://duan.jp/jp/index.htm）

一人一人が抱く親近感　両国を結びつける「粘り」に

李月さん

最優秀賞（日本大使賞）に選ばれた西北大学外国語学部4年の李月《リーユエ》さん(22)は、大学のある古都・西安にも進出する日系コンビニのおにぎりを題材にした。

おにぎりの中国語訳は「飯団」。アプリで交流する日本の友人、美穂さんに「何か、グループみたい」と言われて以来、コンビニでおにぎりを見るたびに、「ご飯の団体だなあ」と思うようになった。

美穂さんに教えてもらったやり方でおにぎりを作っていた時、李さんは「中日関係はまるでおにぎりのようなもので、私たちはそのおにぎりのお米の一粒であると同時に、おにぎりを握る両手だという感じがしてきました」と書いた。

そして、最近の両国関係には、互いを結びつける「粘り」が欠けていると指摘。粘りを生むのは一人一人が抱く親近感であり、「親近感につながるものを発見しようとする意識」ではないかと問いかけた。

周美彤さん

1等賞の広東理工学院日本語学部3年の周美彤《チョウメイトン》さん(20)は、日本留学の夢を母に語った時、「日本に行くなら、帰ってこなくていいわよ」と言われ、ショックを受けた。しかし、オンラインでつながる日本の友人が周さんの母の手料理の写真を褒めたのをきっかけに、少しずつ母の日本嫌いは和らいでいった。

今では母も、友人が送ってくる日本の風景動画を心待ちにするほどに。日本の大学院に進み、ジャーナリストとして日本の本当の姿を伝えたいという周さんの背中を押してくれている。

日本語を学ぶきっかけとしては近年、日本の漫画やアニメを挙げる人が目立ってきたが、多様化の兆しも表れている。

厳穆雪さん

1等賞の西安交通大学日本語学部3年、厳穆雪《イェンムーシュエ》さん(20)は日本のお笑いの大ファンだ。高校時代に動画アプリでみた「アンタッチャブル」の漫才にはまった。「字幕ではもの足らない」と独学で日本語の勉強を始め、作文では人気芸人が若手の貧しい時代に食べた「下積み飯」を自分で作った話などを書いた。

厳さんは「日本と中国は笑いのポイントが違う。日本は想像力が豊かで、現実離れしているネタが多い」と分析。将来の夢は日本留学して会計士を目指しつつ、劇場で生のお笑いを楽しむことだ。

作品は、時代や社会の変化を映し出す。

張紀龍さん

郭夢宇さん

いずれも1等賞の天津外国語大学日本語学部4年の郭夢宇さん(20)と、北京第二外国語学院文化・放送学部3年の

12日、オンラインで開かれた表彰式には入賞者や指導教官のほか、日本語を学ぶ多くの学生が参加した

自動翻訳ソフトの弱点　補うためには知恵が必要

張紀龍《チャンジーロン》さん(21)は、中国でも急速に浸透する自動翻訳ソフトの便利さと弱点をテーマにした。日本でも中国でも、観光客用に相手の国の言葉の表示が増えたが、翻訳ソフトに頼りすぎ、おかしな表示が目立つようになっていると指摘。補うためには、人間の知恵やネットワークが必要だと訴えた。

2人は日本での実体験を持っている点も共通している。9月に京都で念願の留学生活を始めた郭さんは「天津と比べて建物が低く、空が近い」と、古都の街並みから新鮮な感動を味わっている。将来は日本語教師になるのが夢だ。

張さんは2018年に青年交流事業で訪日した時、大阪のホテル従業員が中国語で語りかけてくれた姿が忘れられない。「一生懸命話そうとしてくれる姿に、とても親しみを感じた。日本のサービスは完璧だった」と、次の訪日のチャンスを心待ちにしている。

しかし、学生の多くは、コロナ禍で日本留学や日本旅行のチャンスを逃してきた。

繆名媛さん

梶井基次郎や太宰治など日本文学の世界に導いてくれた恩師への感謝を、豊かな日本語表現でつづった中央民族大学外国語学部4年の繆名媛《ミャオミンユアン》さん(20)もその一人だ。

3年生の時、千葉大学への交換留学が予定されていたが、コロナ禍で中止に。「留学できない分、その時間を大事にしたい」と、進路を大学院進学に切り替え、勉強に励んだ。目標に向けて信念を貫く「魂」は、大好きな日本の漫画やアニメから学んだものだ。そのかいあって、推薦での大学院進学が決まったという。日本文学を専攻して日本語教師になるという夢を、ぶれずに追っている。

（北京＝林望、顔写真はいずれも本人提供）

朝日新聞

2021年12月24日

朝日新聞　2021年12月24日　朝刊　9ページ　東京本社

コロナに負けない　私の思い

ピンチをチャンスに■等身大の中国を見て

コロナ禍は人の行き来を妨げ、隣国に暮らす人の姿を見えにくくしている。今月、表彰式が開かれた第17回「中国人の日本語作文コンクール」（主催・日本僑報社、後援・在中国日本大使館など、メディアパートナー・朝日新聞）では、苦境に負けず前を向き続けた若者たちが力強い言葉で未来への思いを綴った。（北京＝林望）

中国人の日本語作文コンクール　2005年に始まった。第17回の今年は中国各地から3198本の応募があり、表彰式を12月10日にオンラインで行った。新型コロナで表彰式が開けなかった昨年の第16回の受賞者も参加し、最優秀賞の万岡博さんらがスピーチした。詳細は日本僑報社のサイト（http://duan.jp/jp/）で。

中国人の日本語作文コンクール

今年のテーマは「コロナに負けない交流術」。日中間の往来が制限されるなか、若者が工夫を重ねて交流を続ける姿が目立った。

李佳鈺さん（本人提供）

西北大学4年生の李佳鈺さん(21)は、翻訳アプリを通じて知り合った「エリカ」さんとの絆を書いた。

新型コロナで日本留学が中止になり落ち込んでいた時、李さんは奈良在住のエリカさんに「奈良公園が見たかった」と嘆いた。すると、エリカさんは「すぐに見られるよ」と、そのままスマホを手に街に出て、景色を中継しながら徒歩で公園に直行。きらきら輝く湖面の様子などを李さんに届けた。

李さんは日本語の先生から日本での楽しい体験や思い出を聞くたび、両国関係は市民一人一人の友情が支えているのだと感じる。留学が中止になり専攻を変えた同級生もいるが、李さんはまだ実際には会ったことのないエリカさんの思いやりにも背中を押され、日本文学の研究者になる夢を追っている。

張瀟涵さん（本人提供）

大連外国語大学3年の張瀟涵さん(20)は新型コロナが広がり始めたころに日本の友人から励ましを受け、日本にわだかまりを持つ祖父に「ニュースを見ているだけじゃその国を知るのに十分じゃないよ」と語りかけた経験をつづった。

10日、オンライン形式で開かれた日本語作文コンクールの表彰式。受賞者と指導教師らがスピーチした

欧陽慶さん（本人提供）

天津外国語大学4年の欧陽慶さん(22)も、オンラインで日本の友人との友情をつないできた経験を紹介。時間や場所にとらわれないコミュニケーションの広がりを前向きに捉え、「ピンチをチャンスに変えよう」と訴えた。

馬礼謙さん（本人提供）

西安交通大学3年の馬礼謙さん(20)は、ぬくもりを感じさせるコミュニケーション手段として絵はがきの活用を提案した。

張偉莉さん（本人提供）

一方、体験に基づく相互理解の不足への懸念を書いたのは、大連外国語大学3年の張偉莉さん(19)だ。張さんは日本のアニメファンだが、日本人に対中観を聞く世論調査の厳しい結果を見るたびに深く落ち込み、疑問を抱いてきた。

コロナ禍以前、中国からは毎年数百万の訪日客が訪れ、今も日本のサブカルチャーに触れる機会は多い。自分の周りで「日本に対する冷静な認識が増えてきた」と思う一方で、「日本では誤解を解消する以前に中国のことを知る機会そのものが不足しているのではないだろうか」と感じる。日本人は等身大の中国を見ようとしているだろうか――。張さんはそんな思いから、「日本は中国に対する『理解の赤字』があるのでは」と問いかけた。

相互理解へ「会えばわかる」

潘暁琦さん（本人提供）

最優秀賞に選ばれた復旦大学4年の潘暁琦さん(22)は、大学受験が終わって余裕ができた高校3年の夏休みに、英語以外の言葉も身に付けたいと日本語を学び始めた。最初は、動画サイトなどを使った独学だった。

大学の専攻は化学だったが、「自分には向いていない」と2年で学部変更を決断。新たな進路として浮かんだのは、学べば学ぶほど好きになっていた日本語だった。

作文では、ゼミで中国製品のパッケージの日本語の誤りを調査した時の体験を書いた。572点のお菓子や飲料などを調べ、間違いを含むものが実に約7割に達していることを確認。「日本人駐在員や観光客に悪い印象を与えかねない」とリポートに書いた。

しかし、指導教官から「受け止め方は実際に聞いてみないと分からない」と指摘され、上海在住の日本人たちへのインタビューを試みた。すると、意外にも「楽しんでいます」「中国の人がどういう間違いをしちゃうかって分かってくると面白いし、勉強になる」といった答えが返ってきた。

「応じてくれた人々の『暖かい言葉』も心に残った」という潘さん。オンラインのコミュニケーションが広がるなか、「会って話を聞いてみないと分からないこともある。（中略）その場の空気を共有して初めて生まれる理解がある」とつづった。

朝日新聞
DIGITAL　2021年12月23日

日中関係「コロナに負けない」　中国の若者、作文に記す日本への思い

会員記事

北京＝林望　2021年12月23日 20時07分

シェア　ツイート list　B! ブックマーク 0　メール　印刷

コロナ禍は人の行き来を妨げ、異国に暮らす人の姿を見えにくくしている。今月、優秀作品の表彰式が開かれた第17回「中国人の日本語作文コンクール」（主催・日本僑報社、後援・在中国 日本大使館 など、メディアパートナー・朝日新聞）では、苦境に負けず前を向き続けた若者たちが力強い言葉で未来への思いを語った。

「中国人の日本語作文コンクール」表彰式（北京＝林望）

日中親近感とおにぎりの「粘り」

――「中国人の日本語作文コンクール」から

日本僑報社 編集長　段躍中

日本僑報社主催の「中国人の日本語作文コンクール」は、日本と中国の文化交流と相互理解の促進をめざし、中国の学校で日本語を学ぶ中国人学生を対象として二〇〇五年にスタートし、本年で第十九回の開催となります。

本活動は在中国日本国大使館などからの支援を受け、昨年までに中国全土の四百校を超える大学や大学院、専門学校、高校などから、累計五万五千八百四十九名が応募。中国国内で規模が最も大きく、知名度の高い日本語作文コンクールへと成長を遂げています。

日本語を勉強する中国の若者たちに、学習の成果を披露する力試しの「場」を提供するだけでなく、受賞者への奨学金応募資格の授与や、若者たちを支える日本語教師への表彰など、コンクール全体を通して、中国における日本語の普及と日本文化への理解を深め、日中両国の親善友好に貢献することを目指しています。

第一回から刊行し続けてきた受賞作品集シリーズは、千人以上の中国の若者たちが翻訳を介さず直接日本語で綴ったリアルな「生の声」であり、その時々の日中関係や出来事を反映し、貴重な世論として両国の関心を集めています。

昨年はシリーズ第十八巻として『日中「次の50年」』を刊行。中国の二百五校から寄せられた三千三百六十二本の作品の中から最優秀賞（日本大使賞）に選ばれたのは、西北大学（西安市）の李月さんの「おにぎりと飯団と私たち」。

最優秀賞の李月さん

日常の意識転換で相互理解深める

日本語学習歴三年の李さんは、日中両国の人々のお互いへの親近感をおにぎりの「粘り」に例え、おにぎりを握るように日中の友好関係を深めていきたいという思いを日本語で綴っています。

「これまでおにぎりはただ日本の食べ物の一つでしたが、日本の友人とのやりとりを通して、おにぎりに対して意識を改めました。それをきっかけに、私は中日間の親近感の絆が実は日常生活の中にたくさんあることに気づきました」

「私たちがするべきことは意識転換です。相手の外観だけを見て理解したつもりになるのではなく、その細部や背景にも注目し、丁寧に観察する心構えを持つ必要があります。このような心構えがあれば、私たちは日常生活の中の極普通な物事の中にお互いの国への親近感を抱く何かを発見し、高めるきっかけを作ることができます。（略）親近感を発見する意識を持っている人々はじんわりと両国間の親近感の『粘り』になって、おいしいおにぎりあるいは飯団（中国語でおにぎり）を作り上げることができるでしょう」。

コンクールの受賞作品を収めた『日中「次の50年」』（日本僑報社）

李さんは、昨年十二月十二日に開催されたオンライン表彰式で、大変流暢な日本語でスピーチしました。彼女の日中友好に貢献するアイディアと決意が、多くの方々から好評を博しました。

今年は日中平和友好条約締結四十五周年の節目の年であります。「中国人の日本語作文コンクール」は、コロナ時代における日中文化交流と相互理解の促進、ウィンウィン関係の構築に貢献することを願い、次の四十五年に向けて、今後もこの歩みをしっかりと進めてまいります。

（だん・やくちゅう）

文化

公明新聞
2023年2月17日

第18回「中国人の日本語作文コンクール」表彰式・日本語スピーチ大会
オンラインで盛大に開催

日本僑報社・日中交流研究所主催、在中国日本国大使館など後援の第18回「中国人の日本語作文コンクール」の表彰式と日本語スピーチ大会が、12月12日午後オンラインにて開催され、日中両国から約200人が参加した。

主催者代表日本僑報社段躍中編集長が開会を宣言し、冒頭で挨拶の言葉と来賓紹介を行った。

垂秀夫大使

一部参加者による記念写真

垂秀夫在中国日本国特命全権大使がまず来賓挨拶を行った。垂大使は新型コロナウイルス感染症の影響を乗り越えてオンラインで表彰式が開催されたことを祝し、コンクール入賞者に祝辞の言葉を述べた。

また、コンクールに向けて学生たちを指導してきた多くの日本語教師たちの尽力への感謝の言葉を述べ、18年間、日中関係がいかなる状況でもコンクールを開催し続けてきた主催者や関係者らに、敬意と感謝の意を表した。

垂大使は李月さんの作品が最優秀賞（日本大使賞）を受賞した理由として、おにぎりの中国語訳である「飯団（fan tuan）」という言葉からお米一粒一粒の集合体であることに着眼し、おにぎりを日中関係に例えながらその「粘り」の重要性を説くといった豊かな発想力や、それらを高い水準の日本語を用いて論理的に表現したことなどを挙げた。

最後に、垂大使は入賞者をはじめとする出席者たちに、「引き続き日本語を始めとする各分野で研鑽を積み、将来どのような立場につかれても、日中両国の間の架け橋となっていただけるよう期待しています」とコメントし、コンクールの参加者たちが作文で描いた夢が一つでも多く実現することを願い、挨拶を締めくくった。

大使賞を受賞した李月さんのスピーチでは、感謝の言葉とともに自身の受賞作を紹介。中日国交正常化50周年を迎え、「次の50年」に向けてこれからの夢と抱負を語った。優秀指導教師を代表し、李月さんの指導教師である高橋智子先生が挨拶を行い、受賞作にまつわるエピソードを披露。作文指導の具体的で実践的な例を紹介した。

続いて協賛企業である株式会社PPIH執行役員・公益財団法人安田奨学財団選考委員の馬場哲郎氏が挨拶し、コロナ禍の中コンクールが無事開催されたことを祝し、PPIHのアジア展開を挙げ、国際交流に励む若者たちにエールを送った。

株式会社東芝執行役員兼中国・東アジア総代表の宮崎洋一氏は、北京で受賞者に直接会えないことを惜しみつつ、日中両国の未来のために、民間レベルの相互交流の促進が大きな役割を果たすだろうとメッセージを送った。

記念撮影の後、第二部は一等賞受賞者5名の表彰式およびスピーチで幕を開けた。

最後に、段躍中日本僑報社代表が、2023年開催の第19回「中国人の作文コンクール」のコンセプト「日中平和友好条約締結45周年を思う」を発表し、表彰式は盛況のうちに幕を閉じた。

中国網　2022年12月14日

日中のポジティブな情報発信を続ける

段躍中

30年前の8月、初めて日本の土を踏んだ。当時33歳の私は「日本円ゼロ、日本語ゼロ、日本人脈ゼロ」であることから「3ゼロ青年」と言われた。

留学生時代の5年間は、多くの日本の皆さんに日本語を教えていただき、アルバイトも一生懸命した。博士課程在籍中の1996年に、日本のメディアにおける在日中国人のマイナスな報道が大変多いことを少しでも変えたく、同胞たちの活躍情報を発信するため、出版社「日本僑報社」を創設し、以来25年間、『在日中国人大全』など400点以上の書籍を刊行し、日中のポジティブな情報発信を続けている。

書籍出版のかたわら、中国人向けの日本語作文コンクール、日本人向けの「忘れられない中国滞在エピソード」を同時に主催している。日中友好の基礎は民間にあり、中国の日本ファン、日本の中国ファンを1人でも多く育てることができたらと考えているからだ。

中国人の日本語作文コンクールは今年で17回目、中国全土の大学や大学院、専門学校、高校など約500校から延べ約6万人の応募があり、たくさんの優れた作文が受賞した。特に最優秀賞受賞者の訪日の時、日中友好協会本部を表敬訪問させていただき、「日中友好新聞」にいつも大きく取り上げていただいたこと、この場を借りて深くお礼を申し上げたい。

「忘れられない中国滞在エピソード」は、今年で5回目。約9割の日本人が中国に対する親近感があまりない時勢に、実名で中国での感動を語ってくださる皆さんに感謝したい。特に多くの協会員が応募され、昨年は大阪と福岡在住の協会員2人が一等賞を受賞、素晴らしい作品が多くの読者から賞賛された。改めてお礼を申し上げたい。

中国に関する情報は依然マイナスなものが多く、日中友好をめざしている方、特に若い方は、もっと発信者として、SNSなどニューメディアを活用し、日中両国のポジティブな情報を積極的に発信してほしい。

そのような目標をめざして、2018年に日中ユースフォーラムを新たに創設し、日本語作文コンクールと「忘れられない中国滞在エピソード」コンクールで受賞した若者に主役になってもらい、それぞれの体験と提言を語ってもらっている。

昨年末に開催した第3回の成果として『ポストコロナ時代の若者交流』をタイトルに単行本の刊行もできた。日中両国の若者たちの知識に裏打ちされた意見は、これからの日中関係の改善と発展を促進するヒントを探り、両国に新たな活力とポジティブエネルギーを注ぎ込むものであり、若者ならではの視点による具体的かつ有意義なアイデアに満ちあふれている。日中交流正常化に向けた取り組みには、この本が参考になると信じている。

21世紀の日中交流に資することをめざして、より良い書籍、より実りあるイベント開催をこれからも頑張っていきたい。皆さん、よろしくお願い申し上げます。

（日本僑報社代表）

日中友好新聞　2021年10月15日

人民网 people.cn 2020年11月5日

第16届全中国日语作文大赛结果揭晓

2020年11月05日20:38 来源：人民网-国际频道

第16届全中国日语作文大赛获奖作品集《守望相助——中日携手抗击新冠疫情》封面。

人民网东京11月5日电（记者刘军国）11月5日，由日本侨报社和日中交流研究所主办的第16届全中国日语作文大赛结果揭晓。来自大连外国语大学的万园华凭借《语言将我们联系在一起》获得最优秀奖。

万园华在作文中表示，今年新冠疫情肆虐之际，日本捐赠中国物资以及上面所写着赠言给她留下了深刻的印象，并使她回想起了2008年汶川大地震时前来中国实施救援的日本救援队的情形，让她更加坚定了”一定要努力学习日语，将来成为一名出色的译员”的决心。

据了解，5篇一等奖作品分别为安徽师范大学李矜矜的《我的朋友和她父亲的遗言》、清华大学陈朝的《小区的北门》、西安电子科技大学孔梦歌的《老奶奶家门口的篮子》、东北财经大学彭多兰的《妈妈要去卢旺达》、南京师范大学刘昊的《用口罩互助》。

日テレNEWS24 2019年12月13日

日テレNEWS24

中国で日本語作文コンクール　最優秀賞は…

ツイートする　シェアする　2019年12月13日 02:43

全文

北京の日本大使館で、１２日、中国人による日本語作文コンクールの表彰式が行われ、最優秀賞には「翻訳を通じて国際交流に役立ちたい」という目標をつづった作品が選ばれた。

ことしで１５回目となる日本語作文コンクールには、中国全土から４３００あまりの作品が寄せられた。最優秀賞に選ばれた上海の大学院生は、"翻訳家の卵として東京オリンピックで翻訳に携わるボランティアをしたい"との思いを作文にした。

最優秀賞　潘呈さん「訪日する人々に対し正確な翻訳を提供することがオリンピック精神にもかなうでしょうし、実り豊かな国際交流にも役に立ちます」

中国で日本語を学ぶ人数は、２０１５年度に初めて減少したものの、日中関係の改善などを背景に再び増加し、１００万人を超えて世界最多となっている。

日テレNEWS24　2019年12月27日

学習者は百万人超！中国の最新・日本語教育

ツイートする　シェアする　2019年12月27日 05:31

日本語を学んでいる人は、世界で約３８０万人。そのうち最多の１００万人を占める中国で、最新の取り組みを取材した。

◆日本語を学ぶ中国人は世界最多の１００万人超

今月１２日、北京の日本大使館で、ある授賞式が行われた。中国人の学生を対象とした日本語作文コンクール（応募総数４３５９本　日本僑報社主催）だ。

最優秀賞に選ばれた上海の大学院生は、"翻訳家の卵として、東京オリンピックで翻訳に携わるボランティアをしたい"との思いを作文にした。

最優秀賞・潘呈さん「訪日する人々に対し、正確な翻訳を提供することが、オリンピック精神にもかなうでしょうし、実り豊かな国際交流にも役立ちます」

こうした日本語を学ぶ中国人は、日中関係の悪化を背景に２０１５年度、初めて減少したが、昨年度の調査で再び増加。１００万人を超え、世界最多となっている。

日本僑報社・段躍中さん「ひとつの大きな流れは、日中関係が良くなっていること。特に指導部（政治）の交流が頻繁になり、国民の交流も頻繁になって、若者たちが日本語を学ぶ意欲も高まっていると思います」

人民网
people.cn 2019年12月13日

把“宠物”扔进垃圾箱？日语作文大赛最优秀奖以“误译”为题获好评

2019年12月13日13:18 来源：人民网-日本频道

第15届全中国日语作文大赛颁奖典礼在北京举行。（摄影 陈建军）

人民网北京12月13日电（记者 陈建军）众所周知，日本的垃圾分类细致严苛。中国游客去日本旅游之前大多是要费一番功夫研究下如何分类丢垃圾，以免在外露怯。但当你举着空空的饮料瓶找到安置在日本景点的垃圾箱时，看到垃圾箱上赫然写着“宠物·瓶子”这几个中文字会作何感想，难道在日本可以随意将“宠物”扔进垃圾箱？这是中国大学生潘呈赴日旅游时的真实经历。而垃圾箱上的“宠物·瓶子”其实是PET bottle（塑料饮料瓶）的中文误译。除此之外，潘呈在日本街头还看到很多“闹笑话”的中文标记，他没有置之不理，而是花了很多时间去思考如何才能消除这种误译并杜绝这些误译对中国游客的误导，最后提出了通过网络提供正确翻译来解决问题的路径。之后，他将这一经历写成作文投稿给全中国日语作文大赛，还成功获得了最优秀奖——日本大使奖。

朝日新聞 2019年12月25日

隣国の五輪 願い乗せて

来年の東京五輪・パラリンピックで「かなえたい夢」は？ 15回目の「中国人の日本語作文コンクール」は、そんな問いかけに中国の若者たちが答えた。12日の表彰式で、それぞれの思いを聞いた。（北京＝高田正幸）

表彰式で記念撮影をする受賞者ら＝12日、北京、高田正幸撮影

溝乗り越え 祖父と観戦約束

趙文会さん

青島農業大の趙文会さん(22)は「東京五輪を一緒に見る」という祖父との約束を作文にした。

日中戦争で家族を亡くした祖父は、趙さんが大学で日本語を学び始めると電話に出てくれなくなった。「認めて欲しい」との思いから、趙さんは自宅に帰った時に日本の花見の様子を映したテレビ番組を祖父と見た。「きれいだな」と祖父は笑顔で応じた。卒業旅行で一緒に東京五輪を観戦に行くことを提案してくれるようになった。

その後、祖父にがんが見つかった。それでも「一緒に日本に行く」と闘病を続けている。「自分の通訳で祖父が笑って日本人と話をする姿を夢見ている」と趙さんは話す。

中国人の日本語作文コンクール

韓若氷さん

「パラリンピックのボランティアをしたい」と書いたのは大連外国語大の韓若氷さん(21)。

小学生の時、近所に窓越しにあいさつを交わす「お兄ちゃん」がいた。「バスケットボール選手になりたい」と話していたが、足が不自由だった。

そんな時、2008年の北京パラリンピックで障害者スポーツの存在を知った。「お兄ちゃんのような人を助けたい」と考えたのがボランティアを目指すきっかけだ。東京大会は日本語能力を生かす絶好の機会。「障害者と一緒に幸せになりたい」と話す。

龔緯延さん

西安電子科技大の龔緯延さん(20)は「敬語をしゃべる『ドラえもん』をつくって」と訴えた。

アニメを通じて5歳から日本語の勉強を始め、日本語能力試験で最上級の「N1」に15歳で合格。自信満々で大学に入った。だが「これからはよろしく」とあいさつすると、先生は微妙な表情に。敬語を使わなかったことが原因だと後でわかった。

「アニメで日本語を学ぶ外国人は多い。同じ悩みを抱える人は多いはず」。提案したのは五輪の「招致スペシャルアンバサダー」のドラえもんを活用するアイデア。ドラえもんのせりふを敬語にして、外国人に学んでもらう狙いだ。

日本人の中国理解 壁指摘も

一部の受賞者からは、日本人の中国イメージが実際と違うとの指摘があった。

呉雅婷さん

西安翻訳学院の呉雅婷さん(21)は今年春、インターンで日本を訪問した経験が忘れられない。

仲良くなった日本人にLINEの連絡先を聞いたところ「中国ではLINEを使うと殺されると聞いた」と心配されたのだ。中国ではネット規制でLINEやフェイスブックが使用できない。とはいえ「殺される」は誇張が過ぎる。

呉さんは「見て、触れれば、その国と国民が本当はどんな様子か知ることができるはず」と訴えた。

朱琴剣さん

西北大の朱琴剣さん(20)は、日本の女性と話をした時に「中国の人は今も人民服を着ているの？」と聞かれたことがあった。「日本人の中国に対するイメージは古い」と語った。

誤訳から見えた可能性

最優秀賞 潘昱さん(26) 上海理工大大学院

来年の東京五輪・パラリンピックで、SNSを通じて街や会場で見かけた誤訳を共有したり、日本語の分からない人の質問にボランティアが応じたりするアイデアを提案した。「翻訳を通じた国際交流は五輪精神に一致する」と話す。

日本を旅行していた今年4月、東京スカイツリー近くのごみ箱に目がとまった。「ペットボトル」という表示に「寵物」という中国語訳が添えられていた。動物の「ペット」の意味だ。機械的に翻訳した誤りだと考えた。

小学生の時、アニメを見て日本に興味を持ち始めた。大学院では日本語翻訳を専攻。人工知能（AI）化が進んで「翻訳者の仕事は取って代わられる」と考えたこともある。でも、日本で目撃した誤訳から「適切な翻訳には背景にある文化への理解が必要。翻訳者の生存空間はまだまだある」と考え直すようになった。将来は、さらに次世代の翻訳家を育てる教師になりたいと思っている。

中国人の日本語作文コンクール

日中間の相互理解促進を目的に2005年に始まった。日本僑報社が主催、朝日新聞がメディアパートナー。今年は中国各地から4359本の応募があった。日本僑報社は最優秀賞から3等賞までの受賞作81本を「東京2020大会に、かなえたい私の夢！」として出版した。詳細は同社の関連サイト（http://duan.jp/jp/index.htm）で。

朝日新聞 DIGITAL　2019年11月14日

中国で日本語学び、人生変わった　16日に東京で交流会

今村優莉　2019年11月14日 17時30分

シェア　ツイート　ブックマーク　メール　印刷
list　1

昨年行われた、第１回日中ユースフォーラムの参加者＝日本僑報社提供

日本語を学ぶ中国の若者と、中国語を学ぶ日本人学生が体験を語る「日中ユースフォーラム」が１６日、東京都 豊島区 の 西池袋 第二区民集会室で開かれる。誰でも参加、自由に発言することができる交流イベントで、主催者が参加者を募集中だ。

２回目だが、公開されるのは初めて。日中の相互理解の促進を目的として１５年間作文コンクールを開いてきた日本僑報社（同区）が主催。中国側からは過去に日本語の同コンクールに参加したことで日本の大学で学ぶ機会を得た留学生や、中国で日本の文化を伝える事業をおこした若者が来日する。

参加する一人は、日本語を学ぶことを家族に反対されていた。だが、 奨学金 を得て日本に留学し、学生生活で様々な日本人と交流を深めたことで日本への見方が変わり、やがては家族も応援。貧しい農村の出身だったが、日本語を学んだことで人生が変わったという。そんな自らの体験を話す予定だ。

日本側は、中国留学の経験がある東京大や 早稲田大 などの学生が臨むほか、朝日新聞論説委員や、中国で活動する日本語教師らがコメンテーターとして出席する。

日本僑報社編集長の段躍中さんは「日中の若者が相手国についてどのように考え、文化を吸収しているかを知る貴重な機会。関心のある方はぜひ参加して」と話す。

１６日午後２時から４時半まで。参加は無料。希望者は氏名、連絡先を明記の上、件名を「１１月１６日交流会参加申し込み」として同社宛てにメール：ｉｎｆｏ@ｄｕａｎ．ｊｐまたはファクス（０３・５９５６・２８０９）で申し込む。（今村優莉）

朝日新聞 DIGITAL
2018年12月18日

日本の良さって？中国女子に聞いた　名所や技術でなく…

2018年12月18日14時38分

表彰式で横井裕・駐中国大使（左から4番目）らと記念撮影する最優秀賞・1等賞の受賞者たち＝12日、北京の日本大使館、冨名腰隆撮影

中南財経政法大を卒業したばかりの王美娜さん（23）は、東京一人旅の最終日に財布をなくした。スーツケースや民泊の部屋の隅々まで探したが出てこない。

出発時間が近づき焦りが募る中、民泊部屋の大家が駅に電話をかけるなど助けてくれた。諦めかけた最後に交番を訪ねると見慣れた財布が届けられていて、大家と抱き合って喜んだ。

日本への印象が良くない周囲の人々に「日本には困った時、助けてくれる優しい人がたくさんいるよ」と言える、と作文につづった。

日中平和友好条約を結んで40年。いまや年間約800万人の中国人が日本を訪れる時代だ。14回目となった「中国人の日本語作文コンクール」のテーマの一つは「中国の若者が見つけた日本の新しい魅力」。中国人を感動させ、日本のイメージを変えさせたものは何か。12日に北京で開かれた表彰式で、受賞者に聞い

日テレNEWS24
2018年12月13日

中国・北京の大使館で日本語作文コンクール

ツイートする　シェアする　2018年12月13日 01:51

全文

中国・北京の日本大使館で１２日、中国人を対象にした日本語作文コンクールの表彰式が行われ、バリアフリー化が進む日本社会への思いをつづった作品が最優秀賞に選ばれた。

主催した団体によると、今回の作文コンクールには、中国全土から４２００あまりの作品が寄せられたという。

最優秀賞に選ばれた上海の大学生は、作品の中で、日本のバリアフリー化が進んでいると紹介した上で、「車いす生活を送る祖母を東京オリンピックに連れて行く」との目標をつづった。

最優秀賞・黄安琪さん「日本社会の平等や愛を感じた。これからも日中友好の懸け橋として活躍できるよう頑張る」

朝日新聞 2018年12月17日

訪日で越えた 心の壁

中国人の日本語作文コンクール

日中平和友好条約を結んで40年。いまや年間約800万人の中国人が日本を訪れる時代だ。14回目となった「中国人の日本語作文コンクール」＝🔑＝のテーマの一つは「中国の若者が見つけた日本の新しい魅力」。中国人を感動させ、日本のイメージを変えさせたものは何か。12日に北京で開かれた表彰式で、受賞者に聞いた。（北京＝冨名腰隆、西村大輔）

入賞作を読むと、多くの若者が旅行や短期留学で訪日経験があることに気づく。彼らが日本の魅力として挙げるのは、親切や気遣いなどの「心」だ。

日中間の相互理解促進を目的に2005年に始まった。日本僑報社が主催し、朝日新聞がメディアパートナー。今年は中国各地の235校の大学、専門学校、高校などから4288本の応募があった。日本僑報社は最優秀賞から3等賞までの受賞作81本を「中国の若者が見つけた　日本の新しい魅力」として出版する。詳細は同社の関連サイト（http://duan.jp/jp/index.htm）で。

表彰式で横井裕・駐中国大使（左から4番目）らと記念撮影する最優秀賞・1等賞の受賞者たち＝いずれも12日、北京の日本大使館、冨名腰隆撮影

民泊・地下鉄・食堂…優しさにふれた

中南財経政法大を卒業したばかりの王美娜さん(23)は、東京一人旅の最終日に財布をなくした。スーツケースや民泊の部屋の隅々まで探したが出てこない。

出発時間が近づき焦りが募る中、民泊部屋の大家が駅に電話をかけるなど助けてくれた。諦めかけた最後に交番を訪ねると見慣れた財布が届けられていて、大家と抱き合って喜んだ。日本への印象が良くない周囲の人々に「日本には困った時、助けてくれる優しい人がたくさんいるよ」と言える、と作文につづった。

王美娜さん

「中国人と日本人の心の壁を壊したい」と目標を書いたのは江蘇師範大3年の周夢琪さん(23)。きっかけは、高校の卒業旅行で日本へ行ったことだ。地下鉄を乗り間違え、隣に座っていた中年男性に助けを求めると、男性は額に汗をにじませながら片言の英語で説明してくれた。様々な場面で優しさに触れ、日本語を専攻しようと決めた。

浙江万里学院の陳昕羽さん(21)は、短期留学で通い詰めた東京の食堂について書いた。夫婦で営む店の「家庭の味」はもちろん、帰り際の「夜道に気をつけてね」「傘を忘れないでね」という何げない一言が忘れられないと話す。「初めての海外で不安ばかりだった私にとって、どれだけありがたかったか。日本人の印象が一変した」

陳昕羽さん

ロリータ服　スタンプ　カルチャーにハマった　神社　猫の駅長

日本のカルチャーに魅せられた学生も多い。

広東外語外貿大南国商学院4年の呉曼霞さん(22)は、昨年夏に和歌山電鉄の「猫の駅長」を訪ねた体験を書いた。日本へ行って猫に会いたいと言ったら同級生に笑われたが、まるで本当の駅長のように猫を大事にする姿がいかにも日本らしいと感じた。「人間と動物の距離が近い。これは中国にはないこと」

呉曼霞さん

神社文化をきっかけに日本に関心を持った呉さんは、京都の八坂神社なども訪れ、絵画のように美しい景色だと思った。

「スタンプ文化」にはまったのは中国人民大4年の路雨倩さん(22)。駅や観光地などにある記念スタンプに興味を持ち、集め歩いた経験を書いた。スタンプには探す過程におもしろさがあるという。別府でスタンプマニアの日本人の若者と知り合い、旅の道連れとなった経験も。「手帳に残った色あせたスタンプは、写真よりも鮮明に自分の人生の足跡を記録してくれる」

吉林外国語大を経て9月に日本に留学した雷昕さん(20)は、高校時代にロリータファッションに目覚めた。個性を存分に演出できるのが魅力という。中国の街を歩くのは勇気が要る。知らない人に「日本鬼子（日本人への蔑称）が着ている服だろ」と言われたことも。作文には「好きな服を着るのは人の権利。日本では人目を気にせずロリータファッションを楽しみたい」と書いた。一方で、「いずれは中国の伝統的な漢服も日本に紹介し、中国の文化をもっと知ってもらえたら」とも。

最優秀賞 黄安琪さん(21)

バリアフリーに感銘「祖母を東京五輪に」

復旦大で日本文学を学ぶ黄安琪さん(21)の祖母は若いころ、小学校の体育教師だった。2008年の北京五輪を心待ちにしていたが、その年交通事故で右足を粉砕骨折し、車いす生活になってしまう。公共交通機関の利用にも苦労する祖母は、五輪を見に行くことがかなわなかった。

10年後、大学の交流プログラムで訪れた京都で黄さんは驚いた。車いすでバスに乗る客のために、時間が遅れてもスロープを準備する運転手。文句も言わず座席を畳んでスペースを作る乗客。日本のバリアフリー化に感銘を受け、東京五輪に祖母を連れて行きたいと感じた体験を作文にした。

浙江省杭州市の出身。日本と関わりの深い魯迅の小説を中学1年で読み、日本文学や作家に興味を持つようになった。お気に入りは川端康成の「古都」。「京都の名所や年中行事が鮮やかに描かれ、日本の伝統や芸術の美しさが込められている」と話す。

来年9月から大学院に進み、国際コミュニケーションやメディアについて学ぶ。英国留学も決まった。「将来は国際社会に貢献できる人間になりたい。日中の架け橋にもなれるよう、もっと頑張りたい」

2019年1月1日　日　中　文　化　交　流

日本語作文コンクール表彰式 北京の日本大使館で開催さる

日本僑報社・日中交流研究所（段躍中代表）が主催する第14回「中国人の日本語作文コンクール」（当協会後援）の表彰式と日本語スピーチ大会が、昨年12月12日、在中国日本国大使館で開催された。横井裕駐中国日本国大使をはじめ、上位入賞者と指導教師ら関係者約160名が出席した。最優秀賞から3等賞までの計81作品は、『第14回中国人の日本語作文コンクール受賞作品集』（本体2,000円、日本僑報社刊）に収録されている。

同コンクールは、2005年に始まり、これまで中国の300を超える大学や大学院、専門学校などから、のべ4万1490本の応募があった。

お問い合せは、日本僑報社（電話03・5956・2808）まで。

毎日新聞

2018年10月7日

世界の見方

日中交流 草の根から

段躍中《だんやくちゅう》 日本僑報社代表

日中平和友好条約締結40周年を記念して、中国に滞在した経験のある日本人を対象にした第1回「忘れられない中国滞在エピソード」（作文・写真）を募集したところ、多くの応募をいただいた。昨年は中国に留学した経験のある日本人を対象に作文を募集、書籍化し、日中双方のメディアから注目された。2年間の作文審査を経て、中国での貴重な経験は、特に日本における日中交流の促進に生かすことができるのではないかと考えている。

中国から来日して27年になった。20年前、初の書籍「在日中国人大全」を出した時、日本に長期滞在する中国人は20万人余りだった。現在では日本国籍取得者を含めて約100万人に上るとされる。彼らに積極的に声をかけ、言葉の学習や料理のレシピ、生活の知恵などさまざまな情報を交換するのは有意義だろう。

中国滞在、留学経験者は、その語学力と知識を生かし、急増している訪日中国人とも交流してほしい。初めて日本を訪ね、困っているお隣の国の観光客を助けてほしい。それがフェース・トゥー・フェースの真の交流につながり、中国人客は「爆買い」以外にも日本文化への理解を深めることができるはずだ。

中国人の日本語学習をサポートしつつ「相互学習」してほしい。弊社が主催する「中国人の日本語作文コンクール」は2005年以来14回も続けてこられた。応募者数は4万人を超えている。中国で日本語を学ぶ学生と、日本で中国語を学ぶ学生は草の根交流の良きパートナーになれる。

11年前から東京・西池袋公園で開いている日中交流サロン「日曜中国語コーナー」にも気軽に参加してほしい。開催は550回以上になり、すでに10カ国以上から約2万人が参加している。日本にいても「日中市民交流」は深められる。平和友好条約40周年を機に身近な所から交流を始めてはいかがだろうか。（寄稿）

日中平和友好条約

日中間の平和友好関係の強化、発展を目的にした5条からなる条約で、いわゆる反覇権条項の第2条で、日中両国がアジア・太平洋地域や他のいかなる地域でも覇権を求めないこと、また覇権を確立しようとするいかなる国、集団の試みにも反対することをうたっている。

1978年8月12日に締結され、中国の最高実力者だった鄧小平氏が批准書交換のために来日して10月23日に発効した。

朝日新聞

2018年3月4日

地球24時

■日中の大学生ら交流

日本と中国の大学生らが3日、東京都内で開かれた日中教育文化交流シンポジウムで両国の魅力について語り合った。日中共同の世論調査で、相手に「良くない印象」を持つ人は日本人の約9割、中国人の7割近く。互いを行き来した経験がある若者たちが、将来の日中関係に果たす自分たちの役割などを討論した。

昨年の「中国人の日本語作文コンクール」（主催・日本僑報社、メディアパートナー・朝日新聞社）で最優秀賞を得た河北工業大の宋妍さん(22)は、「信号機の押しボタン」に感心した。日本の街のどこにでもあり、東京五輪を控えて外国人にも使いやすいよう工夫が進んでおり、生活する人のことを考えて工夫を惜しまない日本らしさの象徴だと感じたという。

中華圏の娯楽文化を紹介する活動をしている鈴木由希さん(28)は「今、中国のバラエティー番組が面白い。おちゃらけのレベルも高い」。政治状況から、レギュラーの出演者が突然編集で消えたこともあったといい、「そんなところから、政治を考えるきっかけにもなる」と話した。

溝残る日中 私がつなぐ

中国人の日本語作文コン

中国の魅力って何だろう――。日本を訪れる中国人は増える一方なのに、中国に行く日本人は増えない。今年で13回目を迎えた「中国人の日本語作文コンクール」の課題の一つは「日本人に伝えたい新しい中国の魅力」だった。受賞した学生たちの思いを聞いた。（北京＝古谷浩一、延与光貞）

表彰式で、横井裕・駐中国大使（左から7人目）らと記念撮影する最優秀賞と1等賞のみなさん＝12日、北京の日本大使館、延与光貞撮影

「マナー悪い」変化へ努力

「中国の新しい魅力は絶えず発展していく農村」

青島大学4年の王曾芝さん(22)は、曽祖父が暮らす農村を久しぶりに訪れたときの経験を作文に書いた。大きなイチジクの農園ができたことで、貧しかった村が豊かに変わっていたことに驚いたからだ。

「以前の日本は中国が発展できないと思っていたのではないか。でも、中国は発展できることを証明した」という王さんは「日本人に中国の発展ぶりを見て欲しい」と話す。

上海理工大学3年の黄鏡清さん(21)は、日本人の友人から中国人のマナーの悪さを指摘され、「誇りが傷ついた」ことを書いた。

これをきっかけに、「この国をきれいで清潔な国にする」と心に決め、環境問題のNPO活動に参加。中国でも環境保護を大事に考える価値観が広がっていることを知ったという。

黄さんは「今、私たちは努力しているし、変わりつつある。知って欲しいのはその事実です」と力強く語った。

踊り・漫才・漢方…魅力伝えたい

発展ぶりではなく、伝統文化をあげる学生も少なくなかった。

東北大学秦皇島分校3年の林鶯婷さん(21)は課題を前に「新しい中国を伝えたい」と思ったが、頭に浮かんだ中国の大都市の光景は、どれも先進国にもあるようなものばかりだった。

日本人に「魅力」と言えるほどのものは何だろうか。結局、自らの故郷である広東省で、小さいころから慣れ親しんだ伝統的な踊り「英歌舞」を紹介した。

「この踊りは困難を克服する勇気を与えてくれると祖母に教わった。昔もそうだし、今もそう」

中国の漫才に当たる「相声」のことを書いたのは江西財経大学4年の王智群さん(22)。「歴史の古いものだけど、内容は時代に合わせて変化しているから」。将来は通訳になって、日本の人に「相声」で笑ってもらいたいという。

広西チワン族自治区出身の邱吉さん(24)が訴えたのは、新たなソフトパワーとしての漢方医薬。漢方医の祖父が足をけがしたおばあさんを助けたときのことを書いた。

「今は中国でも西洋医学が中心になっているが、漢方医学を新たな魅力としてアピールしたいと思った」と邱さん。すでに浙江工商大学を卒業し、9月から日本の関西大学に留学し、大学院で日中の文化交渉について学んでいるという。

魅力的だと自慢したい場所は古里が多いようだ。

中国人民大学4年の王静昀さん(22)は、出身地である福建省アモイの海鮮市場のことを思い入れたっぷりに書いた。王さんは言う。

「みんな国際化がいいと言うけれど、民族的なものこそ魅力がある。日本に行く中国人も同じ。好きなのは日本独特の文化なんです」

中国人の日本語作文コンクール

日中間の相互理解促進を目的に2005年に始まった。日本僑報社が主催し、朝日新聞がメディアパートナー。日中国交正常化45周年と重なった13回目の今年は、中国各地の189校から4031本の応募があった。日本僑報社の段躍中代表は「日本語を学んだ中国人の若者は日本にとっても財産だ。彼らが考える新たな中国の魅力を多くの日本人に知ってもらいたい」と願う。同社は最優秀賞から3等賞までの受賞作計81本を作文集「日本人に伝えたい　中国の新しい魅力」として出版。詳細は同社サイト(http://duan.jp/jp/index.htm)で。

震災復興 願い歌った

最優秀賞の宋妍さん(22)

最優秀賞を受賞し、表彰式でスピーチする宋妍さん＝12日、北京の日本大使館、延与光貞撮影

2011年に東日本大震災が起きた時は中学3年生だった。河北工業大学に入って先生に見せてもらった復興支援ソングのビデオを見て心を動かされた。多くの外国人が被災者を支えようとしている。でも、中国人は登場しなかった。

「日本語を学ぶ学生として中国の声も伝えたい」

友人や周囲の人を誘い、ビデオ制作に取り組んだ話を作文に書いた。

桜の花を折り紙で作り、それを手に歌った。「中国人が折ることで、中国の好意が伝わると思った」からだ。学食の調理員からロシアに留学中の同級生まで55人が登場する。日本語を知らない人には自ら教えた。

河北省の出身。「名探偵コナン」などのアニメに親しんだこともあり、大学で日本語を専攻した。「同じ漢字を使うから、楽に学べる」と考えたが、「実際は読み方が全く違う。ひらがなやカタカナに苦労した」と笑って振り返る。

戦争の記憶もあり、中国では「日本語を学んでいる」と言うと嫌な顔をされたりもするが、気にしない。「やさしさと思いやりのある国。日中友好のために学びたい」。将来の夢は外交官。来年から北京大学の大学院で日本語を磨く。

朝日新聞

2017年12月14日

東京新聞 2017年 4月6日

日中友好に役立ちたい

ミラー

大学院生 白《はく》 宇《う》 23
（中国・南京市）

今年で十三回目となる「中国人の日本語作文コンクール」で最優秀賞をもらった。副賞として二月上旬に一週間、日本を訪問した。三回目の日本。自分の足で東京を歩き、自分の肌で日本を感じた。

過去の訪日では、おいしい食べ物、有名な観光地、アニメやドラマに登場するものだけに目が行った。だが、今回得たものは全然違った。「また日本へ行きたい」。この気持ちこそ、今回の訪日で得た最も尊いものだと感じる。

滞在中に、多くの政治家、大学教授、協力団体の皆さまと直接交流する機会を得た。私の日本語学習や進路についてどなたも親切に助言をくださった。ホームステイもさせていただいた。教科書でよく見る納豆はやはり苦手だった。私も張り切って中国料理を作ったが、塩を入れ過ぎてしまった。それでもご家族は笑顔で食べてくださった。短い間だったが本当の家族のような感じがした。

将来、私は中日友好の役に立ちたい。今の私にはお金も地位もないが、両国の明るい未来のためなら頑張れる。自分が日本で感じたものを中国の友達、先生、家族に伝えたい。そして、これから知り合う日本人にも中国、中国人の良さをもっと伝えていきたいと思っている。広い中国には日本語学習者をはじめ、日本に興味を持つ若者がたくさんいる。彼らにもぜひ自分の心で日本と触れ合ってもらいたいと思う。

私の旅はまだまだ続いていく。あの一週間は夢ではなく、皆さんの温かさが私の中にちゃんと残っている。今でもやりとりしているメールで、私はある約束をした。「必ずまた会いに行きます」と。

NHK NEWS WEB 2017年 12月12日

LIVE 日本海側中心に荒れた天気

日本語作文 最優秀の中国大学生 “「花は咲く」広めたい”

12月12日 21時25分

シェアする

日本語を学ぶ中国の大学生の作文コンクールで入賞した作品をスピーチの形で披露する催しが北京で行われ、最優秀賞の学生は、東日本大震災の復興支援ソング「花は咲く」の歌を中国で広めたいなどと日本語への思いを語りました。

日本経済新聞 2016. 12. 26

春秋

流行語にもなった「爆買い」。一時の勢いは衰えたともいわれるが、その隆盛を同じ国の若者はどう感じているのだろう。中国で日本語を学ぶ学生たちの作文集「訪日中国人、『爆買い』以外にできること」が出版されたので読んでみた。彼らの日本旅行記が印象深い。

▼演歌好きの学生は初の訪問地に大阪を選ぶ。「浪花恋しぐれ」の舞台、法善寺横丁を見るためだ。店の人や客たちと大阪弁で盛り上がる。歌詞に登場する落語家について解説を受ける。帰国後、店での時間を思い出し感慨深い気持ちになった。「爆買いだけしかしないなら、忘れがたい思い出を作ることは難しい」と記す。

▼別の学生は長野県の農村に足を運ぶ。無農薬の野菜作りに驚き、ブドウやリンゴのみずみずしさに「中国のものと全く違う」と思う。環境汚染に悩む母国と、公害問題の解決に努力した日本。国内にいると急速な発展にうぬぼれがちだ。「同胞たちよ、観光地や買い物以外に、本当の日本を体験しよう」と呼びかけている。

▼「爆買い」が注目される裏に、マナーの悪さにまゆをひそめるニュアンスを読み取る学生もいる。前向きな好奇心、感受性、潔癖感が行間からあふれ、何ともまぶしい。年末年始、日本を離れ海外で過ごす人の出国ラッシュがもうすぐ始まる。日本の若者も異国の素顔を知り、母国を見つめ直す経験を積んでほしいと願う。

東京新聞
2017年9月21日

文化

本屋がアジアをつなぐ ■18■
石橋 毅史

アニメ、漫画に熱い思い

アジアをはじめ海外の客を集めている書店の筆頭といえば、アニメ、漫画の大型専門店だ。八月後半のアニメイト池袋本店（東京）は、学生の夏休み期間ということもあってか、いつのぞいても大盛況、かつ国際色豊かであった。

香港から来た二十三歳の男性二人連れは、とくに「機動戦士ガンダム」の大ファンだと話した。「香港にも支店はあるけど、日本のアニメイトに来てみたかった。明日は箱根の温泉へ行きます」

中国・上海出身で、現在は日本に留学中という女性は「月に二、三回くらい来ます。今日は上海から来る友達と待ち合わせています」。

手には缶バッジなどアニメのキャラクターグッズが。店の前の公園がファンのグッズ交換の場として知られていて、それも目的なのだという。「日本人と交換することが多いけど、他の国の人とやりとりすることもあります」。日によっては百人を優に超える集まりとなることもあり、インターネットでは〝野生アニメイト〟などと呼ばれる。アニメファンの間で発生した現象にまで店名を使われてしまうほど存在が浸透しているということだろう。

大勢の漫画、アニメファンが出入りし、待ち合わせ場所にもなっているアニメイト＝筆者撮影

アジア各国からの来店客向けサービスについてアニメイトに訊くと、「中国語圏で普及するキャッシュカード『銀聯カード』が利用可能」「英語および中国語を話せるスタッフの常駐」を挙げたが、外国人をターゲットにした品ぞろえ、催事などは、とりたてて行っていないという。日本人客と同様にもてなすところが、むしろ海外の人々を引きつけるのかもしれない。

『「御宅《オタク》」と呼ばれても』（日本僑報社）という本がある。日本語を学ぶ中国人学生を対象とした作文コンクールの優秀作をまとめたものだ。一九九〇年代に生まれた〝90後〟世代による「ACG」（日本のアニメ、コミック、ゲームを総称した中国語圏の言葉）への熱い思いが綴られている。

彼らは、友情、平和の尊さ、人や社会との向き合い方について、自ら答えを探すことを教えてくれたのがACGだ、と語る。ある作文では「中国のアニメは先生、日本のアニメは身近な先輩」、別の作文では、漫画の主人公は「心の中の親友」。漫画、アニメの海外展開というと有力な輸出産業といった大きな観点で語られがちだが、それを海の向こうで受けとめているのは、切実な悩みや希望を抱えた一人ひとりの若者である。

漫画市場も紙の単行本や雑誌の売り上げは下落し、近年は電子書籍へ急速にシフトしつつある。だが、アニメイトの店内を歩く人たちは皆、生き生きとしていた。二人連れやグループは満面の笑みで語り合い、ひとりで来ている人は、商品の一つひとつを真剣な表情で見つめていた。本屋の現場は、数字に表れないものを映しだす。

（いしばし・たけふみ＝出版ジャーナリスト）

＊第1、第3木曜掲載。

朝日新聞

2017年3月27日　◆東京

特派員メモ

白さんの思いを胸に

第12回「中国人の日本語作文コンクール」で最優秀賞に選ばれた南京大学大学院の白宇さん(22)が先月、日本にやってきた。昼食をとりながら本音を聞く機会があった。

白さんは日本好きだったわけではない。ふるさと安徽省の農村は保守的で、日本によい印象はなく育った。ところが大学では希望していない日本語学科に配置された。

思いを変えたのは、2人の日本人教師。熱心な指導に心を打たれた。勉強に没頭し、日本の魅力を知った。春節には日本人を連れて里帰りし、村人と交流した。日本人を受け入れてみると、村の雰囲気も変わった。白さんの受賞をみな喜んでいるという。

語学にとどまらず、訪日の「爆買い」や漫画、文学をきっかけに、日本を体感したいと思う中国人は多い。それぞれの経験を通した日本観が若者を中心に広まっている。

白さんは「日本人に中国の魅力を伝えていきたい」と言う。日本を知る中国人だけでなく、中国を知る日本人も増えれば、お互いをより冷静に見られるはずだ。私はもうすぐ北京へ赴任する。相互理解に、微力ながらも貢献したいと思う。

（福田直之）

朝日新聞 2016年12月14日

「爆買い」超える交流を

中国で日本語学ぶ若者に聞く

今年で12回目を迎えた「中国人の日本語作文コンクール」のテーマの一つは「訪日中国人、『爆買い』以外にできること」。急激に増える中国人観光客とその豪快な買い物ぶりを印象づけた「爆買い」だが、中国の若者はどのように受け止めているのだろうか。12日に北京で開かれた同コンクールの表彰式で、中国で日本語を学ぶ受賞者たちの率直な思いを聞いた。

D デジタル版に受賞作文

中国人の日本語作文コンクール

日中間の相互理解促進を目的に2005年に始まった。日本僑報社が主催し、朝日新聞がメディアパートナー。12回目の今年は過去最多となる5190本の応募があった。今年のテーマは中国人訪日観光客による「爆買い」や「日本語教師の教え」など。日本僑報社の段躍中・編集長は「応募数も質も年々上がっている。日本語ができる人材は日中両国の宝物。これからも応援していきたい」と話す。同社は最優秀賞から3等賞までの受賞作計81本を作文集「訪日中国人『爆買い』以外にできること」として出版。詳細は同社サイト（http://duan.jp/jp/index.htm）で。

横井裕・中国大使（中央）から表彰を受けた最優秀賞と1等賞の受賞者たち＝12日、北京の日本大使館、延与光貞撮影

「日本の製品 良くて安い」

「もし私が日本に行くなら、100％間違いなく、爆買いするな。1回じゃ持って帰れないくらい」

山東政法学院の劉安さん(21)は、爆買いについて聞くと笑顔で言った。「日本製品の質は良くて安いから。それに、多くの中国人が自分の目で日本を見て感じることはいいことだと思う」

今年、日本を訪れた中国人は9月時点で500万人以上。年内には過去最多の700万人に迫る勢いだ。

中国人民大の金創延さん(20)は「私自身は爆買いに興味はないけど、その気持ちは分かる。質と値段、あとはブームってことじゃないかな」と話した。

「高い購買力 中国の誇り」

「爆買い」にはマナーの悪さという意味合いが込められることもあるが、「中国の若者のマナーは大きく改善されている。一部の変な行為は年配者のものでは」と湖北省にある中南財経政法大の大学院出身の張君慧さん(25)。

多くの学生はむしろ、爆買いの行為が示す中国人の購買力の高まりを誇りに感じているようだ。

演劇好きで、安徽省の外国語学校に通う張凡さん(27)は、「中国人がみんなお金持ちになったと思って、日本人は複雑な感情なのかもしれない。でも、同じ商品が中国では2倍とかの値段。日本でできるだけ多く買いたいという思いは分かるでしょ」。

一方で、ギクシャクした日中関係が続くなか、中国で日本語を学ぶことへの微妙な感情も浮かぶ。

南京の大学に通う女性(21)は「ネット上に爆買いは売国奴だと書かれているのを見て、そうだなと思った。民族感情があるから。日本旅行は『敵に塩を送る』ことにならないかな、と」。日中戦争を知る祖母からは日本語を学ぶことに反対されたという。

ただ「爆買い」は最近、沈静化してきているとされる。学生たちも、訪日経験者たちの関心は別のものに移ってきているようだ。

「次回の訪日 伝統に興味」

中南財経政法大の大学院出身の王嘉瑶さん(23)は今年1月の日本旅行の際、友人らから魔法瓶3本や化粧品などを買ってくるように頼まれた。自分の服やお菓子も買った。

でも、近く行く予定の2度目の訪日で興味があるのは「日本のふろしきや着物」。中国で伝統服は気軽に町中を歩く服ではないのに、京都で着物を着た人を見て新鮮に感じた。「おすしを食べるのも楽しみ」と日本語で語った。

「爆買いだけでは物足りない」というのは、中国人民大の郭可純さん(21)。今年2月まで約半年間、神戸に短期留学していた。周囲が遊びに来たと言えば、もっと多くの日本を紹介したいと思った。

「日本人が中国人に対して爆買いのイメージしか持たないとしたら、悲しい。中国もお客さんへのおもてなしなら負けない。礼儀正しくないところもあるかもしれないけど、中国人の親切さも知ってほしい」

（北京＝宮谷熊一、延与光貞）

大好きな日本語で 日中つなぐ職が夢

最優秀賞の白宇さん(22)

最優秀賞（日本大使賞）を受賞した蘭州理工大学の白宇さん(22)は中国内陸部・安徽省の農村出身。実家も農家だ。保守的な土地柄で、日本へのイメージは良くないという。

尖閣諸島をめぐって日中関係が悪化した2012年の9月に入学。会計などを勉強したかったが、希望していなかった日本語学科を学校にあてがわれた。「専門を変えることだけを考えていた」と白さん。母親は将来を悲観して泣いた。

作文では、そんな白さんが授業で出会った「江里佳先生」夫妻に支えられ、4年間勉強を続けるうちに日本語が大好きになったことをつづっている。

今秋、南京大学の大学院に進学し、日本語を学ぶ。教師や外交官、通訳など日本と中国をつなぐ仕事に就くのが夢だ。12日の表彰式では、「機会があれば、留学して日本を肌で感じたい」と話した。

昨年7月に訪日した際には、家族や友人らへのプレゼントの「爆買い」を楽しんだ。「買い物を通じて日本や日本人の良さを知るきっかけになる。次は日本人に中国の良さを知ってもらいたい」

テレ朝 news 2016年12月12日

東京新聞 2016年2月28日

「予想していた通り みな親切」

中国人の日本語作文コンクール 最優秀の張さんが訪日

日本語作文コンクールで最優秀賞に選ばれた張晨雨さん＝都内で

十二回目となる「中国人の日本語作文コンクール」で最優秀賞（日本大使賞）に選ばれた山東政法学院四年生の張晨雨さん(二二)が二月下旬に、副賞として日本を訪れた。日本語を学んで三年となる張さんは、日本を実際に見るのは初めて。「予想していた通り、町がきれいで、みな親切。来年ぜひ日本に留学したい」と語った。

このコンクールは、中国で日本語を学び、留学経験のない学生を対象としており、日本僑報社、日中交流研究所（東京都豊島区、段躍中所長）が主催している。

今年は過去最高の四千七百四十九の応募があり、張さんの「好きやねん、大阪」が最優秀賞に選ばれた。今回の入賞作は「なんでそうなるの？」という作品集として発刊された。

国際交流基金によれば、中国では、大学などの教育機関で約百五万人が日本語を学んでいる。日本語教師も約一万七千人（うち日本人約二千四百人）になっている。外国語では英語の人気が高いが、アニメ人気の影響で日本語の学習を希望する学生も多い。

張さんの作品は、中国では北京と上海の人が、「こっちが上」と自慢し合うが、東京と大阪でも同じようなことがあると書き出し、大阪弁のイントネーションや大阪の笑いなどに焦点を当てた。視点のユニークさが評価された。大阪には叔母が住んでおり、親近感があったという。

張さんは二十一日から二十八日まで訪日し、国会を訪れたり、中国の若者事情などについて講演した。

「子どものころから日本のアニメに興味があった」という張さんは、「日本の社会を学びたい。将来はファッションの仕事に就きたい」と語った。（五味洋治）

朝日新聞 2015年12月18日

歴史対立 葛藤を言葉に

中国人の日本語作文コンクール

約100万人が学んでいるとされる中国の日本語教育の現場。複雑さを増す日中関係のなか、学生たちと日本語教師は、どんな思いでいるのだろうか。今年で第11回を迎えた「中国人の日本語作文コンクール」のテーマの一つは「私の先生はすごい」だった。受賞者と指導教官に話を聞いた。

家族の日本観 変えた先生

嶺南師範学院3年 張戈裕さん(21)

張戈裕さん

「私の先生はすごい。彼一人の力で私の家の歴史を変えたのだ。日本を憎む歴史を」

広東省にある嶺南師範学院3年生の張戈裕さん(21)は、1等賞をとった作文でそう書いた。

受験で志望学部に受からず、仕方なく入った日本語学科。曽祖父を日中戦争で亡くした家庭では、「日本を好きだ」ということは、「道徳」や「家訓」に反することだったという。

その張さんが「戦争があったからすべての日本人が悪いという思考回路がおかしい」と思うようになったのは日本語教師の「矢野先生」と出会ってからだった。「矢野先生」は日本批判を言われても何も言わず、黙々と日本について教えてくれる人だった。その熱心な指導について話を聞いた両親の態度も微妙に変わった。依然として日本をよく言うことはないが、周囲の人に「娘の専攻は英語」と偽っていた母親は「うちの娘は日本語を勉強しています」とはっきりと言うようになった。

張さんは今、「将来は日本語教師になりたい」と思っているという。

多くの学生が、こうした中国で日本語を学ぶことの気持ちの葛藤を作文に盛り込んだ。日中関係の悪化の影響も受け、日系企業への就職は以前より難しくなっている。日本語学科を第1志望とする学生も減ってきているとも言われる。

常州大学の陳静璐さん(21)は「周囲の友だちは日本を理解している方だからいいけど、年齢の高い親戚たちの日本のイメージは昔のままみたい」と話した。

一方、華南理工大学の日本語教師、金華さん(44)は「日本語がうまくなるには、日本人の考え方を理解することが必要だ」と訴える。学生たちにとって、日本人教師は目の前にいる日本人の考え方のお手本。その印象は日本に対する印象自体も変えるというのだ。

教師ら「反日」ほぐす努力

最優秀賞を受賞した山東政法学院の張晨雨さん(20)の作文を指導した藤田炎二教師(57)は元新聞記者。昨年9月から同学院で日本語教師をしている。

ネットで作文コンクールの応募を知り、学生たちに呼びかけたが、クラス16人のうち応募は2人だけだった。日本語の能力はあるのになぜ書かないのか。

「学生たちは反日運動が激しかったときに日本語学科に入った世代。心の中に引っかかりが残っていても不思議ではない」という。「来年はいったい何人が応募してくれるか。これが私の（日本語教師としての）通信簿だ」と話した。

1等賞の受賞作を指導した常州大学の古田島和美教師(59)は学生に対して、「指導ではなく、対話をした」と語る。「どうしたら学生の思いが正確に伝わる作文になるのか、自分も学ばせてもらった」

一方、授業で政治に触れることはタブーだという。ある教師は「大学側から政治と言葉を学ぶことは分けて欲しいと言われている」と話した。

（北京＝古谷浩一、倉重奈苗）

「一日中、学生と過ごす教師も」

中国300校で日本語教育

笈川幸司さん(45)

教え子が次々とスピーチ大会で入賞し、「カリスマ日本語教師」と呼ばれる笈川幸司さん(45)に聞いた。

私はこれまで中国の300の学校の日本語教育の場を回ってきた。感じるのは、中国にいる日本人の日本語教師は、ただ教えるだけでなく、朝から晩まで学生と一緒に過ごすことが多いということ。

地方の多くの大学には、日本人留学生もいない。学生にとっては、先生イコール日本だ。日本人の先生がいなければ日本が分からないといった環境で、日本語を教えている。

歴史問題などで日中関係が緊張すれば、大変な立場に立たされるということもある。多くの教師が地道に仕事をしているが、その苦労は大きい。

表彰式後、記念撮影する受賞者ら。前列左から4人目が最優秀賞の張晨雨さん＝12日、北京の日本大使館、倉重奈苗撮影

中国人の日本語作文コンクール

応募は計4749本 11回で過去最多

2005年、相互理解促進を目的に始まったコンクールで日本僑報社が主催、朝日新聞がメディアパートナー。今年は過去最多の4749本の応募があった。

最優秀賞(日本大使賞)に選ばれたのは、大阪で働く叔母とのやりとりを書いた山東政法学院の張晨雨さんの「好きやねん、大阪」。12日に開かれた表彰式で、「将来は日本でファッションに関する仕事に就きたい」。

日本僑報社編集長の段躍中さんは「中国の若者の作品を多くの日本人に読んでもらいたい」。受賞作を集めた作文集「なんでそうなるの？中国の若者は日本のココが理解できない」が出版されている。詳細は、同社のサイト（http://duan.jp/jp/index.htm）。

朝日新聞

朝日新聞

ひと

中国人の日本語作文コンクールで最優秀賞

姚《ヤオ》　儷瑾《リーチン》さん(20)

上海で生まれ育ち、地元の東華大学日本語学科に合格して祝福されたのは、2012年の春。その秋に日本政府が尖閣諸島を国有化し、中国で反日デモの嵐が吹き荒れたさなかに入学した。

「日本語の専攻を親に反対された級友もいる。でも、中国の若者には、日本のアニメやコミック、ゲームやアイドルが大好きな『オタク』もたくさんいる」

昨年の第10回中国人の日本語作文コンクール（日本僑報社主催、朝日新聞社協賛）は過去最多の4千を超す応募があった。今週、副賞で日本を初めて訪れている。

「日本はきれいで、やさしい」

14歳の時、アニメ「機動戦士ガンダムSEED」と出会う。「日本のアニメは社会問題を反映したものが多く、深い。ガンダムは戦場のリアルな描写が命の尊さを伝えていた。世界情勢を身近に意識するようになった」という。

アニメに絡めて日中関係について書いた受賞作では「殺されたから殺して、殺したから殺されて、それで本当に最後は平和になるのか」というアニメで知った言葉から書き出した。日中関係をチョコに例える。「ミルクの甘い思い出もビターの苦い思い出もある」。時にはけんかをしながらも理解を深めていく、恋人のような関係になってほしい。

記者志望。「私の言葉で、お互いの良さを伝えたい」からだ。

文・坂尻信義　写真・西田裕樹

2015年2月3日
2014年12月18日

対立超える魅力 言葉に

10回目の「中国人の日本語作文コン」応募最多

中国で日本語を勉強する若者たちは今、何を思っているのだろうか――。両国関係の悪化にもかかわらず、「中国人の日本語作文コンクール」＝＝（日本僑報社主催、朝日新聞社など協賛）は今年で10回目を迎え、その応募数は過去最多に上った。受賞者の学生たちの率直な思いを聞いた。

日本語力 アイドルのおかげ

最優秀賞　大学3年・姚儷瑾さん(20)

姚儷瑾さん

最優秀賞・日本大使賞を受賞した姚儷瑾さん(20)は上海にある東華大学の3年生。日本語を勉強し始めたのは大学に入ってからだが、「小さいころから日本のアニメやドラマが好きで、自然に日本語を使っていた」という。

受賞作も、そうした日本のアニメへの思いを両国関係の現状に重ねて書いた。

今、夢中になっているのは人気アイドルグループ「嵐」。で、「日本語能力が上がったのは嵐のおかげ」。それだけに副賞で来年、日本に行けるのがうれしい。「わくわく。渋谷とか秋葉原で、日本のファッションを見たいなあ」

本寺昌人大使（右から3人目）から表彰された最優秀賞・日本大使賞の姚儷瑾さん（左から3人目）と一等賞の入賞者＝12日、北京の日本大使館、林望撮影

小遣いで買ったマンガ 宝物

大学3年・陳謙さん(22)

陳謙さん

アニメなどの「サブカル」をきっかけに、日本に関心を持ち始めた学生が目立つ。

山東財経大学3年の陳謙さん(22)は幼い頃、勉強の邪魔になるからと「クレヨンしんちゃん」を取り上げた母親が、自分に隠れて読みふけっていた経験を書いた。小遣いをためて買う日本の漫画は、宝物のようだったという。

大学で第1志望の専攻が定員オーバーでやむなく進んだ日本語学科だったが、「（日本語を敬遠する人が増えている）今こそチャンス。学べば学ぶほど、日本のことも知りたくなる」。

感情の悪化で つらい思いも

しかし、歴史問題などをめぐり、双方の国民感情は厳しい。日本語を勉強していることで、つらい思いをすることもあるようだ。

重慶師範大学4年の張玥さん(21)は、友人と一緒にテレビを見ていた時、「日本っていいな」と口にした途端、言い合いになった。日本を批判する友人に張さんが「私の知っている日本人はみないい人よ。一面だけ見るべきじゃない」と反論すると、「国の裏切り者」と言われた。

「私だって祖国を愛している。でも、信じるのは、自分で感じたことや見たこと。私の体験を通して、（日本嫌いの人たちの）考えを変えることができたら」と話した。

中国で日本語を学ぶ学生は100万人に上るとされる。日中関係の悪化は、就職などに直結した問題だ。

「政治は政治、自分は自分です」

西安交通大学4年の向頴さん(22)の夢は日本語教師になって、宮沢賢治の作品を中国の子どもたちに伝えていくことだ。「彼の文章は純粋。子どものような心が感じられる」。政治や経済に偏りがちな日本のイメージを、豊かにする力になりたいと意気込む。

南京農業大学の汪婷さん(21)は、故郷の江蘇省に多数進出している日本企業で通訳として働きたいと思っている。

「話すのは難しいです。日本人はみんな敬語を話すじゃないですか。日系企業で働くなら、今の私の敬語じゃダメ」。念願の日本留学を果たすため、奨学金プログラムにもチャレンジするつもりだ。

（北京＝古谷浩一、林望）

日本文化が好き 伝えられた

主催の段躍中さん

コンクールの主催者である日本僑報社編集長の段躍中さん(56)は、日中関係の悪化に関係なく、「中国の若者たちが日本のアニメやドラマといった文化をいかに好きか」ということが、今回のコンクールで如実に表れたと見ている。

段さんは中国湖南省出身。中国青年報の記者を経て、1991年に来日。新潟大学大学院の博士課程を修了後、96年に日本僑報社を設立し、日中の架け橋として、両国関係に関する多数の書籍を出版してきた。

コンクールを主催したのも、「日中の相互理解を進めたい」との思いからだ。両国関係はこの10年間、絶え間なく問題が生じた。日本語を学ぶ学生たちは批判を受けることもあったというが、それでも、「彼らは日本語学習を通じ、日本人や日本文化への理解を深め、そのすばらしさに感動している」という。

段さんは「作文を通じて、そんな中国の学生たちの『生の声』を伝えることができ、うれしく思っている」と話した。

中国人の日本語作文コンクール

中国で大規模な反日デモが起きた2005年、相互理解の促進を目的に「日中友好への提言」をテーマに始まったコンクール。毎年1回開かれ、今年の第10回のテーマは「ACG（アニメ・コミック・ゲーム）と私」と「公共マナーと中国人」の二つ。応募数は過去最多の4133編に上り、12日に北京の日本大使館で表彰式があった。主催の日本僑報社は、受賞作計61本を作文集「『御宅（オタク）』と呼ばれても」として出版。詳細は同社のサイト（http://duan.jp/jp/index.htm）まで。

朝日新聞

THE YOMIURI SHIMBUN
讀賣新聞 2014年9月22日

popstyle Cool

受験、恋…関心は同じ

「中国の若者の間での日本のサブカルチャーの影響力を思い知りました」。中国で日本語を学んでいる学生が対象の日本語作文コンクールを主催しているが、10回目の今年、テーマの一つを「ＡＣＧ（アニメ・コミック・ゲーム）と私」にしたら、過去最多の4133人の応募者のうち約８割が、それを選んだからだ。

中国の全国紙「中国青年報」記者を経て、1991年８月に来日し、日本生活は23年になる。95年に新潟大学大学院に入学し、中国人の日本留学についての研究に取り組んだ。96年に「日本僑報社」を設立、まず月刊誌刊行を始めた。「日中の相互理解のために役立つ良書を出版したい」との思いから、中国のベストセラーの邦訳などを出している。

2006年には、大学受験生たちを描いた中国のベストセラー小説『何たって高三！　僕らの中国受験戦争』の邦訳を出版。昨年９月には、不倫や老いらくの恋などの人間模様を描いた現代小説『新結婚時代』の邦訳書を出した。「中国社会は大きく変化を遂げており、日本人と中国人の関心事が重なるケースが多くなってきています」

日本僑報社編集長
段躍中 さん 56
DUAN Yuezhong

中国人の日本語作文集や中国小説の邦訳本を書棚から取り出す段躍中さん（東京都内の日本僑報社で）

中国人の作文コンクールの作品集も毎年出版しており、第９回のタイトルは『中国人の心を動かした「日本力」』だった。一方、日本の書籍の版権を取り次ぎ、中国で出版する仲立ちもつとめている。その成果の一つとして、日本の与野党政治家の思いをまとめて02年に出た『私が総理になったなら　若き日本のリーダーたち』が、04年に中国で翻訳・出版された。「今後も『日本力』を中国に伝える仕事をしていきたい」と力を込める。

讀賣新聞 2014年4月4日

論点

日中関係改善への一歩

小さな市民交流 重ねて

段《だん》 躍中《やくちゅう》氏

「中国青年報」記者を経て1991年来日。新潟大院博士課程修了。96年に日本で出版社「日本僑報社」設立、編集長。55歳。

領土や歴史認識に関する主張が対立する日中関係の改善は、残念ながら、当面は望めない。そんな中で、市民の立場からも、少しでも関係が良い方へ向かうよう、自ら考えて行動すべきではないだろうか。

私も微力ながら相互理解に役立てばと、6年前から東京・西池袋公園で「漢語角」という中国語の交流会を行ったり、中国で日本語を勉強している学生が対象の日本語作文コンクールを主催したりしている。コンクールは今年で10回目を迎え、毎年約3000もの作品が寄せられる。応募数は、日中関係が悪化した2012年以降も減っていない。日本語の水準は様々だが、「中国のごく普通の若者が一生懸命日本語で書いたもの」という点で共通しており、非常に大きな意味を持つと思う。

彼らの多くは日本のアニメやドラマなどのサブカルチャーから日本に興味をもったようで、今年は作文コンクールのテーマの一つを「ACG（アニメ・コミック・ゲーム）と私」とした。日本語を学ぶには至らないが、そうしたものが大好きな中国人は多い。日本の企業が作った電化製品や自動車などを高く評価し、好んで購入する人たちも常に存在する。つまり、中国には相当数の「日本ファン」がいるのだ。

そこで、日本国民にお願いしたいのが、「日本ファン」のサポートだ。

例えば、最近は日本各地で中国人旅行者と遭遇する機会が多くなっていると思う。買い物のためだけに来日したという印象を持たれるかもしれないが、彼らにとって日本への旅費は決して安くなく、「日本を楽しもう」という思いは、欧米からの旅行者より強いかもしれない。サポートとは、中国人旅行者が困っているのを見かけた時、ほんの少しでも手を差しのべてもらえないかということだ。道に迷っているなら交番を教えるだけでもいい。店舗内なら、店員を呼んで来るだけで構わない。小さな親切は良い思い出として残り、帰国後に周囲に語られ、さらにその周囲にも広がる。一つの〝小さな国際交流〟で影響を与えられる人数は少なくても、その機会が多ければ多いほど、影響される人数も増えていく。

ほかにも、市民にできる行動はある。

先日、昨年の日本語作文コンクールの受賞作をまとめた書籍「中国人の心を動かした『日本力』」に関する読売新聞の記事を読んだ女性から、3冊注文が入った。後日頂戴したはがきには、1冊は自分用、1冊は日本人の友人、もう1冊は中国から来た友人にプレゼントしたと書いてあった。私は感激するとともに、草の根交流を推進する者として、非常に刺激を受けた。

今はフェイスブックやツイッターなどもある。街で見知らぬ中国人に声をかけることができなくても、こうしたツールを活用して一般市民が両国の「良い部分」を伝え、広められる。それを読んだ中国人から、拙い日本語で書かれたメッセージを日本人が受け取る日が来れば、日中関係が改善に向かう、小さいが確実な一歩となるだろう。

産経新聞
2014年7月31日

アピール

日中友好支える日本語教師の努力

日本僑報社編集長
段　躍中　56
(東京都豊島区)

国際交流基金の日本語教育に関する調査によれば、2012年度に世界で約400万人の人々が日本語を勉強しており、うち約104万人が中国の学習者だったという。

驚いたのは、ここ数年、日中関係はどん底とも言われる冷え込みの中にあるにもかかわらず、学習者数が2009年度より20万人以上も増加しており、日本語教育機関の数も同年度比で5・4%増の1800施設だったことである。

私は毎年、「中国人の日本語作文コンクール」を主催しているが、10回目を迎えた今年、応募件数は過去最多の4133件に上った。中国での日本語学習熱は、両国関係にあまり左右されないとは感じていたが、これらの数字を目にして、それが確信に変わると同時に、感動すら覚えた。

ただ、中国の日本語学習者や日本語教師を取り巻く状況はかなり厳しいと、容易に想像できる。事実、コンクールの応募作にも、日本語を学ぶことを家族や友人に反対された経験をつづったものが数多くあった。

しかし、彼らのほとんどは外野の圧力に屈することなく日本語学習を続け、日本や日本人への理解を深め、日本語だけでなく日本のことも好きになっている。つまり、中国には日本語学習を通じて日本に好印象を抱く可能性のある人が、100万人以上もいるわけだ。

私は彼らの存在こそ、今後の日中関係において非常に重要だと考えている。現在のように両国トップが対話できない状況下で、国と国とをつなぐのは市民同士の交流以外にないと思うからだ。

日本語学習者という〝日中市民交流大使〟の育成には、日本語教師、とりわけ日本の本当の姿を正確に伝えられる日本人教師の皆さんの力添えが必要である。コンクールには、そのような高い志をもつ日本語教師をたたえる賞を設けることにした。賞が少しでも彼らと日本語教師の励みになればと心から願っている。

朝日新聞
2014年(平成26年)
1月27日

風

古谷 浩一
北京から

悪化する日中関係

それでも日本語を学ぶ若者

言うまでもなく、日中関係はとても悪い。こんなとき、中国で日本語を学ぶ若者たちはいったい何を感じているのだろうか、と思った。

「本当にいいのか。日本語なんて勉強しても将来性はないだろう」。日本僑報社が主催する「中国人の日本語作文コンクール」で1等賞をとった李佳南さん(21)は、受賞作文のなかで、父親にそう言われた経験を書いていた。それでも彼女は、福建省にある華僑大学日本語学科に入学した。「(両国民が)互いに尊敬し、助け合える日が来るだろう」と信じているという。

李さんに会ってみたいと思い、電話をした。「えっ」と驚いた様子の李さんだったが、すぐに承知してくれた。日本人と話す機会はほとんどないそうで、「私にとってもチャレンジです」という。

江西省の玉山県にある李さんの実家を訪ねた。省都の南昌から鈍行列車でゴトゴトと約4時間。郊外に山と農地が広がる地方の小さな街だ。

小ぎれいなアパートの部屋で、白と黒の縞のワンピースを着た李さんは、ちょっと緊張した表情で話してくれた。日本語学科に入ったのは、語学への関心からで、日本語にこだわったわけではなかったこと。両親は就職に有利な経済関係の学科を勧めたけど、合格点に達しなかったこと。

——今の中国で、日本語を学ぶって、どんな気持ち?

「別に……。でも2年生のときは最悪。勉強しても意味がないと思った」

李さんが言ったのは、一昨年の尖閣国有化の際の反日デモのことだ。「(日本語学科の)みんなは、ああ、この専門は良くないんだな、選択ミスだなって感じた」

——安倍首相の靖国参拝については?

「本当につらい。どうしてこうなっちゃうんだろう。経済や文化の面で関係を発展させるのは悪いことなのかな? 私たちは私たちで勉強するしかないけど」

父親は出稼ぎに出ており、不在だった。近くの山で農業を営む祖父の遠木さん(82)を李さんと一緒に訪ねた。日中戦争の時、この辺りにも日本の軍隊が来て、食べ物などを奪っていった。殺された人もいたという。ちょっと迷ったが、聞いてみた。

——孫が日本語を学ぶのは嫌ですか。

「そんなことはないよ」。遠木さんは笑顔でそう言った。でも、それ以上は何を聞いても、あまり話してくれない。李さんは、私に申し訳なさそうな顔をした。

中国では今、約100万人が日本語を学んでいる。有名な日本語教師、笈川幸司氏によると、こうした学生たちにとって、31日からの春節(旧正月)は、親族のなかで居心地の悪いものになりそうだという。日中の交流がしぼめば、就職先もぐっと減る。

中国と言えば、きつい表情をした報道官が日本を厳しく批判する場面が頭に浮かぶかもしれない。日本人が中国政府の対応に怒りを感じることがあるのはよく分かる。

だけど、中国にも、私たちと同様、こんな状況は嫌だと思う人がいることも知って欲しい。対立を深める二つの政府の関係だけが、日中関係のすべてであってはならない。

取材を終え、駅に向かうタクシーのなかで、李さんに将来の希望を尋ねた。返ってきた答えは「日本に留学できれば、一番いい」。垂れた前髪の奥で、その目はずっと前を見つめていた。(中国総局長)

朝日新聞

2013年（平成25年）
12月7日

私の視点

日本僑報社編集長
段《だん》 躍中《やくちゅう》

日中友好　冷めぬ中国の日本語学習熱

国交正常化後で最悪と言われる日中関係だが、中国の若者の日本への興味と関心まで冷え込んでいるわけではない。中国で日本語を学習している留学未経験の学生を対象にした「中国人の日本語作文コンクール」で、今年は応募数の減少が懸念されたが、最終的には2938本が寄せられ、例年と変わらない盛況だった。「日本語学習熱」は冷めてはいない。

コンクールは私が代表を務め、日中関係の書籍を出版している日本僑報社と日中交流研究所が2005年から開催してきた。これまでに中国の200を超える大学から、2万本もの作文が集まった。

9回目の今年はテーマを「感動」にした。両国関係が試練に見舞われても、「感動」が両国民の心をつなぐきっかけになると考えたからだ。日中関係が悪化すれば、中国国内で日本語を学習すること自体、「難しい立場」に立つことになる。それでも、彼らは日常生活の中で、自分や家族が日本人と触れ合い、感動した体験を思い思いに描いていた。

いにしえの優雅さを短い言葉の中で語る和歌の世界や、出会って1週間しかたたない中国人に「国が原因で中国人を拒否するのは理不尽」と〝おもてなし〟の精神で誕生日を祝ってくれる研修仲間、旅行で訪れた日本で迷子になり、道を尋ねると、目的地まで連れて行ってくれた夫婦……。

そこには政治的な対立を乗り越え、積極的に交流を続け、友好を育もうとする、ごく普通の日中の市民が登場する。もちろん、文化や習慣の違いは大きい。「相互理解」と言っても、実生活で簡単に実現するものでもない。そこを認識した上で、その差を縮めていこうという強い意思、お互いを尊重し合うという前提に立てば、感動も共有できる。そういった体験が真摯につづられていた。

コンクールの入選作は、中国在住の学習者とは思えないほど日本語のレベルが高いものが多い。「入選作品集」は、中国では日本語学習教材にも利用されている。

日本人の審査員からは「日中関係の改善に、真剣に取り組もうとする両国の若者に感動した」「中国での日本人への評価が高いことに驚いた」などの声も上がった。

日本で日中友好活動に携わる立場から見ても、こうした若者は、両国の将来に頼もしい存在になるように思える。そんな彼らを、みなさんにも応援していただければありがたい。多くの人に、彼らの「生の声」とも言える入選作品集を、ぜひ手にとって読んでいただきたい。中国人の心を動かした「日本」は、きっとみなさんの心も感動させるはずだ。

2013年（平成25年）3月26日（火曜日）　東京新聞

東京新聞
中日新聞東京本社
東京都千代田区内幸町二丁目1番4号
〒100-8505　電話03(6910)2211

日本語を学ぶ中国人学生

沖縄県・尖閣諸島を日本政府が国有化して半年が過ぎたが、島をめぐる日本と中国の対立は一向に改善されない。日本に関心を持ち、日本語を学んでいる中国の学生たちは就職や日本留学が難しくなり、将来への不安を抱いている。

五味　洋治

対立憂う 懸け橋の卵たち

二〇〇九年の調査によると、中国の日本語学習者数は約八十三万人。独学者を含めるとさらに増える。世界でも韓国（九十六万人）に次いで学習者が多い。国際交流基金などが行う日本語能力試験は中国全土で約十一万人が受験している。

同じ漢字文化圏だけに、短期間で中・上級段階に達する人が多い。最近、中国の外相に就任した王毅氏も、若いころ日本語を専門に学んだ。

日本語を学ぶ中国人は、日中両国の間をつないでくれる大切な人材だが、いま困難な状況に陥っている。

日本僑報社（東京・池袋）などが毎年主催する日本語作文コンクールで優秀な成績を収めた大学生たちが、安倍晋三首相への手紙という形で、自分たちの様子を日本語で同社に送ってきた。原文のままを引用してみる。

湖北大外国語学院の李欣儀さん(二一)は「進学と就職の問題について、さんざん迷っています」。日中関係悪化の影響で就職先が減り、日本への留学も家族や友人の強い反対に遭っているためだ。

李さんは、今年一月、作文コンクール最優秀賞の副賞で日本を訪問した。「過激な行動でお互いに傷つけているのが何の意味もないことを、しみじみ感じました。日本への先入観を取り除くために、微力ながら、自分なりの力を尽くしたいです」

外交官志望者が学ぶ国際関係学院（北京）四年生胡万程さん(二二)は、「外交の基本原則は自国の国益を守ること。しかし、自国の国益だけを追って、双方の国益を損なう結果になっていませんか。即刻解決が困難な問題は、双方、暫時、静観するという方法はとれないか」と提案した。

同じ国際関係学院四年生欧陽文俊さん(二三)は昨年五月、中国大学生訪日団の一員として日本を訪問し、大学生と将来の夢を話し合った。

「日本への留学を準備しています。自分の目で見た日本、体験した日本を丸ごとに友達や家族に教えたい。より多くの日本人と友達になりたいと思っているからです。中日関係を改善するには安倍首相が一番有力ではないでしょうか。中日両国が各レベルでちゃんと話しあえる未来に導いてほしい」と要望した。

尖閣諸島については公船を使って実力行使してくる中国側に問題がある。しかし中国にも、対立に戸惑い、和らげたいと思っている人たちが少なからずいる。手紙は今月、安倍首相に郵送された。ぜひ読んでほしい。（編集委員）

2013年 12月5日

MAINICHI

毎日新聞

発言

草の根発信で日中をつなごう

段　躍中　日本僑報社編集長

中国在住の日本語学習者を対象とした日本語作文コンクールを主催して9年になる。

毎回、中国全土で日本語を勉強する留学未経験者たちから約3000もの力作が集まるが、昨年来の両国関係の悪化による影響で応募が減るのではないかと心配していた。

だが、蓋《ふた》を開けると例年と変わらぬ数の作品が寄せられ、胸をなでおろした。同時に長年、日中の草の根交流活動に従事している立場としてこの状況でも日本語を熱心に勉強している中国人学生が数多くいるとわかり、うれしい気持ちにもなった。

今年のテーマは「中国人の心を動かした『日本力』」とした。それは、国と国との関係がどれほど冷え込もうとも「感動」は両国民の心をつないでくれると考えたからだ。応募作には作者自身や、家族、友人が体感した日本文化や触れ合った日本人から受けた感動的なエピソードが若者らしいみずみずしい文章で描かれており、彼らを感動させた「日本力」は審査員を務めた日本人にさえ日本の素晴らしさを再認識させた。

それら「日本力」は世界的に有名な日本のアニメなどのサブカルチャーと同様、全世界に訴えかけられるソフトパワーだ。このパワーこそ日中関係改善の切り札になり得る。

コンクールの応募者たちは、時に周りから日本語を学ぶことを批判されながらも勉強にいそしんでいるばかりでなく日本人や日本文化への理解も深め、その素晴らしさに感動し、作文という形で発信してくれた。彼らは今後も日本の良さに触れ、それを何らかの形で発信してくれるはずだ。世界中に数多く存在する「日本ファン」たちもフェイスブックやツイッターなどを使い、優れた「日本力」について発信し続けている。

日中という「引っ越しできない隣人同士」が〝ウィンウィン〟の関係を築くためには、お互いが尊重し合い、気持ちを通わせながら関係を築くことが必要ではないかと思う。その実現には、両国の政治家やメディアの努力ももちろん重要だが、一般市民の努力も必要だ。だからこそ日本の人々にも、先に述べたような新メディアを活用して自ら中国に対してアピールする「発信者」になってもらいたいと思うのだ。

「謙虚さ」は日本人が持つ素晴らしい特徴ではあるが、この場面では不要だ。「中国語や英語ができないから……」としり込みする人もいるかもしれないが、世界には日本の良き理解者でもある日本語学習者や「日本ファン」が大勢いる。あなたがインターネットを通して日本語で発信した言葉がそれらの人を介して中国をはじめとする全世界に広めてもらえる可能性が十分にある。

1991年に来日した筆者は東京を拠点に、出版活動や中国人を対象とした日本語作文コンクール、日本人及び在日中国人向けの「星期日漢語角」(日曜中国語コーナー)などの活動を行っているが、皆さんに「日中関係改善のための発信者の会」の設立を呼びかけたい。一人でも多くの「日本人発信者」が登場し、両国関係の改善に一役買ってくれることを願っている。

だん・やくちゅう　元中国青年報記者。編著書「中国人がいつも大声で喋るのはなんでなのか?」

朝日新聞

2013年 3月15日

ぴーぷる

■戦争の意味を問い直す

「第8回中国人の日本語作文コンクール」(朝日新聞社など協賛)で湖北大学外国語学院日本語学科4年の李欣晨さん(22)が最優秀賞(日本大使賞)に輝いた。

4回書き直した受賞作は「幸せな現在」。祖父の「今の生活を大切にすべきだ」という言葉と戦争体験から過去の戦争の意味を問い直し、「犠牲者が望んだのは、悪いレッテルを貼り合うことではないはずだ」と結ぶ。

大学には日本を嫌う学生もいる。「日本について知らない人たちです。日本も同じかもしれない。お互いが理解し合えば変わる」。いつか日本語教師として、懸け橋になりたい。

作品集「中国人がいつも大声で喋るのはなんでなのか?」は主催の日本僑報社から出ている。(岡田玄)

Ⓓデジタル版に受賞作全文

東京新聞

2013年 1月26日

「思った以上に清潔」

日本語作文コン最優秀　李さんが都内観光

「中国人の日本語作文コンクール」で最優秀賞(日本大使賞)に輝いた李欣晨さん(二二)が、副賞で日本に招かれた。二十五日に都内を観光し「思った以上に清潔です」と印象を話した。コンクールは日本僑報社・日中交流研究所(豊島区、段躍中所長)を中心に毎年開かれている。

李さんは、中国南部の貴州省出身。幼い頃は「中国で放送されている反日ドラマの影響で日本への印象は良くなかった」という。しかし、日本のアニメに興味を持ち、湖北大学外国語学院で日本語を専攻した。

日本を訪問した李さん＝千代田区で

受賞作品「幸せな現在」は、朝鮮戦争(一九五〇～五三年)に参戦し、砲弾の破片によるけがが残る祖父の追憶から始まる。戦場で苦労を重ねた祖父は「今の生活を大切にすべきだ」といつも口にし、平和の大切さを説いた。李さんは、作文で「日中間にもかつて戦争があった。そのせいか、両国民は先入観をもってお互いに悪いレッテルを張り合っている」と、過去の影に引きずられるのはやめようと呼びかけた。

来年は中国で大学院に進む。本当は日本に留学したかったが、領土をめぐる緊張のため、両親が日本行きに反対したためだ。帰国したら自分の目で見た日本の印象を話して、両親を説得するつもりだ。(五味洋治)

讀賣新聞　2013年(平成25年) 2月24日日曜日

中国人がいつも大声で喋るのはなんでなのか？

段躍中編　日本僑報社　2000円

相互理解に様々な視点

評・須藤　靖（宇宙物理学者 東京大教授）

それぞれ、そうだよネ。そんな声の合唱が聞こえてくるような秀逸かつ直球のタイトル。この宇宙がダークエネルギーに支配されているのはなぜか、大阪人にバキューンと撃つマネをすると必ず胸を押さえて倒れてくれるのはなぜか、などと同レベルの深く根源的な問いかけだ。

チマチマした印税稼ぎのために軽薄な説を押し付ける似非社会学者による使い捨て新書の類いか？という疑念も湧きそうだ（残念ながら現代社会にその手の書籍が蔓延《まんえん》しているのも事実）。しかし本書はそれらとは一線を画す、日本語を学ぶ中国人学生を対象とした「第8回中国人の日本語作文コンクール受賞作品集」なのだ。

大声で主張するのは自信と誠実さを示す美徳だと評価され学校教育で繰り返し奨励されているという意外な事実。発音が複雑な中国語は大声で明瞭に喋ることは不可欠。はたまた、通信事情が悪い中国では大声で喋らないと電話が通じない、という珍説も飛び出す。公共の場所において大声で喋るのは、他人を思いやらない無神経さの表れ。日本人が抱きがちなそんな悪印象が、視点をずらすだけでずいぶん変化する。

大皿に盛られた料理を大勢で囲み、にぎやかに喋りながら楽しむ食事。知り合いを見つけるや、はるか遠くからでも大声で会話を始める農村部の人々の結びつき。想像してみると確かにうらやましい文化ではないか。いかにも文集という素朴な雰囲気の装丁の中、日中両国を愛する中国人学生61名が、文化の違いと相互理解・歩み寄りについて、様々な視点から真摯《しんし》に、かつ生の声で語りかけてくれるのが心地良い。

酔っぱらった時の声がうるさいと、家内にいつも大声で叱責される私。しかし故郷の高知県での酒席は到底太刀打ちできない喧しさ。でも単なる聞き役に回る私ですら飛び交う大声は不快どころか楽しさの象徴だ。高知県人は深いところで一衣帯水の中国と文化を共有しているらしい。中国移住を真剣に検討すべきだろうか。

◇だん・やくちゅう＝1958年、中国・湖南省生まれ。91年に来日し、新潟大大学院修了。日本僑報社編集長。

「大声で喋る」中国人と「沈黙のなか」で生きる日本人が理解し合う知恵を

佐高信の
政経外科《せいけいげか》
Sataka Makoto
連載 683

Layout KazuhiroTada

日中交流研究所所長の段躍中が編んだ『中国人がいつも大声で喋るのはなんでなのか?』(日本僑報社)という「中国人の日本語作文コンクール受賞作品集」がある。「中国若者たちの生の声」を集めたもので、第八回のコンクールの作品集だ。日本への留学経験のない中国人の学生を対象に募集された。

テーマもユニークだが、中にいろいろな声が出てくる。

大連交通大学の李書琪は、パリのノートルダム寺院には、漢字で「静かに」と注意の紙が貼ってある、と書き始める。

山東大学威海分校の李艶蕊の説明が説得力があるが、彼女の実家を含めて中国では十三億の人口のうち、九億ほどが農民であり、彼らは畑や市場で、たとえば、

「君のトウモロコシは良いね」

「そんなことないよ、天候がよくないから」

といった遣り取りを大声でする。中国人は賑やかさこそがいいことだと思っているからでもある。

李は「最近は農村から都市に移り住む人が多くなったが、彼らは大声の習慣も持ってきた」と指摘する。

長春工業大学の黄慧婷は、中国人の彼と日本人の彼女が恋人になったけれども、うまくいかなくなった時のことを書く。

「もう我慢できない。あなたと一緒にいるのは恥ずかしいのよ。いつも大声で喋るなんて、信じられない」

怒りを爆発させた彼女に、彼は一瞬黙り、にっこりと笑って言った。

「皆にはっきりと僕の気持ちを伝えるためだよ。もちろん、君にもそうだよ」

日中友好の象徴パンダの「鈍感力」が両国に必要だ

こうした違いを踏まえて、浙江大学寧波理工学院の王威は「十四億人あまりの二つの国で、たった一%の政治家や経済評論家だけが新聞やテレビにいつも出て、お互いの国の話をするのはおかしくないだろうか。国の中では、政治家や経済学者より働いている一般民衆の方がずっと多い。一つの国の本当の姿は、その国の民衆を見なければならない。利益より、文化の共感と人間の温情を強調し、他国の道徳観に対しては、責めるというより理解するという姿勢こそ両国のマスコミが持つべき態度ではないか」と提言する。

華東師範大学の銭添の「パンダを見てみよう！」も傾聴に値する。

日本と中国の間の暗い過去を乗り越え、偏狭なナショナリズムから脱して、恒久的な平和を築くためにはパンダが教えてくれる「鈍感力」が必要だというのである。

「パンダは物事に対して決して鈍いわけではなく、ただ余裕を持って過ごしているだけだ。いちいち大騒ぎするのではなく、寛容な態度で物事に接することこそ、両国国民の親近感を高めるのに最も欠かせないものなのではないか」

これを読むと、日中友好のシンボルのパンダが、また違って見えてくるだろう。

女優の檀れいは、あるテレビ番組で「海外で心惹かれる国」を問われて、「昔の中国」と答えたらしい。「昔の中国」は、現在とは逆に、「沈黙」が問題だった。

ドレイ根性を排した魯迅がこう嘆いたようにである。

「私は衰亡する民族の黙して声なき理由を知った。ああ、沈黙！　沈黙のなかで爆発しなければ、沈黙のなかで滅びるだけだ」

いまは、日本が「沈黙のなかで滅び」ようとしている。いずれにせよ、何で日本語なんか学ぶのかという白い眼の中で、それを学んだ若者たちの作文は貴重である。

毎日新聞

2006年8月25日

ひと

日中作文コンクールを主催する在日中国人

段《だん》躍《やく》中《ちゅう》さん

「両国民の相互理解を深めようと奔走する民間の努力が台なしになった。15日の参拝は、傷つけられた中国人の心の傷口をさらに広げただけ」

小泉純一郎首相の靖国神社参拝を巡って揺れ続ける日中関係を憂う。

靖国参拝が続いたこの5年、双方の民衆に不信感が広がるのを感じた。「在日中国人ができることとは何か」と考え、昨年1月、日中交流研究所を設立。中国人の日本語作文と日本人の中国語作文コンクールを始めた。

「多くの人は相手の国について報道などの限られた情報しか知らない。民衆が相手の言葉で自分の気持ちを伝えていく。

本音を伝え合い 理解を深める努力を

これこそ民間の友好を培う力になる」と説く。今年、中国人1616人が応募した。日本人側は現在募集中だ。将来は「両国の受賞者でフォーラムを開き、顔を合わせて語り合う場を作りたい」。

中国有力紙「中国青年報」の記者だったが、妻の留学に伴い、91年に来日した。目に映ったのは在日中国人の活躍ぶりがほとんど紹介されていない実態だった。自ら在日中国人の活動を記録し始め、96年から活動情報誌「日本僑報」を発行、出版も始めた。5年前からは日本語と中国語の対訳で書かれた新スタイルの書籍も出版。出版数は140冊に上り、ホームページへのアクセスは1日3000件を超す。

「日中関係が冷え込むこんな時こそ、民間の間に交流チャンネルを張り巡らせていかなければ。これは在日中国人の責務だ」。そう自らに課す。

―文と写真・鈴木玲子

中国湖南省出身。「現代中国人の日本留学」など著書多数。48歳。中国語作文の募集要項は、http://duan.jp/jc.htm。日中交流研究所は03・5956・2808。

朝日新聞 2012年12月24日

坂尻 信義

北京から

日本語を学ぶ　若者の草の根交流が氷を砕く

この冬2度目となる雪化粧が北京にほどこされた14日、中国各地で日本語を学ぶ学生が日本大使公邸と棟続きのホールに集まった。「中国人の日本語作文コンクール」の表彰式に出席するためだ。

日中関係の書籍を出版する日本僑報社（東京・池袋）の主催で、今年で8回目。同社編集長の段躍中さん(54)は1991年、日本に留学した妻を追って、共産主義青年団の機関紙・中国青年報を辞めて来日した。アルバイトのない日は巣鴨の4畳半アパートと豊島区立図書館を往復する生活で、50音から日本語を学んだ。B5サイズ18ページのタブロイド判情報誌から始め、これまでに出版した書籍は約240冊にのぼる。

今年のコンクールには、中国の大学、専門学校、高校、中学の計157校から2648編が寄せられた。応募資格は「日本留学の経験がない学生」。優秀賞数編の中から日本大使が選ぶ最優秀賞の受賞者には、副賞として1週間の日本行きが贈られる。

会場で、昨年の最優秀賞を受けた胡万程さん(21)が、かいがいしく準備を手伝っていた。北京の国際関係学院4年。東日本大震災後、インターネットの掲示板に「ざまみろ」と書き込んだ高校時代の同級生との対立と和解を描いた作文「王君の『頑張れ日本』」で受賞し、今年2月に日本を初めて訪れた。

日本に行ったら「すべてを見たい」と昨年の表彰式で話した胡さんは、卒業後の日本留学を目指している。

今年の最優秀賞に選ばれたのは、中国内陸部にある湖北大外国語学院日本語学科4年の李欣晨さん(21)。受賞作「幸せな現在」は、祖父の戦争体験を踏まえ、日中両国の人々が「過去の影」に縛られてはいけないと書いた。

やはり日本への留学志望の李さんは、国有企業に勤める父親から、最近の日中関係の悪化を受けて難色を示されていた。でも、今回の受賞で「私が自分の目で見た日本が『想像した通りに人々が優しく、景色がきれいだったら、留学を支持する』と父親は言ってくれました」と、うれしそうだった。「やさしい響きが好き」という日本語の教師になることが、将来の夢だ。

今年あった、もうひとつの「日本語・提言コンテスト」の表彰式も、印象深かった。1等賞に選ばれた河南省の安陽師範学院3年、韓福艶さん(22)は「苦しい選択　日本語科」と題し、中国の農村部でこそ日中交流が必要と訴えた。子供のころ、テレビで見る戦争映画の日本兵は、鬼のような人物ばかりだった。

日本のアニメに魅せられて日本語を専攻したという韓さんは「私の選択が間違っていなかったことを両親に証明したい」と語った。

こちらの表彰式は、満州事変の発端となった柳条湖事件から81年の9月18日だった。中国では「国恥の日」と呼ばれるこの日、日本政府による尖閣諸島国有化に反発したデモが中国国内約100都市で燃え上がっていた最中で、会場探しに苦労したという。

こうした草の根交流が、運営資金の工面に苦しみながら、細々と続けられている。

大使不在の公邸の日本庭園は、雪のあとに降った雨が凍りつき、先週の雪でまた白く染まった。6年前、当時の安倍晋三首相が日中関係を修復するため決断した訪中が、中国で「破氷の訪問」と呼ばれていたことを、ふと思い出した。

（中国総局長）

2006年12月24日

書評委員 お薦め「今年の3点」

朝日新聞

高原 明生

①「反日」以前　中国対日工作者たちの回想（水谷尚子著、文芸春秋・1300円）

②中国残留日本人「棄民」の経過と、帰国後の苦難（大久保真紀著、高文研・2520円）

③偏見を取り除きたい　第二回中国人の日本語作文コンクール受賞作品集（段躍中編、日本僑報社・1890円）

①は戦中戦後に捕虜の教育や邦人送還などに従事した対日工作者たちとの貴重な面談記録。日本と日本人に深い理解と愛情を有した彼らに、日本人も強い敬愛の念を抱いたことが戦後の日中友好運動の牽引力だったと説く。日中関係の基本に光を当てる労作だ。

旧満州には150万人以上の日本人がいた。その中で中国に残留せざるをえなかった婦人や孤児は塗炭の苦しみを味わった。②は、長年の取材をもとに、その困難が帰国後も続くことを伝える。この人たちをこれ以上まだ苦しめるのか、日本社会の本質が問われる。

偏見の無い、心が通い合う社会を、そして世界をつくりたい。③は中国人学生による日本語作文コンクールの入賞作品集。これを読むと、日中間の「壁」に戸惑いつつ、理想を追う青年たちの明るく素直な思いが心に沁みる。若者は、いや人は皆、どこでも同じだ。

朝日新聞
2006年5月30日

中国語作文コンクールを開いた日中交流研究所長

ひと

段《ドゥワン》躍《ユエ》中《ジョン》さん(48)

日本人が対象の中国語作文コンクールは珍しい。奔走したのは、日中の相互理解を深めることが、在日中国人の責務と決意したからだ。

「犯罪や反日デモの報道だけで、暗いイメージが祖国に定着するのは耐え難い」

２４３人が応募、優秀作36点に和訳を付け、「我們永遠是朋友」（私たちは永遠の友人）と題し出版した。中国の新聞社などに１００冊を送った。

「日本語が読めない中国人にも、中国が好きな日本人の心情が伝わる意義は大きい」

きっかけは、中国人学生向けの日本語作文コンクールの表彰式に、04年に招かれたことだ。大森和夫・国際交流研究所長が私財を投じ、12年間続けてきた。中国人の日本語能力の向上と、対日理解の進展ぶりに感激した。

大森氏が事業の継続に限界を感じ断念したため、引き継ぐ一方、日本人も中国語で発信すれば「国民同士の本音の交流が広がる」と思い、日中交流研究所を設立した。

妻の日本留学を機に、中国青年報社を退職し、91年に北京から来日。在日中国人の活動を紹介する情報誌「日本僑報」を創刊、１３０冊の本を出版してきた。メールマガジンの読者は約1万人。

だが、不信感は日中双方の一部に根強い。自身のブログが批判されることもあり、運営費の工面にも四苦八苦だ。

来年は国交回復35周年。「受賞者同士が語る場を作り、顔も見える交流にしたい」

文・写真　伊藤　政彦

編者略歴

段 躍中（だん やくちゅう）

日本僑報社代表、日中交流研究所所長。

中国湖南省生まれ。有力紙「中国青年報」記者・編集者などを経て、1991年に来日。2000年新潟大学大学院で博士号を取得。

1996年日本僑報社を創立。以来、書籍出版をはじめ、日中交流に尽力している。

2005年1月、日中交流研究所を発足、「中国人の日本語作文コンクール」と「日本人の中国語作文コンクール」（現「忘れられない中国滞在エピソード」）を同時主催。

2007年8月に「星期日漢語角」、2008年に出版翻訳のプロを養成する「日中翻訳学院」、2018年に「日中ユースフォーラム」を創設。

2009年日本外務大臣表彰受賞。武蔵大学「2020年度学生が選ぶベストティーチャー賞」受賞。2023年日本僑報社に在外公館長表彰受賞。

現在北京大学客員研究員、湖南大学客員教授、広島大学特命教授、立教大学特任研究員、武蔵大学非常勤講師、湖南省人民政府の湖南省国際友好交流特別代表、群馬県日中友好協会顧問、中国新聞社世界華文伝媒研究センター「特聘専家（特別招聘専門家）」、埼玉県日中友好協会特別顧問などを兼任。

著書に『現代中国人の日本留学』『日本の中国語メディア研究』など多数。

詳細：http://my.duan.jp/

The Duan Press

第20回中国人の日本語作文コンクール受賞作品集

AI時代の日中交流

中国の若者たちが日本語で綴った〝生の声〟

2024年11月15日　初版第1刷発行
編　者　段 躍中（だん やくちゅう）
発行者　段 景子
発行所　株式会社日本僑報社
〒171-0021 東京都豊島区西池袋3-17-15
TEL03-5956-2808　FAX03-5956-2809
info@duan.jp
http://jp.duan.jp
e-shop「Duan books」
https://duanbooks.myshopify.com/

ISBN 978-4-86185-359-3　C0036

中国人の日本語作文コンクール

受賞作品集シリーズ

第1回
日中友好への提言2005
2200円＋税

第2回
壁を取り除きたい
1800円＋税

第3回
国という枠を越えて
1800円＋税

第4回
私の知っている日本人
中国人が語る友情、誤解、WINWIN関係まで
1800円＋税

第5回
中国への日本人の貢献
中国人は日系企業をどう見ているのか
1900円＋税

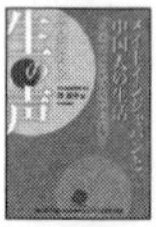

第6回 **メイドインジャパンと中国人の生活**
日本のメーカーが与えた中国への影響
2000円＋税

第7回 **蘇る日本！今こそ示す日本の底力**
千年に一度の大地震と戦う日本人へ
2000円＋税

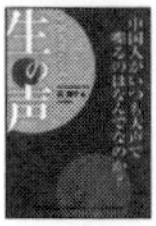

第8回 **中国人がいつも大声で喋るのはなんでなのか？**
2000円＋税

第9回 **中国人の心を動かした「日本力」**
日本人も知らない感動エピソード
2000円＋税

第10回
「御宅（オタク）」と呼ばれても
中国“90後”が語る日本のサブカルと中国人のマナー意識
2000円＋税

第11回
なんでそうなるの？
中国の若者は日本のココが理解できない
2000円＋税

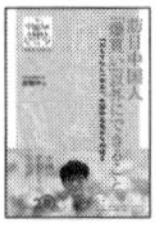

第12回 **訪日中国人「爆買い」以外にできること**
「おもてなし」日本へ、中国の若者からの提言
2000円＋税

第13回 **日本人に伝えたい中国の新しい魅力**
日中国交正常化45周年・中国の若者からのメッセージ伝える若者からの生の声
2000円＋税

第14回 **中国の若者が見つけた日本の新しい魅力**
見た・聞いた・感じた・書いた、新鮮ニッポン！
2000円＋税

第15回 **東京2020大会に、かなえたい私の夢！**
日本人に伝えたい中国の若者たちの生の声
2000円＋税

第16回
コロナと闘った中国人たち
日本の支援に「ありがとう！」伝える若者からの生の声
2000円＋税

第17回
コロナに負けない交流術
中国若者たちからの実践報告と提言
2000円＋税

第18回
日中「次の50年」
中国の若者たちが日本語で綴った提言
2000円＋税

第19回 **囲碁の知恵を日中交流に生かそう**
中国の若者たちが日本語で描いた未来ビジョン
2000円＋税

第20回
AI時代の日中交流
中国の若者たちが日本語で綴った〝生の声〟
2000円＋税

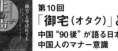

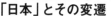

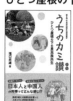

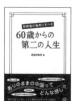

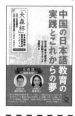

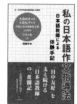

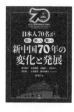

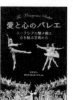

日本僑報社好評既刊書籍

七歳の僕の留学体験記

第1回中友会出版文化賞受賞作

中友会青年委員
大橋遼太郎 著

第1位
楽天ブックス
週間ランキング
〈留学・海外赴任〉
（2023/3/13～19）

ある日突然中国の小学校に留学することになった7歳の日本人少年の奮闘と、現地の生徒たちとの交流を書いた留学体験記。

四六判164頁 並製　定価1600円＋税
2023年刊　ISBN 978-4-86185-331-9

中国留学物語《エピソード》

本書編集委員会 編

「中国留学のリアルをもっと伝えたい」。そんな思いから、日本僑報社と中国の高等教育出版社が共同出版し、中国留学の楽しさ、意義深さ、そして中国の知られざる魅力を紹介するユニークな作品39編を一挙収録。心揺さぶる感動秘話や驚きの実体験など、ありのままの中国留学エピソードをお届けします。

A5判176頁 並製　定価1800円＋税
2023年刊　ISBN 978-4-86185-301-2

日中ユースフォーラム2020
ポストコロナ時代の若者交流

垂秀夫 中華人民共和国駐箚特命全権大使 ご祝辞掲載

日中の若者たちがネット上に集い、ポストコロナ時代の国際交流について活発な討論を行った開催報告書。日中両国に新たな活力とポジティブエネルギーを注ぎ込む一冊。

四六判168頁 並製　定価1800円＋税
2021年刊　ISBN 978-4-86185-308-1

新装版

「ことづくりの国」日本へ
そのための「喜怒哀楽」世界地図

NHK「中国鉄道大紀行」
等で知られる俳優・旅人
関口知宏 著

鉄道の旅で知られる著者が、人の気質要素をそれぞれの国に当てはめてみる『喜怒哀楽』世界地図」持論を展開。

四六判248頁 並製　定価1800円＋税
2018年刊　ISBN 978-4-86185-266-4

悠久の都 北京　中国文化の真髄を知る

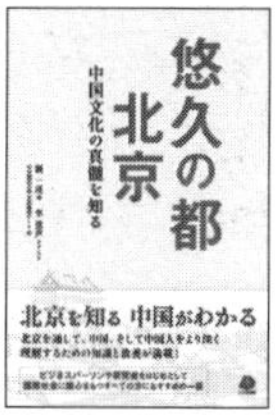

北京を題材とした小説・
エッセイ作家の第一人者　劉一達 著
天安門の毛沢東肖像画を描いた
新聞漫画家の第一人者　李濱声 イラスト

風情豊かなエッセイとイラストで描かれる北京の人々の暮らしを通して、中国文化や中国人の考えがより深く理解できる。国際社会に関心を持つすべての方におすすめの一冊！

四六判324頁 並製　定価3600円＋税
2022年刊　ISBN 978-4-86185-288-6

知日家が語る「日本」

胡一平、喩杉 総編集　庫索 編
日中翻訳学院 訳

中国語メディアアカウント「一覧扶桑」に掲載されたエッセイを厳選して収録。今まで気づかなかった日本の文化、社会、習慣などを見つめ、日本の魅力を知り、新たな日本を発見するユニークな一冊。

四六判312頁 並製　定価2500円＋税
2022年刊　ISBN 978-4-86185-327-2

根強い人気を誇るロングセラーの最新版、ついに登場！

病院で困らないための日中英対訳
医学実用辞典

Amazon ベストセラー **第1位**
〈医学辞事典・白書〉（2016/4/1）

松本洋子 編著

推薦
岡山大学名誉教授
高知女子大学元学長 **青山英康**医学博士
高知県立大学学長
国際看護師協会元会長 **南裕子**先生

海外留学・出張時に安心、医療従事者必携！ 指さし会話集&医学用語辞典。全て日本語・英語・中国語（ピンインつき）対応。

A5判312頁 並製　定価2500円＋税
2014年刊　ISBN 978-4-86185-153-7

わが七爸《おじ》 周恩来

第1位
Amazon
ベストセラー
歴史人物評伝 2022.9.29-10.1

元北京大学副学長
周爾鎏 著

日中翻訳学院 馬場真由美、松橋夏子 訳

新中国創成期の立役者・周恩来はどのような人物であったのか。親族だからこそ知りえた周恩来の素顔、真実の記憶、歴史の動乱期をくぐり抜けてきた彼らの魂の記録。

A5判280頁 上製　定価3600円＋税
2019年刊　ISBN 978-4-86185-268-8